国家社会科学基金资助项目

项目批准号:13BFX072

共同犯罪诉讼程序研究

马贵翔　等　著

浙江工商大学 出版社

ZHEJIANG GONGSHANG UNIVERSITY PRESS

·杭州·

图书在版编目(CIP)数据

共同犯罪诉讼程序研究 / 马贵翔等著. —杭州：
浙江工商大学出版社,2023.3
ISBN 978-7-5178-5417-3

Ⅰ.①共… Ⅱ.①马… Ⅲ.①团伙犯罪—诉讼程序—
研究—中国 Ⅳ.①D924.114

中国国家版本馆 CIP 数据核字(2023)第047564号

共同犯罪诉讼程序研究
GONGTONG FANZUI SUSONG CHENGXU YANJIU

马贵翔　等　著

责任编辑	徐　凌	
责任校对	林莉燕	
封面设计	朱嘉怡	
责任印制	包建辉	

出版发行　浙江工商大学出版社
　　　　　（杭州市教工路198号　邮政编码310012）
　　　　　（E-mail:zjgsupress@163.com）
　　　　　（网址:http://www.zjgsupress.com）
　　　　　电话:0571-88904980,88831806(传真)
排　　版　杭州朝曦图文设计有限公司
印　　刷　杭州高腾印务有限公司
开　　本　710mm×1000mm　1/16
印　　张　19.75
字　　数　293千
版 印 次　2023年3月第1版　2023年3月第1次印刷
书　　号　ISBN 978-7-5178-5417-3
定　　价　69.00元

项目完成人简介及写作分工

项目主持人：

马贵翔，山西岢岚人，法学博士，复旦大学教授，博士生导师。主要研究方向为刑事诉讼法、证据法。论文《刑事诉讼对控辩平等的追求》于1999年获中国法学会优秀成果奖一等奖；专著《刑事司法程序正义论》于2003年获中国法学会优秀成果二等奖。1991年首次提出"诉讼的'等腰三角结构'是诉讼结构的理想形态"的观点。

项目参与人（以撰写内容先后为序）：

柴晓宇，甘肃天水人，法学博士，西北师范大学法学院副教授，硕士生导师。主要研究方向为诉讼法学、证据法。在《兰州大学学报（社会科学版）》《浙江社会科学》《社会科学家》《东方法学》等期刊上发表论文20余篇，独著、合著、编著、参编专著10部。主持国家社会科学基金资助项目和甘肃省哲学社会科学规划项目各1项。

孔凡洲，甘肃成县人，法学博士，上海外国语大学法学院讲师，硕士生导师。主要研究方向为刑事诉讼法、证据法。参与多项国家级、省部级课题，在《浙江工商大学学报》《河北法学》等期刊上发表论文10余篇。

胡巧绒，浙江慈溪人，法学博士，上海市宝山区人民检察院第五检察部主任、四级高级检察官。主要研究方向为诉讼法、证据法。曾获全国优秀办案检察官、上海市"三八红旗手"、上海市宝山区第五届"平安英雄"等荣誉称号。

参加国家级、省部级课题 10 余项。在《湖南社会科学》《青少年犯罪研究》《人民检察》等期刊上发表论文 20 余篇。

蔡震宇,浙江温州人,上海市崇明区人民检察院第三检察部四级高级检察官。主要研究方向为刑法、刑事诉讼法、证据法。参与国家级、省部级课题 10 余项,在《国家检察官学院学报》《检察日报》等报刊上发表论文 20 余篇。

写作分工:

"摘要""导论"由马贵翔撰写;第一章"共同犯罪诉讼程序的基础理论"、第二章"共同犯罪审前程序"由柴晓宇撰写;第三章"共同犯罪审判程序"由马贵翔、孔凡洲撰写;第四章"共同犯罪救济审程序"第一节"共同犯罪上诉审程序"由马贵翔、孔凡洲撰写,第二节"共同犯罪死刑复核程序"、第三节"共同犯罪再审程序"由孔凡洲撰写;第五章"共同犯罪分案审理程序"由胡巧绒撰写;第六章"共同犯罪特别诉讼程序"第一节"共同犯罪的追加诉讼程序"由马贵翔撰写,第二节"共同犯罪案件刑事附带民事诉讼程序"由马贵翔、蔡震宇撰写,第三节"共同犯罪案件当事人和解程序"由蔡震宇撰写;第七章"关联犯罪的并案处理程序"由蔡震宇撰写。

目　录

摘　要

　　本书对共同犯罪的审前程序、普通审理程序、救济审程序及共同犯罪涉及的特殊程序中应当适用的规则进行了系统的研究。在审判中心主义的原则下,对共同犯罪审判程序的研究是本书的重点。

　　导论部分概括分析了我国共同犯罪诉讼程序存在的问题及制度性原因,就学术界对共同犯罪诉讼程序的相关研究进行了梳理。

　　第一章为"共同犯罪诉讼程序的基础理论"。共同犯罪诉讼程序是指为了解决共同犯罪案件中各被追诉人的定罪量刑问题,刑事诉讼主体和其他诉讼参与人在刑事诉讼活动中必须遵循的条件和步骤,以及由此产生的各种刑事诉讼法律关系的总和。它具有被追诉人的复数性、诉讼客体的牵连性、诉讼行为的关联性等特征。共同犯罪诉讼程序的立法设计的首要原则是合并诉讼为主、分案诉讼为辅。合并诉讼以实现诉讼经济为首要价值,分案诉讼以保障被追诉人的诉讼权利为核心。此外,共同犯罪诉讼程序的设计应当坚持审判中心、权利保障、法律监督、有利被告人等基本原则。

　　第二章为"共同犯罪审前程序"。对共同犯罪案件审前程序的研究,主要涉及共同犯罪案件的立案、侦查、审查起诉等疑难问题。共同犯罪的立案涉及的公安管辖问题较为突出,应坚持以犯罪地的公安机关管辖为主、犯罪嫌疑人居住地的公安机关管辖为辅的原则。共同犯罪人实施数起共同犯罪案件,其中一罪属于上级公安机关管辖的,并案侦查的全案由上级公安机关管辖。共同犯罪的侦查程序突出的问题包括以下三点。第一,共同犯数罪的合并侦查的条件是据以合并侦查的案件至少为两起并且具有关联性;实施合并侦查的各共同犯罪案件均在追诉时效期限内;实施合并侦查具有一定的可行性。第二,共同犯罪触犯多项罪名,涉及立案管辖中普通管辖和专门管辖互涉的问题,或者部分犯罪嫌疑人患有严重疾病或正在孕期、哺乳期,身份不明

1

且在逃的,公安机关可以另案处理。第三,公安机关侦查终结后将案件向人民检察院移送审查起诉,在人民检察院审查起诉期间,公安机关又发现了新的同案犯罪嫌疑人,公安机关应主动要求人民检察院将案件退回以追加侦查。共同犯罪的审查起诉突出的问题包括以下三点:第一,对指控排序实行程序控制;第二,为防止"另案不理",应明确赋予检察机关对"当并不并"情况的法律监督权,以及赋予犯罪嫌疑人、被告人、被害人一定的救济权利;第三,在审查起诉中,如果发现共同犯罪案件由不同的侦查机关侦查终结后,分别移送不同的检察机关进行审查起诉的情形,应确立合并移送的操作规则。

第三章为"共同犯罪审判程序"。共同犯罪审判程序主要包括庭前程序、法庭调查程序和法庭辩论程序。共同犯罪庭前程序主要包括以认罪答辩为主要内容的庭前分流机制、证据开示程序和庭前会议制度。共同犯罪法庭调查程序的基础规则是隔离审查规则,共同犯罪并案审理程序中涉及多个被告人出庭接受法庭调查,为了防止串供,应当对被告人采用分别调查的方式,即隔离审查规则。其例外包括对质的例外、无关事实例外、单独事实例外和共同沉默的例外。共同犯罪法庭调查程序的基本规则是整体调查规则,整体调查是指把共同犯罪人的犯罪事实作为一个整体进行调查。共同犯罪法庭调查程序还应当遵守被告人集中质证规则、对质规则和认罪被告人优先作证规则等选择性规则。在共同犯罪法庭辩论程序中,在宏观层面应坚持的原则包括:辩论内容应遵循先定罪后量刑的推进模式;辩论次序以控方指控顺序为原则,法庭指定顺序为例外;法官依职权全程指挥原则。共同犯罪法庭辩论程序的具体规则包括:整体发言与辩论优先规则;先易后难规则;先重后轻规则;辩方内部辩论与控方整体回复相结合,控辩对抗的基本格局不打破规则;等等。另外,应关注共同犯罪庭审程序的远景规划。现有庭审程序存在的突出问题是定罪事实与量刑事实调查混杂在一起,无层次划分及层次之间的中间判决程序设计,庭审程序的现代化要求应当实现定罪量刑分立程序运作的宏观分层与微观分段,确立定罪量刑分立程序运作的裁决机制。共同犯罪庭审程序最终改革应当以一般庭审程序的庭审纵向结构的现代化为基础作出相应调整。

第四章为"共同犯罪救济审程序"。共同犯罪救济审程序主要包括一般救济审程序即上诉审程序,具有我国特色的救济审制度即死刑复核程序,以及特殊救济审程序即审判监督程序三大类。共同犯罪上诉审程序是指在一审裁判未生效的情形下,共同犯罪案件的被告人依法为自己的利益提出上诉,或公诉人以被告人利益提出抗诉,法庭对共同犯罪案件进行救济审理的过程中应当遵守的审理规则。上诉审具有实现司法公正、保障被告人人权、确保法律统一适用的功能,其程序运作应当坚持有利于被告原则、开庭审理原则、上诉续审原则。共同犯罪上诉审程序首先应体现有利被告理念,遵守平衡刑事责任的基本规则。在程序运作层面,除遵循上诉审的一般规则之外,还应遵守不上诉被告人应以证人身份出庭作证规则、合理安排上诉人发言顺序规则、共同上诉人撤诉规则和上诉期间防止共同犯罪被告人超期羁押规则。此外,共同犯罪上诉审程序应当随着上诉审程序正当化而调整。共同犯罪死刑复核程序涉及同案犯判处死刑的和未判处死刑的该如何处理的问题,相较于单人犯罪的死刑案件复核程序,其不仅面临着对被复核被告人涉及的案件事实和法律适用的复核,还要考虑同案犯在死刑复核程序中的地位和权利维护问题,以此实现死刑复核的准确性,以防错杀。为落实共同犯罪死刑复核程序的功能,应遵循直接言词、有重点的全面审查和有效辩护等基本原则,同时应采用死刑案件自动上诉、死刑复核程序不设审理期限、共同犯罪死刑复核审理后区别处理等具体规则,还应探索死刑案件实质三审制。再审程序属于普通诉讼程序外的特殊救济审程序,共同犯罪再审程序应当坚持有害错误启动、有限审查、再审一审终审等原则。再审程序应当遵守的具体规则包括:共同被告人再审启动规则,再审以并案审理为原则、分案审理为例外规则,再审应当有利于被告人规则,漏犯归案引起的再审规则,以及共同犯罪案件部分再审应由上级法院审理则全案由上级法院审理规则。

第五章为"共同犯罪分案审理程序"。当共犯之间存在防御冲突、偏见等因素时,应分案予以审理。控辩双方在审前程序中向法院申请,由法院裁量决定或依职权主动启动分案审理。被告申请分案审理,须举证合并审理带来的不利影响。控辩双方对错误的合并或分开审理可提出抗诉或上诉。在审理中,共犯在本案被告人案件中系证人,适用传闻证据排除规则与补强规则,且为防止权利冲突,作证的共犯应先受确定判决或刑事免责。分案的共同犯罪案件,为防止事实认定的分歧和量刑不均衡,原则上由同一法院同一合议庭分开审理;由不同合议庭审理的,各合议庭分开合议后应互相交换意见,存在事实认定或法律适用上的分歧的,合并合议,仍不能达成一致的,提交审判委员会决定。因管辖问题等导致共同犯罪要在不同法院审理的,原则上先审理主犯,不同法院的合议庭应交换开庭时间,不宜安排同时开庭,先作出判决的一方应及时将判决书送达分案审理的其他法庭。共同犯罪存在漏犯、在逃犯等导致分案审理的,侦查机关应在后到案的共犯案件中,提供已决同案犯的判决情况。此外应细化未成年人与成年人共同犯罪分案审理的立法规定,明确不宜分案审理的两种例外,即:案件重大、疑难、复杂,分案可能影响案件事实查清的除外;涉及刑事附带民事诉讼,分案起诉妨碍附带民事诉讼部分审理的,但被害人明确表示不提起附带民事诉讼或者案件已达成民事赔偿部分和解的除外。未成年人与成年人共同犯罪分案审理的,也应赋予被告人程序选择权和救济权,建立法院审查的程序机制,同时明确不适宜分案审理的案件统一由少年法庭审理。

第六章为"共同犯罪特别诉讼程序"。该章主要包括共同犯罪的追加诉讼程序、共同犯罪案件刑事附带民事诉讼程序和共同犯罪案件当事人和解程序。共同犯罪追加诉讼程序是指在同案被告人的追加诉讼中刑事诉讼主体必须遵循的一系列程序规则的总称。共同犯罪追加诉讼程序构建的理论依据在于实现实体正义与程序正义的衡平和规范起诉机关的起诉裁量权。共同犯罪追加诉讼程序的基本构成包括:共同犯罪追加诉讼的主体;共同犯罪追加诉讼的条件;共同犯罪追加诉讼的运作程序,包括提起公诉后至开庭审判前追加诉讼的运作程序和开庭审判后至第一审程序法庭辩论终结前追加诉讼的运作程序两种情形。此外,还涉及追加诉讼其他相关问题的程序规制,如:第一,检察机关不起诉裁量权的外部制约;第二,被告人辩护权利的保障;第三,追加起诉后的时限计算及强制措施变更。

共同犯罪案件刑事附带民事诉讼程序应遵循合并审理原则、全面审查原则、程序自主原则。合并审理原则既包括刑事部分与民事部分的合并审理,也包括成年人与未成年人的合并审理。附带民事诉讼当事人上诉的,法院应对刑事部分与民事部分进行全面审查。共同犯罪案件刑事附带民事诉讼程序应保障被害人在程序上的选择权,被害人既享有请求部分或者全部共同犯罪人承担损害赔偿的选择权,也享有提起附带民事诉讼或者单独提起民事诉讼的选择权。应允许被害人在后诉中对前诉与后诉的被告人一并提起附带民事诉讼,以及在刑事诉讼中对不承担刑事责任的其他侵权人一并提起附带民事诉讼。检察院部分撤回起诉后,附带民事诉讼原告既有权选择继续对其提起附带民事诉讼,也有权对其单独提起民事诉讼。在检察院部分撤回抗诉或者上诉人部分撤回上诉的情形下,法院应进行全面审查。

共同犯罪案件当事人和解程序中,当事人的权利应受到充分的尊重,并遵循程序自主原则。被害人既有权选择是否与被告人进行和解,也有权选择与全体被告人进行和解或者与部分被告人进行和解。在共同犯罪案件被告人先后到案的情况下,应允许被害人与各名被告人分别进行和解,对与被害人达成和解协议的被告人,应依法给予从宽处理。在共同犯罪案件当事人和解程序中,应注意公权力与私权利的调和,明确二者之间的边界,既防止公权力对私权利的侵蚀,也防止私权利的滥用。共犯的量刑平衡并不意味着可以依据和解共犯的部分和解行为对普通共犯进行从宽处罚,这将造成部分被告人"搭便车"的现象。限制从宽处罚的幅度便是一种相对务实的做法,但仍然面临认定上的障碍与适用上的混乱。从宽处理作为刑事和解的主要方式,已随恢复性正义被纳入刑事责任体系。量刑平衡是指兼以社会危害性与人身危险性为根据的量刑平衡,是多重目标价值的体现,其与对部分和解共犯的从宽处理并不存在根本上的冲突。

第七章为"关联犯罪的并案处理程序"。关联犯罪是因犯罪行为或犯罪结果的竞合而发生关联的犯罪。关联犯罪主要包括行为竞合型犯罪与结果竞合型犯罪两大类,时间空间竞合型犯罪与对象竞合型犯罪均不宜作为关联犯罪处理。行为竞合型犯罪包括帮助型、掩饰型、对合型、衍生型、煽动型五种,帮助型犯罪可进一步细分为协助型、介绍型、供给型、传授型四种。掩饰型犯罪、对合型犯罪、协助型犯罪、介绍型犯罪与本罪之间始终具有较为紧密的关联性,衍生型犯罪、煽动型犯罪、供给型犯罪、传授型犯罪与本罪之间的关联性相对较弱。结果竞合型犯罪难以被准确地类型化,其关联性应结合具体案件加以分析判断。关联犯罪的诉讼合并应包括两个层次:在牵连管辖的视角下,关联犯罪的诉讼合并意味着管辖权的扩张,诉讼合并的对象应是关联性较为紧密的案件;在法定管辖的视角下,关联犯罪的诉讼合并不涉及管辖权的变化,诉讼合并的对象可以是关联性较为松散的案件。牵连管辖权的确认可依据上级管辖权优先与严重罪行管辖权优先两项基本原则,并以协议管辖作为补充。司法机关对关联犯罪案件的诉讼合并享有裁量权。关联犯罪案件的分离诉讼包括法定分离与裁量分离两种模式:法定分离主要适用于涉及不公开审理的案件,裁量分离的适用范围较广。

导　论

在我国共同犯罪[①]案件数量庞大的背景下,[②]共同犯罪的诉讼程序在司法实践中暴露出较多问题,在部分环节甚至面临着现实困境。长久以来,在共同犯罪的侦查、审查起诉、第一审及救济审等诉讼过程中,协调存在多名被告人、多名辩护人情形下发生的相关诉讼次序,在实践中主要依据司法人员的经验,随意性较大,陷入麻烦的情形较为多见。以庭审为例,在法庭调查中,当共同犯罪被告人全部不认罪或不认罪被告人较多时,对公诉人出示的每一项证据,在听取被告人质证意见时为防止串供,需要在听取每一名被告人意见时让其他被告人退庭,同时公诉人出示的证据往往又有多项,如此会造成多次乃至数十次退庭,而且在一名被告人质证成后,另外的每一名被告人出庭质证时,公诉人都需要把所要出示的证据重新展示一遍。这样的讼累如何

---

① 刑法学界关于共同犯罪概念的认识存在争议。比如有观点认为,"共同犯罪,是指两人以上共同实施的犯罪,被认为是一种违法形态"。参见张明楷:《刑法学(第四版)》,法律出版社 2011 年版,第 348 页;张明楷:《共同犯罪的认定方法》,《法学研究》2014 年第 3 期。而刑法学界普遍认为共同犯罪是一种犯罪形态。参见李晓明、李洪欣、陈珊珊:《中国刑法基本原理(第四版)》,法律出版社 2013 年版,第 449 页。"共同犯罪,是故意犯罪的一种特殊形态。"参见赵秉志:《刑法新教程(第三版)》,中国人民大学出版社 2009 年版,第 193 页。通说认为共同犯罪是"二人以上""共同故意"实施的"犯罪行为"。参见高铭暄、马克昌:《刑法学》,北京大学出版社、高等教育出版社 2011 年版,第 163 页以下。关于共同犯罪立法上的含义体现在《中华人民共和国刑法》(以下简称《刑法》)第 25 条第(1)款:"共同犯罪是指二人以上共同故意犯罪。"第(2)款作了进一步说明:"二人以上共同过失犯罪,不以共同犯罪论处;应当负刑事责任的,按照他们所犯的罪分别处罚。"本书正是立足共同犯罪的传统概念来讨论其诉讼程序问题的。

② 关于案件数量,以青少年犯罪为例,"据不完全统计,2003 年以来,共同犯罪一般占未成年人犯罪总数的 70%,个别地区甚至达到了 80% 以上"。参见操学诚:《我国未成年人犯罪动向的数据报告》,《法制日报》,2010 年 9 月 1 日。2010—2012 年,四川省邻水县检察院共受理未成年人抢劫、抢夺、盗窃、敲诈勒索及故意毁坏财物等侵财类案件 98 件 174 人,其中有 87 件 163 人为共同犯罪,共同犯罪案件数与人数比例占侵财案件数的 88.8% 和 93.7%。参见刘德华:《未成年人侵财案九成系共同犯罪》,《检察日报》,2013 年 1 月 30 日。

防止？此外，隔离审查是否适用于所有情形？在法庭辩论程序中，如果有两个以上被告人或者他的辩护人同时要求发言，应如何确定发言顺序？各被告人的辩护人之间产生争议，是否应当允许他们互相辩论？面对多个被告人、辩护人发言，公诉人应如何协调及时回应和整体回应的关系？等等。

造成共同犯罪诉讼中的上述问题和实践困境的直接原因主要是制度性的，即关于共同犯罪诉讼操作规则的立法尚不完善。由于《中华人民共和国刑事诉讼法》（以下简称《刑事诉讼法》[①]）主要围绕追诉单独犯罪而进行程序设计，因此对有关共同犯罪的诉讼程序只作了零星规定，仅在第215条[②]和第233条第（2）款分别就共同犯罪案件一般不适用简易程序、共同犯罪第二审程序全案审查一并处理等事项作了规定。关于共同犯罪案件诉讼程序的规定主要散见于《人民检察院刑事诉讼规则》和《最高人民法院关于适用〈中华人民共和国刑事诉讼法〉的解释》（以下简称《刑事诉讼法解释》）等规范性文件之中。从整体上看，《刑事诉讼法》和相关司法解释关于共同犯罪诉讼程序的规定呈现出分散、系统性和协调性不够、程序设计不完善等特点，比如关于共同犯罪案件法庭审理的质证规则和辩论规则，共同犯罪的合并侦查、另案侦查以及审查起诉中各共同被告人的指控排序、合并起诉，共同犯罪案件救济审程序、共同犯罪合并诉讼和分案审理的条件及程序，共同犯罪案件的追加起诉、刑事和解等特殊规则，均缺乏清晰、充分的规定。

国外刑法学界和犯罪学界对共同犯罪理论已有深入研究，相比之下，国

---

① 《中华人民共和国刑事诉讼法》于1979年7月1日第五届全国人民代表大会第二次会议通过，并于1996年、2012年、2018年经过三次修正，为方便区分，本书分别以"1979年《刑事诉讼法》""1996年《刑事诉讼法》""2012年《刑事诉讼法》"指代不同版本的《刑事诉讼法》，并以"《刑事诉讼法》"指代2018年第三次修正后、最新版本的《刑事诉讼法》。从20世纪80年代起，至2012年《刑事诉讼法》第二次修正前，相关部门出台了数量众多（据不完全统计，共有18件之多）的有关共同犯罪诉讼程序的解释、规则、规定、答复、解答、通知、批复等规范性文件即共同犯罪诉讼操作规则立法尚不完善的例证。

② 为方便阅读，本书在整理、解读法律法规时，文中的数字均用阿拉伯数字表示。

内①刑事诉讼法学界针对共同犯罪诉讼程序的研究相对滞后。根据笔者在中国知网检索的结果,涉及共同犯罪诉讼程序的论文较少,②这些论文研究的内容主要集中于共同犯罪案件分案处理程序。陈卫东教授主编的《模范刑事诉讼法典》③论证和设计了"共同犯罪案件的牵连管辖"和"共同犯罪审判程序的分离与合并"等条文;陈兴良教授所著的《共同犯罪论》④第二十章以"共同犯罪与刑事诉讼"为题,对共同犯罪与管辖、共同犯罪与证据、共同犯罪与程序等内容进行了研究;我国台湾学者林钰雄⑤、王兆鹏⑥、陈运财⑦等分别从不同角度就共同犯罪证据运用、对质诘问、共同犯罪被告之合并与分离审判等问题进行了研究。上述研究成果对于我们深入研究共同犯罪诉讼程序具有启发和借鉴意义,但从总体来看,国内关于共同犯罪诉讼程序的研究仍然较为薄弱,有分量的研究成果并不多见,尤其是以审判为中心系统对共同犯罪诉

①　国外有关共同犯罪的诉讼程序的研究主要集中于合并起诉与分离诉讼、共同犯罪救济审程序、未成年人和成年人共同犯罪的审判程序等方面。如美国学者伟恩·R.拉费弗、杰罗德·H.伊斯雷尔、南西·J.金合著的《刑事诉讼法(下册)》(中国政法大学出版社2003年版)中对被告人合并起诉和分离诉讼进行了研究,并对作为被告人权利的分离诉讼、合并起诉和分离诉讼的程序审查等内容进行了讨论,认为成文法和法院规则对被告人合并起诉作出规定的意图在于提高经济和效率,避免多重审判。关于共同犯罪案件中部分上诉人的犯罪事实不清、证据不足的第二审程序问题,德国学者克劳丝·罗科信认为,当一判决有数诉讼标的时(不论是数被告犯一罪一行或一被告犯数罪之情形),则这种判断或裁判之独立性不会引起争议(2003年)。这些研究可为完善我国共同犯罪诉讼程序提供有益参考。

②　经知网搜索,截至目前,除了本书撰写成员发表的阶段性成果外,国内发表的共同犯罪诉讼程序相关成果总计29篇(含硕士论文6篇、博士论文1篇)。主要包括汪容:《刑事合并审判制度研究》,武汉大学2013年博士学位论文;戚桂亮:《刑事诉讼中的潘多拉——共同犯罪诉讼程序论》,中国政法大学2007年硕士学位论文;万世界:《共同犯罪案件另案处理程序问题研究》,华东政法大学2011年硕士学位论文;陈晓雪:《论共同犯罪分案诉讼及其立法完善》,广东财经大学2014年硕士学位论文;张泽涛:《刑事案件分案审理程序研究——以关联性为主线》,《中国法学》2010年第5期;董林涛:《论未成年人与成年人共同犯罪案件分案起诉制度》,《黑龙江省政法管理干部学院学报》2012年第4期;赵学军:《未成年人与成年人共同犯罪分案审理制度的程序规制——兼论公正与效率的价值平衡》,《青少年犯罪问题》2009年第1期;刘方权:《论共同犯罪中的辩诉交易公共利益和被告人公平审判权——从美国诉辛格尔顿一案看辩诉交易理论的新发展》,《辽宁警专学报》2002年第4期。

③　陈卫东:《模范刑事诉讼法典》,中国人民大学出版社2005年版。

④　陈兴良:《共同犯罪论(第二版)》,中国人民大学出版社2006年版。

⑤　林钰雄:《刑事诉讼法(上册·总论编)》,中国人民大学出版社2005年版。

⑥　王兆鹏:《论共同被告之合并及分离审判》,《台大法学论丛》2004年第6期。

⑦　陈运财:《共同被告之调查》,《律师杂志》2003年第286期。

讼程序的研究尚存空白。

合理又充分的共同犯罪诉讼程序能够在切实保障各共同犯罪嫌疑人和各共同被告人的各项诉讼权利和程序利益,实现诉讼公正的前提下提升诉讼效率。例如,准确限定合并诉讼和分案审理的标准和条件,做到对共同犯罪案件"该合则合、该分则分",有利于避免因人为因素所致的"不当合并诉讼"或"不当分案审理",防止暗箱操作和不当拖延;规定科学的共同犯罪法庭调查和法庭辩论规则,不仅有助于避免因不当操作造成诉讼的过分拖延,也有助于保障各共同被告人的诉讼权利,有助于查明真相并正确适用《刑法》。可见,对共同犯罪诉讼程序的内在规律进行力求深刻的探索并提出立法建议,对于实现我国共同犯罪诉讼程序的正当化及最终有效率地实现共同犯罪的实体正义,具有重要意义。此外,我们看到,对共同犯罪审判程序基本规则和具体规则的探讨也有助于促进单个被告人犯罪案件审判程序的改革。通过共同犯罪审判程序的构建,一方面,可以推动现行法律中有关单人犯罪审判的相关规定,如推动立法,确立定罪量刑程序分段运行机制;另一方面,共同犯罪审判程序属于特殊程序,而单个被告人犯罪案件审判程序属于一般程序,特殊程序应当构建于一般程序之上,特殊程序之构建,需要一般程序提供必要的支撑。在我国一般审判程序还不完善的情形下,对特殊审判程序的构建,可以促进一般审判程序的进化。因此,从这个意义上说,探讨共同犯罪审判程序对于促进单人犯罪案件的审判程序之完善也大有裨益。

共同犯罪诉讼程序内容涉及面广,本书除了对共同犯罪诉讼程序的基础理论进行研究之外,具体的程序研究主要依刑事诉讼实际流程对共同犯罪案件的立案程序、侦查程序、审查起诉程序、普通庭审程序、救济审程序等普通适用程序进行了探讨。同时,本书也涉及对共同犯罪案件诉讼程序中的特殊问题的关注,如探讨了共同犯罪分案审理程序,以及专门研究了共同犯罪特别诉讼程序。此外,部分问题虽然不属于共同犯罪的内容,但与共同犯罪诉讼程序关系密切,本书也进行了拓展研究,比如对关联犯罪案件的诉讼程序研究。当然,以审判为中心是刑事司法的内在规律,是实务界和理论界关心的热点问题。共同犯罪诉讼程序基于共同犯罪的特殊性,其庭审程序问题更为典型,本书的研究也以遵循这一司法内在规律为思路,着重探索了共同犯罪庭审程序规则,特别是共同犯罪庭审程序中的法庭调查和法庭辩论程序,以确保共同犯罪庭审运行秩序的稳定和庭审效率的提升,保障共同犯罪各被告人获得快速审判的权利。然而,尽管本书对共同犯罪诉讼程序进行了较为全面的研究,可谓是"千呼万唤始出来",但基于共同犯罪的复杂性及本课题组研究能力和条件所限,对共同犯罪诉讼程序的研究依然处于"犹抱琵琶半遮面"的状态,尚待理论界同人进一步探索。

第一章

共同犯罪诉讼程序的基础理论

　　共同犯罪是故意犯罪的一种特殊形态,是与单人犯罪相对应的一个概念。作为一种复杂的社会现象,共同犯罪绝非单人犯罪的简单相加。在实体法上,由于各共同犯罪人在共同犯罪中的地位和作用互不相同,彼此之间的法律关系有时会呈现出错综复杂的状态,如何对共同犯罪作出准确的法律评价并坚持恰当的处罚原则,以解决共同犯罪人的刑事责任问题,一直是困扰立法者和学者的难题之一。在程序法上,如同《刑法》分则中各条款的犯罪构成一般是以单独犯罪为对象而规定的那样,《刑事诉讼法》中关于各种诉讼程序的规定一般也是从单独犯罪被告人的角度出发而作出的。由于各共同犯罪人在共同犯罪中实体法律关系的复杂性,围绕对共同犯罪中各被追诉人的立案、侦查、公诉、审判等问题,刑事诉讼法律关系也呈现出关系重叠、交叉及混合的复杂状态。从这个意义上说,程序法上共同犯罪诉讼程序理论的难度丝毫不亚于实体法上共同犯罪诉讼程序理论的难度。就研究现状而言,我国刑事诉讼法学界对共同犯罪诉讼程序的基础理论缺乏应有的关注,这直接影响了共同犯罪诉讼程序的科学化和系统化设置。加强对共同犯罪诉讼程序基础理论的研究,是完善共同犯罪诉讼程序立法的前提。

第一节　共同犯罪诉讼程序的概念解析

　　概念是"思维的基本形式之一,反映客观事物的一般的、本质的特征"[①]。通过科学研究,人们能够进一步加深对客观事物的概念的认识。同时,概念本身的内涵和外延又界定了科学研究的范围。精确的概念是衡量一门学科

---

① 《现代汉语词典(第7版)》,商务印书馆2016年版,第419页。

成熟的标志之一,只有在精确的概念的指导下,才能设计出相对完善的制度。因此,要深入研究共同犯罪诉讼程序,必须从解析其基本概念入手。

一、共同犯罪诉讼程序的概念

诉讼程序是指诉讼主体和其他诉讼参与人在诉讼活动中必须遵循的条件和步骤,以及由此产生的各种诉讼法律关系的总和。刑事诉讼程序是指刑事诉讼主体和其他诉讼参与人在刑事诉讼活动中为了解决被追诉人的定罪量刑问题而必须遵循的条件和步骤,以及由此产生的各种刑事诉讼法律关系的总和。共同犯罪诉讼程序属于刑事诉讼程序的下位概念,它是指为了解决共同犯罪案件中各被追诉人的定罪量刑问题,刑事诉讼主体和其他诉讼参与人在刑事诉讼活动中必须遵循的条件和步骤,以及由此产生的各种刑事诉讼法律关系的总和。

共同犯罪诉讼程序属于复杂型诉讼形态,从性质上讲属于诉的主观合并的范畴。所谓"诉的主观合并",简言之就是诉的主体合并,在共同犯罪诉讼程序中,专指作为刑事诉讼主体一方的被追诉人的合并。也就是说,由于诉讼客体的牵连性,需要将共同犯罪中的各被追诉人及其犯罪事实纳入同一诉讼过程,以解决各被追诉人的定罪量刑问题。

从程序要件上分析,引发共同犯罪诉讼程序的条件包括以下五点。(1)数人共犯一罪或数罪而形成诉讼标的同一关系。也就是说,二人或二人以上的共同犯罪人的共同犯罪行为侵犯了《刑法》所保护的同一个法益,基于同一事实及法律上的原因,考虑到诉讼经济和查明案件事实的需要,在同一个诉讼程序中对各被追诉人的犯罪事实作出裁判。(2)侦查、起诉和审判机关对共同犯罪案件均有管辖权。依据地域管辖的一般原则,刑事案件的侦查、审判分别由犯罪地的公安机关或人民法院管辖。但在特殊情形下,也有可能由犯罪嫌疑人或被告人居住地的公安机关或人民法院管辖。在共同犯罪案件中,由于犯罪嫌疑人或共同被告人通常为二人或二人以上,在决定由犯罪嫌疑人或被告人居住地的公安机关或人民法院管辖的情形中,必然涉及如何认定犯罪嫌疑人或被告人居住地的问题。对于因共同被告人居住地不同而引发的管辖争议,通常的做法是以主犯的居住地作为确定管辖的标准,但也存在例外的情形。无论采取何种做法,侦查、起诉和审判机关都应当对共同犯罪案件有管辖权,这是引起共同犯罪诉讼程序发生的另一个程序要件。(3)不存在禁止合并诉讼的规定。合并诉讼是共同犯罪诉讼程序的基本形态,在不存在禁止合并诉讼事由的情形下,原则上所有共同犯罪案件都应进行合并诉讼。(4)分离诉讼具有正当的理由。分离诉讼是共同犯罪诉讼程序的例外形态。在一些特殊情形下,应当采取分离诉讼的形式对共同犯罪案件另案处理、另行起诉和分离审判。这些特殊情形通常包括:①对于未成年被告人和成年被告人共同实施的共同犯罪案件,为了保护未成年被告人的合法权益而对涉及未成年人的共同犯罪案件进行分案起诉和分案审理;②为了保护共同被告人的特殊诉讼权利,因各共同被告人之间具有利害相反的关系而对共同犯罪案件进行分离诉讼;③为了避免超期羁押,对个别或部分共同被告人的犯罪事实进行分离诉讼。(5)存在追加起诉。追加起诉也是启动共同犯罪案件诉讼程序的原因之一。追加起诉的情形通常包括:①侦查机关复议或提请复核而对共同犯罪案件中未被提起公诉的部分犯罪嫌疑人追加起诉;②被害人申诉而对共同犯罪案件中未被提起公诉的部分犯罪嫌疑人追加起诉;③公诉机关自我纠错而对共同犯罪案件中未被提起公诉的部分犯罪嫌疑人追加起诉;④公诉机关接受法院的建议而对共同犯罪案件中未被提起公诉的部分犯罪嫌疑人追加起诉;⑤同案犯到案而引起追加起诉;⑥其他应当追加诉讼的情形。如果存在上述六种情形并且已经启动的共同犯罪案件的第一审程序尚未终结,应当允许公诉机关对未被提起公诉的部分犯罪嫌疑人追加起诉,使之合并到已经进行的诉讼程序当中一并审判,以降低诉讼成本,节约司法资源。

二、共同犯罪诉讼程序的特征

(一)被追诉人的复数性

与单独犯罪的刑事诉讼程序相比,共同犯罪诉讼程序的最大区别在于被追诉人的复数性,也就是说,被追诉人通常为二人或二人以上。如前所述,基于诉讼客体的牵连性而将数人共犯一罪或数罪的数个案件纳入同一诉讼程序处理,从性质上而言属于诉的主观合并,亦即诉的主体合并。诉的主体合并的结果表现为被追诉人的复数性。当然,这种被追诉人复数性的特点从本质上讲是由共同犯罪人在实体法上的关系所决定的。

根据我国刑法理论,以共同犯罪能否任意形成来划分,共同犯罪包括任意的共同犯罪和必要的共同犯罪两种形式。任意的共同犯罪是指《刑法》分则规定的一人能单独实施的犯罪由二人以上共同实施而形成的共同犯罪。如抢劫罪、盗窃罪、故意杀人罪、强奸罪等,既可以由一人实施,也可以由数人共同实施,当数人共同实施时,就构成任意的共同犯罪。司法实践中,绝大多数共同犯罪是任意的共同犯罪。必要的共同犯罪,是指《刑法》分则规定的必须由二人以上共同实施且各行为人都应当承担刑事责任的犯罪。必要的共同犯罪包括聚众性共同犯罪和有组织的共同犯罪两种形式。聚众性共同犯罪,是指以众人的聚合为犯罪构成必要要件的共同犯罪。如《刑法》第317条规定的组织越狱罪、聚众劫狱罪等。有组织的共同犯罪,是指三人以上有组织地实施的共同犯罪。有组织的共同犯罪具有两种形式:一是恐怖组织和黑社会性质组织犯罪,二是一般集团犯罪。[1]可见,无论是任意的共同犯罪还是必要的共同犯罪,其共同特征是共同犯罪人必须为二人或二人以上。在一些特殊的共同犯罪中(例如有组织的共同犯罪),共同犯罪人必须为三人以上。当这些实施共同犯罪的共同犯罪人被纳入同一个刑事诉讼程序处理时,就形成共同被告的关系,并直接体现出被追诉人具有复数性的特点。

(二)诉讼客体的牵连性

所谓"刑事诉讼客体",就是刑事诉讼主体认识活动针对的对象,即案件。[2]

在共同犯罪诉讼程序中,诉讼客体具有牵连性,即各被追诉人的案件之间具有彼此牵连的关系,这种牵连性是由共同犯罪行为所导致的同一个或数个犯罪事实决定的。在共同犯罪中,行为人之间是共犯一罪或数罪的共犯关系,行为人的共同犯罪行为导致同一个犯罪事实或数个犯罪事实。"各行为人的行为都指向同一犯罪,并相互联系、相互配合,形成一个有机的犯罪活动整体。每个行为人的行为,都是犯罪行为有机体的一部分。在发生危害结果的

---

① 赵秉志:《刑法新教程(第四版)》,中国人民大学出版社2012年版,第174页。
② 宋英辉:《刑事诉讼原理》,法律出版社2003年版,第183页。

情况下,每个人的行为都与危害结果之间具有因果关系。"①犯罪事实的同一性,决定了程序法上诉讼客体的牵连性,也构成了共同被告的基础。这种因共同犯罪而形成的共同被告,在德国学说及实务上被称为"实质的共同被告"。Roxin教授认为,实质的共同被告的概念强调共同被告应该经由实体法上的关系加以定义,只要是因为同一事实关系而被追诉之人,原则上都是所谓的"共同被告"。我国台湾学者柯耀程亦认为,"共同被告虽系数人于同一程序被诉之谓,但形成共同被告的共同性基础者,应非单纯从条文观察的概念,而应系具有实质的共同关系存在,方得谓为共同被告,此一共同性宜从案件加以观察,不应从程序认定,是以称共同被告者,必以被诉之事实与各被告间具有特定之关联性存在,其数被告方得成为共同被告"②。

需要指出的是,即使是在分离诉讼的场合,各被追诉人的犯罪事实也可以根据其在共同犯罪中的地位、分工和参与程度的不同而分割成每一个不同的单独案件,但不能改变共同犯罪案件诉讼客体牵连的事实。

(三)诉讼行为的关联性

"诉讼行为,乃构成诉讼程序所实施合于诉讼法上定型之行为,并足以发生诉讼法上之效果者。"③刑事诉讼行为是刑事诉讼法律关系的主体所实施的符合诉讼法上规定的构成要件并且足以产生诉讼法上效果的行为。④以行为主体为标准来划分,刑事诉讼行为包括侦查、起诉、审判机关的诉讼行为和诉讼参与人的诉讼行为。在共同犯罪诉讼程序中,刑事诉讼主体的诉讼行为特别是当事人的诉讼行为之间具有较为密切的关联性。也就是说,某一诉讼主体的诉讼行为会对其他诉讼主体的诉讼利益和诉讼进程产生一定的影响。

以共同犯罪案件中当事人的诉讼行为为例,其关联性具体表现在五个方面。(1)某一共同被告人申请回避、申请通知新的证人到庭、调取新的物证、申请重新鉴定或者勘验,这些程序性诉讼行为不仅有利于维护自己的实体利益,而且对同案其他被告人的实体利益也有重要影响。(2)某一共同被告人的

---

① 赵秉志:《刑法新教程(第四版)》,中国人民大学出版社2012年版,第171页。
② 柯耀程:《共同被告自白之调查》,《月旦法学教室》2003年第3期。
③ 陈朴生:《刑事诉讼法实务》,海天印刷厂有限公司1981年版,第114页。
④ 宋英辉:《刑事诉讼原理》,法律出版社2003年版,第193页。

辩护主张与其他共同被告人的辩护主张相冲突的情形,必然会影响法官的心证活动并影响其对案件事实作出认定,从而最终影响各共同被告人的定罪及彼此之间的量刑均衡。①(3)作为诉讼行为的一种,共同被告人的陈述也具有关联性,典型的是攀供。攀供是指共同被告人在交代自己在共同犯罪中的罪行时,又检举和揭发同案其他被告人共同犯罪行为的陈述。共同被告人的攀供是关于共同犯罪案件事实的陈述,其内容本身不仅涉及自己在共同犯罪中的地位、分工和作用,而且涉及其他同案被告人在共同犯罪中的地位、分工和作用,法庭如何认定攀供将直接影响对各共同被告人的定罪量刑。(4)根据法律规定,在部分犯罪嫌疑人或被告人与被害人达成了刑事和解的共同犯罪案件中,司法机关可以对该部分犯罪嫌疑人或被告人的案件从宽处理。因此,部分犯罪嫌疑人或被告人与被害人达成刑事和解协议的诉讼行为必将影响其他未与被害人达成刑事和解的同案犯罪嫌疑人或同案被告人的案件处理结果,如何做到共同犯罪案件全案的量刑均衡是法院必须考虑的问题。(5)共同被告人的上诉行为之间具有关联性。共同犯罪案件在诉讼中是一个不可分割的整体。其中某一被告人所作出的诉讼决定或者诉讼行为,在特定情形下会对全案产生影响,从而对其他被告人产生相应的影响。尽管其他被告人不附和或者不赞同上述被告人所作出的诉讼决定或诉讼行为,但仍然不能阻止其决定或行为所产生的相应效力。这种连带性依据法律的有关规定而存在。②例如,《刑事诉讼法》规定,第二审程序必须坚持全面审查的原则,共同犯罪的案件只有部分被告人上诉的,应当对全案进行审查,一并处理。因此,未提出上诉的同案被告人将会被动地卷入共同犯罪案件的第二审程序中,接受第二审法院的审查,这必将影响其他未上诉的同案被告人的程序利益和实体利益。

在共同犯罪诉讼程序中,侦查、起诉、审判机关的诉讼行为内部也具有关联性。例如,共同犯罪案件的并案侦查、追加起诉、合并起诉和合并审判主要是出于对诉讼客体牵连性的特别关注,但其本身也体现了诉讼行为的关联

---

① [美]伟恩·R.拉费弗、杰罗德·H.伊斯雷尔、南西·J.金:《刑事诉讼法(下册)》,卞建林、沙丽金等译,中国政法大学出版社2003年版,第905页。

② 姜京生:《刑事第二审》,中国政法大学出版社1992年版,第414页。

性。因为将复数的被追诉人放在同一个诉讼程序中进行处理,由于各共同被告人之间具有利害相同或利害相反的关系,司法机关的并案侦查、追加起诉、合并起诉和合并审判势必影响各被追诉人的程序利益和实体利益。

第二节　共同犯罪诉讼程序的价值评析

共同犯罪诉讼程序的价值论属于共同犯罪诉讼程序基础理论的范畴。共同犯罪诉讼程序的价值包括目的性价值(也称"内在价值")和工具性价值(也称"外在价值")。共同犯罪诉讼程序的目的性价值是指设置共同犯罪诉讼程序所要达到的具体目标,是整个共同犯罪诉讼程序的灵魂。基于不同的目的性价值,共同犯罪诉讼程序必然有不同的制度设计,这些不同的制度设计又反过来体现了共同犯罪诉讼程序所要实现的价值及其所要保护的利益侧重点。共同犯罪诉讼程序的目的性价值集中体现为共同犯罪诉讼程序自身所具有的满足刑事诉讼主体需要的独立价值,包括实现诉讼经济、保障被追诉人诉讼权利、确保诉讼公正等。共同犯罪诉讼程序的工具性价值是指共同犯罪诉讼程序本身对于刑事诉讼主体所具有的意义,集中体现为共同犯罪诉讼程序作为一种手段或工具以实现实体性目标的价值,包括发现案件的客观真实等。对共同犯罪诉讼程序目的性价值和工具性价值之间的关系,大致可以作如下理解:共同犯罪诉讼程序的目的性价值决定了共同犯罪诉讼程序的制度设计,共同犯罪诉讼程序的制度设计不仅体现了共同犯罪诉讼程序对独立价值的追求,而且体现了共同犯罪诉讼程序的工具性价值,因为它为实现共同犯罪诉讼程序的实体性目标提供了工具和手段。

在理论和实际操作层面,合并诉讼是共同犯罪诉讼程序的一般形式,分案诉讼是共同犯罪诉讼程序的例外形式,二者各自具有不同的价值。

一、合并诉讼的价值

(一)实现诉讼经济

实现诉讼经济是共同犯罪案件合并诉讼的首要价值,这主要体现在节省诉讼的时间和费用,实现诉讼的经济和迅捷等方面。例如,在侦查阶段,如果由两个或两个以上的侦查机关对共同犯罪案件的各个犯罪嫌疑人分别立案侦查,势必造成在调查取证时的重复劳动;对于犯罪嫌疑人而言,有可能被不同的侦查机关重复调查,从而付出多倍的时间和精力。因此,无论是从侦查机关的角度还是犯罪嫌疑人的角度来看,并案侦查都是较为理想的选择,它有利于节约侦查机关的人力和物力,也有利于减少当事人的"讼累"。在审判阶段,从理论上讲,共同犯罪案件既可以由不同的审判组织在不同的审判程序中对各被告人的案件分别进行审理并作出裁决,也可以由同一个审判组织在不同的审判程序中对各被告人的案件依次进行审理并作出裁决,这两种情形都不利于节约司法成本。因此,可以考虑将复数被告人的共同犯罪案件交由同一个审判组织并在同一个审判程序中审理,通过合并审判,实现诉讼经济。我国台湾学者王兆鹏认为,合并审判可以节省法院、检察官、证人、被告的诉讼资源:(1)法院。以同一法官或合议庭审理,而非由不同法官或合议庭审理,可以节省法官、配置人员及法院设备的资源。(2)检察官。检察官可以在一个合并审判庭中一次举证完毕,即毋须分别在不同的审判庭中重复举证,可以节约检察官的资源。(3)证人。如果分别审判,证人即可能被传唤至不同的审判庭作证,浪费证人的时间。(4)被告。共同被告人可以共同选任一个辩护人,节省被告的金钱支出。①德国学者克劳思·罗科信亦认为:"对有共通关系之刑事案件之合并审理有其好处,即对全部的事件过程只需为一次之举证,因此保证了最大的诉讼经济。"②

需要指出的是,在一些特殊情形下,合并诉讼并不必然取得诉讼经济的效果。例如,"当被告、辩护人、证人之人数太多,合并审判会造成诉讼指挥的困难,对法院或被告反而造成不经济的结果"③。再如,对于某个或某些有可能被判处较轻刑罚的个别或部分被告人而言,整个共同犯罪案件的审限延长有可能牺牲其诉讼利益。这些都是设计科学合理的共同犯罪诉讼程序时必须注意的问题。

---

① 王兆鹏:《论共同被告之合并及分离审判》,《台大法学论丛》2004年第6期。
② [德]克劳思·罗科信:《刑事诉讼法》,吴丽琪译,法律出版社2003年版,第185页。
③ 王兆鹏:《论共同被告之合并及分离审判》,《台大法学论丛》2004年第6期,第4—10页。

（二）发现案件的客观真实

在实体法上，共同犯罪是指二人或二人以上共同故意犯罪，其共同犯罪行为造成了同一个危害结果。反映在程序法上，共同犯罪案件的诉讼客体具有牵连性。将诉讼客体具有牵连性的共同犯罪案件放在同一个诉讼程序中进行处理，除了上文提到的"实现诉讼经济"的考虑之外，"发现案件的客观真实"也是一个主要目的。例如，在共同犯罪的并案侦查中，将数人共犯一罪的案件交由一个侦查机关进行并案侦查，有利于侦查机关全面客观地收集与共同犯罪有关的所有证据。在审判阶段，合并审判还能避免与各共同被告人相关但属于共同犯罪案件全案的证据材料的切割和分裂，有利于法官在全面分析、判断全案证据材料的基础上尽量发现案件的客观与真实，从而作出正确的裁判。

（三）避免判决矛盾或量刑不均衡

共同犯罪是由两个或两个以上的行为人实施的共同犯罪行为，对各行为人在刑事法上的主要评价依据是其在共同犯罪中的分工、地位、作用及造成的危害结果。通过合并起诉，在同一个诉讼程序中对共同犯罪案件进行并案侦查、合并起诉和合并审判，有利于准确认定各共同被告人在共同犯罪中的分工、地位和作用，在此基础上，分别对各被告人作出适切的裁判，避免作出相互矛盾的判决。同时，由于采用了合并审判，由同一个审判组织的同一法官的心证活动对共同犯罪案件的全案进行衡量，有利于实现各共同被告人之间的量刑均衡。

二、分案诉讼的价值

（一）保障被追诉人的诉讼权利

1. 保障被追诉人请求分案诉讼的权利

在共同犯罪案件中，共同被告人之间的关系可能包括以下两种情况：一是利害相同，如检察官起诉指控甲、乙二人共同实施了某一犯罪，二人均承认或否认实施犯罪；二是利害相反，如甲、乙二人被检察官起诉指控共同实施了某一犯罪，甲、乙为了逃脱罪行和惩罚而互指对方为唯一实施犯罪之人。美国刑事诉讼理论和司法实践认为，对于真正有敌对性的辩护进行合并审判是

不公平的,因此需要通过分离诉讼的救济来阻止以上情况①。在立法例上,
《美国联邦刑事诉讼规则和证据规则》第14条规定:"如果显示在一份大陪审
团起诉书或检察官起诉书中对数种罪行或数名被告一并指控或合并审理可
能对被告人或政府方产生不公正影响,法庭可以命令从数种罪行中进行选择
或者分开进行审理,同意将共同被告人分开或者提供其他救济性的司法命
令。"②《日本刑事诉讼法》第313条规定:"法院认为适当时,可以依据检察官、
被告人或辩护人的请求,或者依职权,以裁定将辩论分开或合并,或者再开已
经终结的辩论。法院为保护被告人的权利而有必要时,应当依照法院规则的
规定,以裁定将辩论分开进行。"③我国台湾地区关于刑事诉讼的相关规定指
出:"法院认为适当时,得依职权或当事人或辩护人之声请,以裁定将共同被
告之调查证据或辩论程序分离或合并。前项情形,因共同被告之利害相反,
而有保护被告权利之必要者,应分离调查证据或辩论。"

2. 保障被追诉人接受迅速审判的权利

保障被追诉人接受迅速审判的权利被一些国家规定为宪法性权利。例
如,《美国宪法第六修正案》规定:"在所有的刑事诉讼中,被告人都享有迅速
审判的权利。"④从本质上讲,这一权利的设定是出于对被追诉人人权保障的
特别关注。正如美国联邦最高法院在史密斯诉胡依(Smith V. Hooey)案中
所作出的解释那样,迅速审判的宪法权利所保护的"至少包括英美法系中刑
事审判的三项基本要求:(1)防止不适当的、残酷的审前监禁;(2)降低伴随
公诉所带来的焦虑和担心;(3)限制长期羁押对被告人为自己进行辩护的能
力产生损害的可能性"⑤。在共同犯罪案件中,为了充分保障被追诉人接受
迅速审判的权利,在部分犯罪嫌疑人到案并且共同犯罪的基本事实已经查

① [美]伟恩·R.拉费弗、杰罗德·H.伊斯雷尔、南西·J.金:《刑事诉讼法(下册)》,卞建
林、沙丽金等译,中国政法大学出版社2003年版,第905页。
② 《美国联邦刑事诉讼规则和证据规则》,卞建林译,中国政法大学出版社1996年
版,第52页。
③ 《日本刑事诉讼法》,宋英辉译,中国政法大学出版社2000年版,第71—72页。
④ [美]伟恩·R.拉费弗、杰罗德·H.伊斯雷尔、南西·J.金:《刑事诉讼法(下册)》,卞建
林、沙丽金等译,中国政法大学出版社2003年版,第925页。
⑤ [美]伟恩·R.拉费弗、杰罗德·H.伊斯雷尔、南西·J.金:《刑事诉讼法(下册)》,卞建
林、沙丽金等译,中国政法大学出版社2003年版,第925—926页。

清的前提下,可以对该部分犯罪嫌疑人/共同被告人"先行起诉、先行审判"。此外,对于已经诉讼的、属于共同犯罪案件中罪行较轻的被告人,如果因罪行较轻而有可能被判处管制、拘役或者刑期较短的有期徒刑,那么,此类被告人极有可能因整个共同犯罪案件审限的延长而被超期羁押。为了避免出现超期羁押的现象,对于那些在共同犯罪案件中罪行较轻、犯罪事实已经查清的同案被告人,可以采取分案诉讼的方法"先行起诉、先行审判"。当然,如果共同犯罪案件的其他同案犯到案后或者在整个案件侦查终结后又发现已经先行判决的同案被告人有新的犯罪事实的,应当依照审判监督程序予以纠正。

(二)保障未成年被告人的特殊利益

基于未成年人特殊的心理和生理条件,为了保护未成年被告人的合法权益,各国法律和国际刑事司法准则一般都在适用刑事诉讼程序时给予未成年犯(被告人)特殊的处遇,对共同犯罪案件中的未成年犯(被告人)进行分案起诉、分案审理就是这种特殊处遇之一。例如,1985年出台的《联合国少年司法最低限度标准规则(北京规则)》虽然没有对未成年犯的分案诉讼问题作出明确规定,但是在"总则"部分对少年司法作了原则性规定:"会员国应尽力创造条件确保少年能在社会上过有意义的生活,并在其一生中最易沾染不良行为的时期使其成长和受教育的过程尽可能不受犯罪和不法行为的影响……并在他们触犯法律时对他们加以有效、公平及合乎人道的处理。"《意大利刑事诉讼法典》第14条规定:"针对在行为时尚未成年的被告人的诉讼与针对成年被告人的诉讼不发生牵连关系。针对被告人在未成年时所犯之罪的诉讼与针对被告人在成年后所犯之罪的诉讼也不发生牵连关系。"[1]《俄罗斯联邦刑事诉讼法典(新版)》第422条规定:"对与成年人一起实施犯罪的未成年人的刑事案件,应依照本法典第154条规定的程序分出单独进行诉讼。如果不能分出单独进行诉讼,则对与成年人在同一刑事案件中被追究的未成年人适用本章的规则。"[2]此外,英国、法国、日本、印度等国都有对未成年被告人分案诉讼的类似

---

① 《意大利刑事诉讼法典》,黄风译,中国政法大学出版社1994年版,第9页。
② 《俄罗斯联邦刑事诉讼法典(新版)》,黄道秀译,中国人民公安大学出版社2006年版,第342页。

规定。

考虑到未成年人的特殊性,我国司法解释也有相关规定。最高人民检察院颁布的《人民检察院办理未成年人刑事案件的规定》第51条规定:"人民检察院审查未成年人与成年人共同犯罪案件,一般应当将未成年人与成年人分案起诉。"《刑事诉讼法解释》第551条规定:"对分案起诉至同一人民法院的未成年人与成年人共同犯罪案件,可以由同一个审判组织审理;不宜由同一个审判组织审理的,可以分别审理。未成年人与成年人共同犯罪案件,由不同人民法院或者不同审判组织分别审理的,有关人民法院或者审判组织应当互相了解共同犯罪被告人的审判情况,注意全案的量刑平衡。"

第三节　共同犯罪诉讼程序的基本原则

共同犯罪诉讼程序的基本原则,是指体现共同犯罪诉讼程序的目的,决定共同犯罪诉讼程序的基本特征、对设计共同犯罪诉讼程序具有指导意义的决定性规则。共同犯罪诉讼程序的基本原则包括:合并诉讼为主、分案诉讼为辅的原则,审判中心原则,权利保障原则,法律监督原则,有利被告人原则,等等。

一、合并诉讼为主、分案诉讼为辅的原则

(一)合并诉讼为主的原则

合并诉讼是指对共同犯罪案件由同一个侦查机关并案侦查,并由同一个检察机关合并起诉,以及由同一个审判组织纳入同一个审判程序进行合并审理并作出裁判的一种诉讼形式。

合并诉讼为主是共同犯罪诉讼程序的一般原则。坚持合并诉讼为主原则的"必要性"兼具实体法及程序法上的双重考量。在实体法上,共同犯罪是二人或二人以上基于共同故意而实施的犯罪,"各共同犯罪人对共同实行的犯

罪行为的整体负责,而不只是对自己实行的犯罪行为负责"①。实体法上共同犯罪行为的整体性决定了程序法上诉讼客体的牵连性,为了查明案件事实、实现诉讼经济、避免判决矛盾或量刑不均衡,"合并诉讼"很有必要。

在立法例上,各国刑事诉讼立法对共同犯罪案件的合并诉讼均有明确规定。例如,《法国刑事诉讼法典》第285条规定:"如对不同的被告人因同一重罪作出多项移送重罪法庭审判的裁定,审判长得依职权,或者应检察院的要求,命令将案件合并审理。"②《意大利刑事诉讼法典》第12条和第17条规定,如果所追诉的犯罪是由数人共同实施的或者在相互合作中实施的,则构成诉讼相互牵连。在此情况下,在同一法官面前进行的、处于相同阶段和审级的诉讼可以合并,只要这种合并不妨碍迅速审结这些诉讼。③《俄罗斯联邦刑事诉讼法典(新版)》第153条规定,几人共同实施同一犯罪或几个犯罪的刑事案件可以合并进行。④

在我国,早在1979年《刑事诉讼法》施行期间,相关的司法解释对共同犯罪案件的处理就确定了必须坚持全案审判的原则。例如,1984年6月15日最高人民法院、最高人民检察院、公安部发布的《关于当前办理集团犯罪案件中具体应用法律的若干问题的解答》明确指出:"办理共同犯罪案件特别是集团犯罪案件,除对其中已逃跑的成员可以另案处理外,一定要把全案的事实查清,然后对应当追究刑事责任的同案人,全案起诉,全案判处。切不要全案事实还没有查清,就急于杀掉首要分子或主犯,或者把案件拆散,分开处理。这样做,不仅可能造成定罪不准,量刑失当,而且会造成死无对证,很容易漏掉同案成员的罪行,甚至漏掉罪犯,难以做到依法'从重从快,一网打尽'。"2012年,《刑事诉讼法》修改后,相关的司法解释对共同犯罪案件的合并诉讼问题均有明确规定。例如,2012年12月26日最高人民法院、最高人民检察院、公安部、国家安全部、司法部、全国人大常委会法制工作委员会共同发布的《关

---

① 高铭暄、马克昌:《刑法学(第四版)》,北京大学出版社、高等教育出版社2010年版,第183页。

② 《法国刑事诉讼法典》,罗结珍译,中国法制出版社2006年版,第229页。

③ 《意大利刑事诉讼法典》,黄风译,中国政法大学出版社1994年版,第9—10页。

④ 《俄罗斯联邦刑事诉讼法典(新版)》,黄道秀译,中国人民公安大学出版社2006年版,第142页。

于实施刑事诉讼法若干问题的规定》第3条规定：具有"共同犯罪"情形的，人民法院、人民检察院、公安机关可以在其职责范围内并案处理。《公安机关办理刑事案件程序规定》（2020年9月1日起施行）第21条和《人民检察院刑事诉讼规则》（2019年12月30日起施行）第18条分别就共同犯罪案件的并案侦查和并案处理作出明确规定。①《刑事诉讼法解释》第15条规定："一人犯数罪、共同犯罪或者其他需要并案审理的案件，其中一人或者一罪属于上级人民法院管辖的，全案由上级人民法院管辖。"

（二）分案诉讼为辅的原则

在例外情况下，分案诉讼是共同犯罪诉讼程序的一项辅助性原则。分案诉讼具有实体法和程序法依据的坚实基础。在实体法上，尽管共同犯罪中的各共同犯罪人对共同实行的犯罪行为的整体负责，但刑事责任的承担仍然坚持严格的个人责任原则。"在'个人责任主义'下，任何行为人都是'个别'而'独立'地为自己的行为负责，而其前提就是对行为人'独立'适用构成要件而产生构成要件该当性。即使行为人间具有'正犯'关系，也是你适用你的构成要件而产生你的构成要件该当性，我适用我的构成要件而产生我的构成要件该当性。就算——例如共同正犯，有数个主行为人——我们都适用同一个构成要件规定，但也是你基于你的行为事实使这个构成要件被实现，我基于我的行为事实也使同样这一个构成要件被实现。对你是'独立'适用这个构成要件，对我也是'独立'适用这个构成要件，没有所谓从属性的问题。"②基于此，在程序法意义上，每个被追诉人的案件都可以被分割为每一个单独的案件。"案件由被告人与犯罪事实组成，案件的个数取决于被告

---

① 《公安机关办理刑事案件程序规定》第21条规定，几个公安机关都有权管辖的刑事案件，由最初受理的公安机关管辖。必要时，可以由主要犯罪地的公安机关管辖。具有下列情形之一的，公安机关可以在职责范围内并案侦查：（1）一人犯数罪的；（2）共同犯罪的；（3）共同犯罪的犯罪嫌疑人还实施其他犯罪的；（4）多个犯罪嫌疑人实施的犯罪存在关联，并案处理有利于查明犯罪事实的。《人民检察院刑事诉讼规则》第18条第（2）款规定，对于一人犯数罪、共同犯罪、共同犯罪的犯罪嫌疑人还实施其他犯罪、多个犯罪嫌疑人实施的犯罪存在关联，并案处理有利于查明案件事实和诉讼进行的，人民检察院可以在职责范围内对相关犯罪案件并案处理。
② 郑逸哲：《修法后的"正犯与共犯"构成要件适用与处罚（上）》，《月旦法学教室》2006年第40期，第75页。

人和犯罪事实的个数,一个被告人的一个犯罪事实构成一个案件,多个被告人或多个犯罪事实则构成多个案件。"[①]"被告人为数人(数人被指控犯同一罪),或者公诉事实为数个(数人被指控犯数罪)时,均为数个刑事案件,而非单一刑事案件。被告人的人数是决定案件数量的重要因素。数名被告人被控犯同一罪时,即为数个刑事案件,虽然审判时可以合并审判,但各被告人的罪责仍然是可分的。"[②]

共同犯罪案件分案诉讼的实现形式包括绝对的分案诉讼和相对的分案诉讼两种。

1. 绝对的分案诉讼

绝对的分案诉讼是指因各种原因而由不同的侦查机关对共同犯罪进行侦查或另案处理,并由不同的检察机关对共同犯罪案件分案提起公诉,以及由不同的审判组织对共同犯罪案件进行分案审理并分别作出裁判的一种诉讼形式。

关于绝对的分案诉讼的情形,各国立法也有相应规定。例如,《意大利刑事诉讼法典》第18条规定,在一个或数个被告人或者对一项或数项指控可以迅速作出判决或者已决定暂缓进行诉讼,一个或数个被告人及其辩护人因故未出席法庭审理,或者针对一个或数个被告人的一项或数项指控的法庭调查已经结束,而对于其他被告人或者其他指控还需要采取进一步的行动才能作出判决等情形下,可以实行诉讼分离。此外,"当法官认为诉讼分离有助于诉讼的快速进行时,也可以根据当事人的协议实行诉讼分离"。[③]《俄罗斯联邦刑事诉讼法典(新版)》第154条规定,符合以下两种情形,可以将刑事案件分出,单独办理:(1)共同实施几个犯罪的有不同犯罪嫌疑人或刑事被告人,但应该作为刑事被告人受到追究的人没有确定、犯罪嫌疑人或刑事被告人躲避侦查或因其他原因下落不明,以及由医生证明犯罪嫌疑人或刑事被告人临时患有严重疾病而不能参加侦查行为或其他诉讼行为;(2)未成年刑事被告人

---

① 陈朴生:《刑事诉讼法实务》,海天印刷有限公司1981年版,第88页。
② 龙宗智、杨建广:《刑事诉讼法(第四版)》,高等教育出版社2012年版,第93—94页。
③ 《意大利刑事诉讼法典》,黄风译,中国政法大学出版社1994年版,第11页。

与成年刑事被告人一起被追究刑事责任。①

在我国,对于共同犯罪案件的绝对的分案诉讼也有相应的法律依据。例如,1984年6月15日最高人民法院、最高人民检察院、公安部发布的《关于当前办理集团犯罪案件中具体应用法律的若干问题的解答》指出:"有些犯罪分子参加几起共同犯罪活动,应如何办理这些案件? 对这类案件,应分案判处,不能凑合成一案处理。某罪犯主要参加哪个案件的共同犯罪活动,就列入哪个案件去处理(在该犯参加的其他案件中可注明该犯已另案处理)。"最高人民检察院、公安部于2014年3月6日发布的《关于规范刑事案件"另案处理"适用的指导意见》明确界定了六种适用"另案处理"的情形,分别是:(1)依法需要移送管辖处理的;(2)系未成年人需要分案办理的;(3)在同案犯罪嫌疑人被提请批准逮捕或者移送审查起诉时在逃,无法到案的;(4)涉嫌其他犯罪,需要进一步侦查,不宜与同案犯罪嫌疑人一并提请批准逮捕或者移送审查起诉,或者其他犯罪更为严重,另案处理更为适宜的;(5)涉嫌犯罪的现有证据暂不符合提请批准逮捕或者移送审查起诉标准,需要继续侦查,而同案犯罪嫌疑人符合提请批准逮捕或者移送审查起诉标准的;(6)其他适用"另案处理"更为适宜的情形。

2. 相对的分案诉讼

相对的分案诉讼是指对涉及两个或多个被告人的共同犯罪案件经并案侦查和合并起诉后,由同一个审判组织纳入同一个审判程序合并审理但对共同被告人的法庭调查和法庭辩论程序暂时分离,②之后恢复合并审理程序并作出裁判或者在审判过程中对部分被告人的案件作出另案处理决定的一种诉讼形式。关于相对的分案诉讼的程序分离问题,在日本,法院可以根据请求或依照职权分案或合并审判程序,数个被告人的防御产生对立时,为了保护被告人的权利必须分离程序(这是必要的分离)(见《日本刑事诉讼法》第

---

① 《俄罗斯联邦刑事诉讼法典(新版)》,黄道秀译,中国人民公安大学出版社2006年版,第142页、第188页。

② 按照我国台湾学者王兆鹏先生的分析,分离审判有以下三种样态:其一,分离各共同被告之调查证据程序,但辩论程序仍为同一;其二,分离各共同被告之辩论程序,但调查证据程序仍为同一;其三,各共同被告之调查证据程序、辩论程序皆予以分离。参见王兆鹏:《论共同被告之合并及分离审判》,《台大法学论丛》2004年第6期,第3页。

313条第（2）款、《日本刑事诉讼规则》第210条）。①我国台湾地区关于刑事诉讼的相关规定明确将涉及共同被告的调查证据或辩论程序分为"裁量分离"和"义务分离"两种形式。②在德国，即使因牵连管辖而合并起诉并成为共同被告的相牵连案件，"法院亦得基于合并目的性之理由而裁定将案件分离审判；案件在起诉并通过起诉审查后，法院亦得将已合并案件裁定分离，或将分离案件裁定合并审判"③。在我国，《刑事诉讼法解释》第311条和第314条分别就涉及多名被告人案件的部分被告人的另案处理问题作了明确规定。④

二、审判中心原则

审判中心原则是审判中心主义在刑事诉讼中的具体落实。共同犯罪案件的诉讼程序同样包括侦查、审查起诉、审理等诉讼环节，基于共同犯罪诉讼程序被告人的复数性，案情也较为复杂，相较于单人犯罪的案件，各诉讼阶段都涉及需要关注的特殊问题。在共同犯罪的侦查过程中，共同犯罪的立案管辖问题较为突出，特别是团伙犯罪，涉及不同的司法管辖区。此外，部分被告人逃逸的案件侦查问题也属于共同犯罪侦查中的特有问题。在审查起诉过程中，检察院也面临着诸如对共同犯罪合并侦查和分案侦查问题的审查，同时，对共同被告人的指控排序问题也会对庭审产生影响。因此，共同犯罪案件的侦查和审查诉讼阶段会耗费大量的司法资源。审前程序具有独立的价值，对于提高庭审效率具有重要的意义。然而，不可否认的是，庭审始

---

① ［日］田口守一：《刑事诉讼法》，张凌、于秀峰译，中国政法大学出版社2010年版，第233页。

② 我国台湾地区关于刑事诉讼的相关规定指出："法院认为适当时，得依职权或当事人或辩护人之声请，以裁定将共同被告之调查证据或辩论程序分离或合并。前项情形，因共同被告之利害相反，而有保护被告权利之必要者，应分离调查证据或辩论。"

③ 林钰雄：《干预处分与刑事证据》，北京大学出版社2010年版，第246页。

④ 《刑事诉讼法解释》第311条规定："被告人当庭拒绝辩护人辩护，要求另行委托辩护人或者指派律师的，合议庭应当准许。被告人拒绝辩护人辩护后，没有辩护人的，应当宣布休庭；仍有辩护人的，庭审可以继续进行。有多名被告人的案件，部分被告人拒绝辩护人辩护后，没有辩护人的，根据案件情况，可以对该部分被告人另案处理，对其他被告人的庭审继续进行。"其第314条规定："有多名被告人的案件，部分被告人具有刑事诉讼法第二百零六条第一款规定情形的，人民法院可以对全案中止审理；根据案件情况，也可以对该部分被告人中止审理，对其他被告人继续审理。对中止审理的部分被告人，可以根据案件情况另案处理。"

终处于诉讼程序中的核心位置,在共同犯罪诉讼程序中,依然应当坚持审判中心原则,特别应当重视共同犯罪案件的法庭调查和法庭辩论规则的完善和实践。

第一,在共同犯罪的侦查和审查起诉阶段,应当重视保障各犯罪嫌疑人的诉讼权利。共同犯罪案件的犯罪主体为复数,比如,在侦查程序中需要采取强制措施的情况下,应当根据各犯罪嫌疑人的涉案部分,根据必要性分别采取强制措施,对于不必羁押的,可以不予羁押。强制措施的采用应当以确保犯罪嫌疑人不逃脱刑事审判为必要前提,不具有终结性的结论,不可赋予强制措施惩罚性的功能。犯罪嫌疑人获得律师帮助的权利也应当得到保障。在共同犯罪案件中,对于无论是起主要作用的还是起次要作用的犯罪嫌疑人,在侦查和审查起诉阶段均应当为律师的介入提供支持,不可限制或剥夺,这样才能为辩护人在庭审中进行有效辩护提供时间保障和素材保障。因此,审前程序对共同犯罪各被告人诉讼权利的保障,是各被告人在庭审中获得公平审判权的前提,也是实现司法公正的重要保障。

第二,刑事庭审具有典型的"等腰三角结构",控辩平等,法官中立,是保障人权、实现司法公正的核心场域。在共同犯罪诉讼程序中,依然只有在庭审阶段才能对各项证据进行全面审查,对案件事实进行实质性的认定,决定各被告人是否有罪及在有罪的情形下承担何种刑事责任,审判具有决定被告人命运的作用。庭审程序属于整个诉讼程序中规则最为完备的诉讼阶段,决定了各被告人的实体性权利。在共同犯罪庭审程序中,出于被告人人数多的现实,为了查明案件事实,准确适用法律,实现司法公正,应当在庭审程序中坚持隔离审查规则,防止被告人之间互相串供;采用整体调查规则,以提高共同犯罪的庭审效率。同时,应当设置例外规则,如进行被告人之间的对质、无关事实不采用隔离审查规则等。"审判中心集中体现为庭审中心,要求与定罪量刑相关的各类证据,无论是言词证据还是实物证据,都要在庭审的聚光灯下充分展现,保证诉讼双方在法庭上充分举证、质证、互相辩驳、发表意见,进而使法官辨明证据真伪,独立地形成心证。"[1]

第三,在刑事审判程序中,审判中心原则以第一审庭审为典型。一是所有需要开庭审理的案件都会经过初审普通程序的审理。在共同犯罪诉讼程序中,部分认罪、部分不认罪的案件及全部不认罪的案件都应当进入普通审理程序,进行开庭审理,而这部分案件的审理也属于共同犯罪庭审的典型。二是初审庭审对案件事实的认定是上诉审、再审的基础。审判中,对案件事实的认定最为复杂,而共同犯罪的案件事实又较单人犯罪的案件事实复杂,虽然我国刑事二审、再审程序也允许法庭对案件事实进行重新审查,但初审审判在时间上和空间上都与案件事实发生较近,不可否认,初审庭审对证据的审查和事实的认定优于上诉审和再审。对此,龙宗智教授认为应当建立"以一审庭审为中心的事实认定机制",[2]从这个意义上讲,第一审庭审程序理应属于整个审判程序的中心。

三、权利保障原则

被告人的诉讼权利,是指在刑事诉讼中被告人为了维护自己的合法权益依法享有的各种权利的总称。被追诉人的诉讼权利是以辩护权为核心的由一系列权利所组成的权利束。共同犯罪诉讼程序中,由于被追诉人的复数性、诉讼客体的牵连性、诉讼行为的关联性等特点,各共同被告人之间呈现出错综复杂的关系甚至利害相反的冲突关系。因此,各共同被告人是否享有完整的诉讼权利对其维护自身合法权益影响甚大。从我国的立法现状来看,关于被告人诉讼权利的规定主要是站在单独犯罪被告人的角度上作出的,总体上相对完善。但是,针对共同犯罪案件中各被告人所享有的诉讼权利的规定较为缺乏或不甚明确。例如,如何认识共犯口供的性质?对于共犯的口供,其他同案被告人是否享有对质的权利?在因合并审判而使被告人接受公平审判的权利有妨害之虞时,同案被告人是否享有请求分离诉讼的权利?对于因经济困难等原因而未能聘请辩护律师的同案被告人,立法是否应当赋予其

---

① 陈光中、步洋洋:《审判中心与相关诉讼制度改革初探》,《政法论坛》2015年第2期。

② 龙宗智:《论建立以一审庭审为中心的事实认定机制》,《中国法学》2010年第2期。

接受无偿法律援助的权利？同案被告人的辩护律师之间能否相互开示证据？毋庸讳言，上述问题是司法实践中经常遇到的难题，立法的付之阙如使共同被告人缺乏完备的诉讼权利保障。有鉴于此，应当对共同被告人的诉讼权利展开充分的理论论证和逻辑辨析，深化对共同被告人特殊诉讼权利的认识，以期为完善我国刑事诉讼立法提供理论参考。

我们认为，与单独犯罪案件中被追诉人的诉讼权利相区别，共同犯罪诉讼程序中被追诉人的特殊诉讼权利主要包括以下几类：与共犯证人对质的权利；请求分离诉讼的权利；接受法律援助的权利；请求其他辩方开示证据的权利。共同犯罪诉讼程序必须体现和保障宪法和法律所规定的被追诉人的诉讼权利，尤其要体现和充分保障上述所列举的共同犯罪案件中各被追诉人的特殊诉讼权利，不得因合并诉讼或分离诉讼而减损其应享受的诉讼权利。

（一）与共犯证人对质的权利

对质权是指被告人有权与提供不利于己的证言的证人当面对质的权利。有学者考证，对质权的起源最早可以追溯到古罗马时代，据《法令》规定，在被告人有机会与他的指控者面对面对质并为自己进行答辩之前，就将一个人处死，是不符合罗马人的习惯的。[①]但是，古罗马时代并未发展出现代意义上的对质权制度，充其量只能算作对质权制度的萌芽。在欧洲中世纪纠问式诉讼制度和法定证据制度下，司法机关承担了主动追究犯罪的职能并实行有罪推定，被告人的口供是定罪的主要依据。为了获取口供，刑讯逼供成了必然的选择并逐渐制度化、合法化。同时，书面审理是庭审的主要方式。在这样的诉讼模式和证据制度下，被告人的诉讼权利被严重漠视，更遑论对质权制度的形成和发展了。在英国，陪审团制度自13世纪以来逐渐形成，早期的"知情陪审团"兼具证人和裁判者的双重身份，自无对质权制度存在的可能。即使在后来"知情陪审团"逐渐发展为"不知情陪审团"、依靠证人证言进行裁判越来越普遍的情形下，被告人的对质权制度仍未确立。一般认为，作为被告人公平审判权重要内容之一的现代意义上的对质权制度滥觞于1603年英国审

---

① 易延友：《"眼球对眼球的权利"——对质权制度比较研究》，《比较法研究》2010年第1期。

判的 Sir Walter Raleigh 之叛国罪案件。在该案中,Sir Walter Raleigh 是当时英国非常有名的政治家及文学家,被指控共谋推翻王室。主要证据为证人 Lord Cobham 的指证,但 Lord Cobham 从未于审判中向陪审团作证,检察官完全仰赖审判外对 Lord Cobham 的讯问笔录。被告 Raleigh 抗议,强烈要求:"传唤证人""吾与其面对面",法官以当时英国法律被告无此权利而拒绝之。不过,被告人应当享有与提供不利于己证言的证人当面对质的权利这一观念在之后的岁月中逐渐深入人心。17 世纪后,在英国,对质诘问逐渐从实务的运作演变成被告的权利。1730 年后,被告律师在实务上已被完全准许诘问证人,对质诘问成为在审判中发现真实的工具。英国于 1836 年立法规定,所有重罪案件,被告皆有受律师协助的权利,而律师对证人诘问更等于进一步得到法律的保障。[①]《美国宪法第六修正案》规定:"在一切刑事诉讼中,被告享有同原告证人对质的权利。"大陆法系国家的刑事诉讼立法虽然没有关于被告人对质权的明确规定,但是其所规定的直接言词原则体现了对质权核心内容的要求。因为直接言词原则要求据以定案的所有证据必须在法庭上进行证据调查,并且必须依据言词(口头)所提供的诉讼资料进行裁判,从而为被告人与提供不利证言的证人进行对质提供了条件和机会。在国际公约和一些区域性国际人权条约中,保障被告人的对质权作为一项国际司法准则被确认。例如,《公民权利和政治权利国际公约》第 14 条第(3)项之戊款规定:"在判定对他提出的任何刑事指控时,人人完全平等地有资格享受以下的最低限度的保证:(戊)讯问或业已讯问对他不利的证人,并使对他有利的证人在与对他不利的证人相同的条件下出庭和受讯问。"《欧洲人权公约》第 6 条第(3)款第(4)项规定:"凡受刑事罪指控者,具有下列最低限度的权利:询问不利于他的证人,并在与不利于他的证人具有相同的条件下,让有利于他的证人出庭接受询问。"《美洲人权公约》第 8 条第(2)款第(f)项也体现了对质权的规定。由此可见,刑事被告诘问(不利)证人之权利,乃超越法系与诉讼构造差异的"普适价值之基本人权"[②]。

---

① 王兆鹏:《刑事被告的"宪法"权利》,元照出版公司 2004 年版,第 144—145 页。
② 林钰雄:《证人概念与对质诘问权——以欧洲人权法院相关裁判为中心》,《欧美研究》2006 年第 1 期。

广义上的对质权包括两层含义。(1)提供"面对面"在场质问不利证人的机会。"面对面"体现的空间上的当场或在场关系,这就要求被告人和提供不利证言的证人同时出席法庭并参加法庭审判,如此,方能进行"面对面"的对质诘问。因此,被告人缺席审判、证人不出庭仅提供书面证言均不能实现被告人的对质权。(2)交叉询问的权利。证人证言从性质上讲属于人证,"关于人的证据方法,最重要的程序性担保,莫过于'对质诘问',合称为'质问'"①。证人证言的主观性较强,受感知、记忆、表达能力及与案件具有利害关系等因素的影响,容易失真失实,而交叉询问是"为发现真实而发明的最伟大的法律装置"。"通常当事人对案件的始末最为清楚,最能发现证人陈述有何与事实不一,最有能力提出适当的问题,使证人无法自圆其说,且当事人有强烈的动机,对证人诘问以发现证词的瑕疵。"②通过交叉询问,以询问、质疑、辩驳等形式,可以发现"证人陈述的知觉、记忆、表达、真诚的瑕疵",从而影响法官的心证活动并使之发现案件的真实。

在共同犯罪案件中,共同被告人享有与一般证人对质的权利自不待言。但是,共同被告人是否享有与其他同案被告人对质的权利?对此,尚需进一步厘清。这首先涉及如何认识其他同案被告人口供性质的问题。其他同案被告人的口供,如果仅涉及自己在共同犯罪中的罪行,当属被告人供述和辩解,这一点应该没有疑问;其他同案被告人在交代自己在共同犯罪中的罪行时,又检举和揭发同案中他人共同犯罪行为的陈述,通常被称为"攀供"。认识攀供的性质对于保障共同被告人的诉讼权利十分重要。

关于攀供的性质,我国学界主要有三种观点:第一种观点认为,同案犯罪嫌疑人、被告人的口供属于犯罪嫌疑人、被告人供述和辩解,而不是证人证言;第二种观点认为,同案犯罪嫌疑人和被告人的供述和辩解在性质上属于就自己所了解的有关案件事实向公安司法机关所作的陈述,属于证人证言;第三种观点认为,从原则上说,同案犯罪嫌疑人和被告人的攀供仍然属于供述和辩解的组成部分,而不同于证人证言,但是在特殊情况下,可以将它作为

---

① 林钰雄:《对质诘问与上级审——欧洲发展与"我国"法走向之评析》,《月旦法学杂志》2007年第4期。

② 王兆鹏:《刑事被告的"宪法"权利》,元照出版公司2004年版,第176页。

证人证言看待。①

我国台湾地区认为共犯口供的性质属于证人证言。台湾地区关于刑事诉讼的相关规定指出：“法院就被告本人之案件调查共同被告时，该共同被告准用有关人证之规定。”其释字第五八二号前段解释称：“共同被告对于其他共同被告之案件而言，为被告以外之第三人，本质上属于证人。”②我国台湾学者林钰雄从欧洲人权法院判例对“不利证人”的阐述中论证得出如下结论：“……运用到共犯/共同被告的处理结果是，陈述关于不利被告犯罪事实之共犯，不论其是否被侦查、追诉，不论是合并、分离审判或有无先行判决，更不论共犯不利被告本人之陈述在法庭上的呈现形式是书面笔录或传讯当初侦讯的官员，该共犯就是受被告对质诘问的‘不利证人’。”③

德国学者克劳斯·罗科信认为：“共同被告不得以证人身份接受就有关其他被告涉案情形之讯问。因为如果一共同被告被视为证人时，则当其做了伪证时，需负《刑法》第153条之刑罚之风险，而这种风险其原本是无须负担的。此不但使得其辩护的立场更加困难，并且也增加了枉法裁判的危险性，因为法院基于《刑法》第153条的支撑，对这种‘证言’更觉可信，虽然这种证言常是错误的。”④

在日本，共犯人作为共同被告人在法庭供述，而对其他被告人的反询问行使沉默权时，对作为共犯人的共同被告人是否可以按照证人询问？通说和判例否定了被告人的证人资格，在共同被告人的情况下也是如此。问题是，是否可以分离程序，按照询问证人程序那样询问共同被告人。第一说是积极说（通说），主张重视被告人的反询问权，在拒绝证言权的限度内保障共犯人的沉默权。第二说是消极说，认为沉默权优先于询问证人权，在反询问的范围内保障反询问权。但是，在两种情况下可以分离程序，把共犯人作为证人询问：（1）被告人对起诉事实或与起诉有关联的事实没有异议的；（2）仅对与

---

① 何家弘：《新编证据法学》，法律出版社2006年版，第116—117页。
② 林俊益：《共同被告或共犯自白之证明力》，《月旦法学教室》2006年第48期。
③ 林钰雄：《共犯证人与对质诘问——从欧洲人权法院裁判看“我国”释字第五八二号解释之后续发展》，《月旦法学杂志》2005年第119期。
④ ［德］克劳斯·罗科信：《刑事诉讼法》，吴丽琪译，法律出版社2003年版，第240页。

共犯人有关的事实作证言的。①

在立法例上,新西兰《1908年证据法》第5条之五规定:"符合以下情形的,被指控与其他被告共同构成犯罪的被告,在诉讼程序的任何阶段,无须经其他被告同意,亦无须为其他被告辩护,具备作为针对其他被告的控方证人资格,并可强制其作证……(d)对该人的审判独立于对其他人的审判单独进行的。"该法第5条之六同时规定:"当指控两名以上的人构成共同犯罪时,根据本条之规定,任何被传唤为证人的被告提供的控方或辩方证据,皆应采纳为证据,以支持或针对所指控的任何人。"②《意大利刑事诉讼法典》第197条之1.1规定,下列人员不得兼任证人:同一犯罪的共同被告人、根据第12条有牵连关系的诉讼案件的被告人,即便对他们已经宣告不追诉判决、开释判决或者处罚判决,除非开释判决已经生效。③

从总体上看,关于共犯口供的性质,各国(地区)学者及立法例之所以对此有不同见解和不同规定,是因为其在实质上体现了对共同被告人权利保护的价值取向和侧重点的不同,即保障沉默权优先还是保障拒绝证言权优先,以及是否应当追究共同被告人的伪证刑事责任和是否侵害被告人不自证己罪的特权等问题。申言之,如果视共犯口供的性质为被告人供述,在规定沉默权的国家,同案被告人享有沉默权;如果视共犯口供的性质为证人证言,在规定拒绝证言权的国家,同案被告人享有拒绝证言权,但不享有沉默权;如果同案被告人故意作出了与案件事实不符的陈述,则有承担伪证罪刑事责任之风险,共同被告人的口供亦有侵害其不自证己罪特权之虞。

事实上,在司法实践中,共同被告人的口供往往呈现出相互交织和错综复杂的现象。也就是说,共同被告人的口供不仅会涉及自己在共同犯罪中的分工、地位和作用等内容,而且会涉及同案其他被告人在共同犯罪中的分工、地位和作用等内容。例如,在一起由二人故意伤害致人死亡的共同犯罪案件

---

① [日]田口守一:《刑事诉讼法》,张凌、于秀峰译,中国政法大学出版社2010年版,第305—306页。

② 何家弘、张卫平:《外国证据法选译(上册)》,人民法院出版社2000年版,第326页。

③ 《意大利刑事诉讼法典》,黄风译,中国政法大学出版社1994年版,第69页。

中,甲被告人陈述其仅用木棒殴打了被害人丙的腿部等非要害部位,同时供述同案另一被告人乙用长刀向被害人丙的颈部连砍三刀,致被害人丙动脉血管破裂而死亡。在该案中,共同被告人甲的供述同时涉及自己和另一被告人乙在共同犯罪中地位和作用的内容。若检察官以共同被告人甲的供述作为认定被告人乙的证据而提起公诉,同案被告人乙在审判中否认共同被告人甲的口供,反而认为甲的击打行为是导致被害人丙死亡的主要原因,于此情形,应如何认定共同被告人甲的供述的性质?如何确保共同被告人乙的诉讼权利不受侵害?我们认为,应当认定共同被告人甲的供述属于证人证言,同时应当确保另一共同被告人乙之对质权得以实现,理由如下:(1)共同被告人甲所作的关于同案被告人乙在共同犯罪中的地位和作用的供述,系同案被告人乙的犯罪事实,对于同案被告人乙而言,这从本质上讲属于证人证言。(2)即便认定同案处理的共同被告人甲的口供具有"被告人供述"性质,据此作为认定被告人乙的证据并适用补强规则,也难以充分保障被告人乙的对质权,从而对同案被告人乙的防御权等接受公平审判的权利造成损害。(3)"共犯陈述常'避重就轻,诬攀他人,因而造成冤狱者,数见不鲜'。"①司法实践中,共同被告人的口供也不乏自陷于罪、替人顶罪及互相推诿等情形。为了准确查明案件事实,应当认定共同被告人甲的口供的证人证言性质,同案被告人乙有权提出与共同被告人甲当庭对质。(4)由于共同被告人甲的口供内容中关于同案被告人乙在共同犯罪中地位和作用等内容只是共同被告人乙的犯罪事实,因此,共同被告人甲尚不至于使其在随后进行的刑事诉讼程序中陷入不利境地,也不会侵害其不自证己罪的特权。就此而言,法院应当裁定不允许共同被告人甲行使拒绝证言权。

(二)请求分案诉讼的权利

合并诉讼是对共同犯罪案件进行处理的一般形式,但在特殊情形下,基于某些事由的考虑有必要对共同犯罪案件进行分案诉讼,这些事由通常包括以下三点:(1)各共同被告人之间具有利害相反关系而需要分案诉讼,比如前文所述的在美国法上被称为"敌对性辩护"的情形。(2)为确保同案其他被告

---

① 李学灯:《证据法比较研究》,五南图书出版有限公司1992年版,第541页。

人的对质权而需要分案诉讼。如前文所述,共同被告人就同案其他被告人在共同犯罪中分工、地位和作用的供述,从本质上讲属于证人证言,为了保障同案其他被告人的对质权并避免法官的心证活动受共同被告人口供的不当影响,在必要的情形下,可以对共同犯罪案件进行分离诉讼。(3)为了避免超期羁押而需要对个别或部分共同被告人的犯罪事实分案诉讼,以充分保障被追诉人接受迅速审判的权利。

共同被告人在诉讼程序中享有请求分案诉讼的权利。在公诉机关未分离起诉或审判机关未分离审判的情形下,共同犯罪案件中的共同被告人基于上述分离诉讼的理由,有权提出分离诉讼的请求。从具体的操作程序来看,在证据开示程序结束后,同案被告人即有权向法院提出分离诉讼。这是因为,只有经过证据开示,共同被告人才能知悉控方和同案其他被告人的证据情况,才能进一步明确共同被告人之间的利害关系。在此基础上,共同被告人可以保障公平审判权和对质权及免受超期羁押为由,提出分离诉讼的请求,以维护自身的合法权益。当然,是否决定进行分离诉讼,法院基于诉讼指挥权拥有最终的判断权。

(三)接受法律援助的权利

辩护权是犯罪嫌疑人、被告人最重要的诉讼权利。在刑事案件中,犯罪嫌疑人、被告人除了自行辩护之外,也可以委托律师或非律师担任辩护人协助其行使辩护权,或者接受法律援助机构指派的律师协助其行使辩护权。"刑事被告有权聘请律师,在文明国家为基本人权的一部分。"[①]但在司法实践中,一些犯罪嫌疑人或被告人因为贫穷等种种原因而未能聘请律师协助其行使辩护权,这对保障其合法权益是极为不利的。为此,许多国家和地区建立了"公设辩护人"(public defender)制度。"公设辩护人是代表贫穷刑事被告人利益的,并被官方指定或雇佣的律师。"[②]该制度旨在为未聘请律师的犯罪嫌疑人和被告人提供必要的法律援助。

在共同犯罪案件中,诉讼客体的牵连性决定了同案共犯之间存在着罪行

[①] 王兆鹏:《刑事被告的"宪法"权利》,元照出版公司2004年版,第103页。

[②] BLACK H C, GARNER B A. *Black's law dictionary* (Eighth Edition). St. Paul, MN: West Group, 2004, p. 1265.

大小、量刑轻重的直接利害关系。各共同被告人之间不一致的辩护极有可能升级为相互控告,构成美国法上所谓的"敌对性辩护",从而造成控辩力量的失衡。特别是在部分同案被告人聘请律师而部分同案被告人未聘请律师的情形下,不仅会导致未聘请律师的同案被告人与控方之间的力量失衡,而且会导致共同被告人之间辩护力量的失衡,这对未聘请律师的同案被告人是极为不利的。有鉴于此,对于因经济困难等原因而没有委托律师进行辩护的同案被告人,法院应当通知法律援助机构指派律师为其提供辩护。当然,该同案被告人明确表示拒绝的除外。

(四)请求其他辩方开示证据的权利

在刑事诉讼中,证据开示是指在庭前程序或庭审程序中由控辩双方按照一定的规则或命令相互向对方展示与案件有关的证据材料的诉讼活动。按照人们通常的理解,刑事证据开示的一方主体为控方,相对的另一方为辩方。在共同犯罪案件中,共同被告人是否享有请求其他辩方开示证据的权利? 如果回答是肯定的,这将颠覆传统上对刑事证据开示原理的认识。

我们认为,在共同犯罪案件中,除了明确控辩双方享有请求对方开示证据的权利之外,也应当赋予共同被告人享有请求其他辩方开示证据的权利,理由如下。

首先,赋予共同被告人享有请求其他辩方开示证据的权利,这能够防止"证据突袭"现象并避免误导法官形成错误心证。控辩双方在庭审前相互向对方封锁证据信息的做法极有可能导致在庭审中出现实施"证据突袭"的情况,这一点已经成为共识。在共同犯罪案件中,如果各共同被告人之间在庭审前相互封锁证据信息,也有可能导致庭审中的"证据突袭"现象。这种"证据突袭"的表现形式既有可能是提出"不在犯罪现场、患有精神疾病、未达刑事责任年龄"的证据,也有可能是提出同案其他被告人单独作案的证据。在审判程序科学、正当的前提下,"证据突袭"仅导致审判延期和诉讼拖延的效果,最终影响诉讼效率;在审判程序不科学、不正当的前提下,审判程序将不能发挥自动剔除或过滤不具可采性的证据和不合理因素的作用,"证据突袭"除了导致诉讼迟延进而影响诉讼效率之外,更为严重的是将会误导庭审法官,使庭审法官不能正确形成心证从而作出错误的裁判,最终妨碍发现案件的客观真实,影响实体公正的实现。

其次,赋予共同被告人享有请求其他辩方开示证据的权利,能够有效地保障被告人的诉讼权利。在被告人享有的所有诉讼权利中,辩护权是核心权利。被告人的辩护权从本质上讲是一种防御性诉讼权利,其目的是对抗追诉方的指控、抵销其控诉效果。在共同犯罪案件中,由于案件事实的牵连性特点,在大多数情况下,各共同被告人之间存在彼此冲突的利害关系,"避重就轻、诬攀他人"的现象屡见不鲜。因此,共同被告人除了受到来自力量强大的公诉机关的指控外,也有可能受到同案中与己有利害冲突关系的同案其他被告人的"指控",其所处的境地与单独犯罪案件中只受到公诉机关指控的被告人相比更为不利。要保障共同被告人的辩护权,首先要保障各共同被告人的资讯获得权利。各共同被告人只有在全面知悉控方所指控的罪名及依据,以及同案其他被告人"指控"依据的基础上,才能做到"知己知彼",并进行有针对性的辩护,以便更好地维护自己的合法权益。

最后,赋予共同被告人享有请求其他辩方开示证据的权利,能够避免诉讼拖延现象,有利于提升诉讼效率。在共同犯罪案件中,如果共同被告人的辩护律师之间在庭审前没有相互向对方开示证据,那么,这将为诉讼拖延埋下"伏笔"。因为,共同被告人的辩护律师极有可能以提出"新证据"为名而实施"证据突袭",为了调查核实证据,法庭通常需要作出延期审理的决定,因此,庭审中断和诉讼拖延将在所难免,最终影响诉讼效率。反之,经过庭前控辩双方之间充分的证据开示,以及共同被告人的辩护律师之间充分的证据开示,进一步明确案件的事实争点和证据争点,有助于法庭在审判过程中重点围绕有争议的事实和证据展开法庭调查,增强庭审质证的针对性。对于没有争议的事实和证据,则采取直接认证等简化处理的方式进行法庭调查,从而加快庭审进程,提高庭审效率。

请求其他辩方开示证据权利的应当符合几项基本要素,主要包括三个方面:(1)主体要素。为了确保实现共同被告人的证据知悉权利,除了作为辩方的各共同被告人及其辩护律师与控方开示证据之外,作为辩方的各共同被告人之间也应当相互开示证据。就主体而言,请求其他辩方开示证据权利的权利主体是共同犯罪案件中的各共同被告人,但为了规范各共同被告人之间的证据开示活动并确保取得实际效果,应当明确同案各共同被告人的辩护律师为这一权利的行使主体。(2)范围要素。由于被告人受"不得强迫自证其罪原则"的保护和刑事诉讼"举证责任分配规则"的制约,以及辩护律师职业道德和执业纪律的要求,辩方并不承担向控方开示被告人有罪证据的义务。受这一辩方向控方开示证据范围的限制,同为辩方的共同被告人的辩护律师之间相互开示的证据应当限定在以下范围:①辩方准备在法庭上使用的所有能够证明对被告人的指控事实尚不能成立或法律上不构成犯罪的积极抗辩证据,包括但不限于有关被告人"不在犯罪现场、未达到法定的刑事责任年龄、实施犯罪时患有精神病、正当防卫、紧急避险和依法执行公共职务"等证据。②辩方准备在法庭上使用的所有能够证明被告人具备法定或酌定从轻、减轻情节的量刑证据。例如,具备以下情节的证据:防卫过当、避险过当、自首、立功、坦白、退赃、退赔、积极赔偿损失等。(3)程序要素。程序要素主要涉及证据开示的时间和方式问题。基于严肃性和效率的考虑,我们主张将共同被告人的辩护律师之间的证据开示活动放在法院组织的专门证据开示程序中进行。也就是说,在专门证据开示程序阶段,除了组织控辩双方进行证据开示之外,还要组织作为辩方的共同被告人的辩护律师之间相互开示证据。至于证据开示的方式,以共同被告人的辩护律师向同案其他被告人的辩护律师直接开示为主。必要时,也可以采取由控方向同案其他被告人的辩护律师转交共同被告人的辩护律师已向控方开示的证据材料等间接开示的灵活方式。

四、法律监督原则

共同犯罪诉讼程序必须坚持法律监督原则,是指必须强化对共同犯罪案件侦查环节的立案监督、起诉环节的起诉监督和审判环节的审判监督,以防将"另案处理"异化为"另案不理",避免各被告人之间的量刑不公现象,实现量刑均衡和审判公正。

(一)立案监督

从各国刑事诉讼的立法和实践来看,侦控构造主要包括侦控结合模式、侦控分立模式和混合模式三种模式。①《刑事诉讼法》将侦查、控诉、审判机关之间的关系规定为"分工负责、互相配合、互相制约"的关系。结合《刑事诉讼法》和相关司法解释的规定及司法实践,一般认为,我国刑事程序中的侦控构造属于"检察机关引导侦查的模式",检察机关有权对公安机关的侦查活动和侦查权进行控制和监督,而立案监督是侦查监督的重要内容。数据表明,我国司法实践中"另案处理"的共同犯罪案件占有相当大的比例。②为了规范共同犯罪案件的侦查活动,避免不当的"另案处理",应当强化共同犯罪案件侦查环节的立案监督。具体的对策包括:一是明确"另案处理"的具体情形,规范侦查行为;③二是明确立案监督的主体和途径。立案监督的主体主要包括检察机关和被害人两类,具体途径包括检察机关或被害人对于共同犯罪案件中未被立案侦查的个别或部分犯罪嫌疑人提出应当立案侦查的建议并由检察院通知公安机关予以纠正。④

(二)起诉监督

由于共同犯罪案件涉及多名被追诉人,起诉监督主要涉及"纠正不当的'不起诉'、合理确定起诉书中共同被告人的指控排序"等问题。对于检察机关作出的不起诉决定,应当明确监督的方式和途径,以规范其自由裁量权。具体途径包括:公安机关可以通过复议和向上一级人民检察院提请复核的方式要求检察机关作出纠正;被害人也可以通过向上一级人民检察院申诉或者不经申诉而直接向人民法院起诉的方式对起诉进行监督;被不起诉人如果对

---

① 宋英辉:《刑事诉讼原理》,法律出版社2003年版,第234—240页。

② 我们在北大法意网的"中国裁判文书库"中以"另案处理"为关键词进行检索,得到全国各地法院于2010年1月至2014年12月间作出的刑事判决书共103519份,这些判决书绝大多数是共同犯罪案件。

③ 例如,最高人民检察院、公安部于2014年3月6日联合下发的《关于规范刑事案件"另案处理"适用的指导意见》对"另案处理"的六种情形作了明确规定。

④ 例如,《刑事诉讼法》第113条规定:"人民检察院认为公安机关对应当立案侦查的案件而不立案侦查的,或者被害人认为公安机关对应当立案侦查的案件而不立案侦查,向人民检察院提出的,人民检察院应当要求公安机关说明不立案的理由。人民检察院认为公安机关不立案理由不能成立的,应当通知公安机关立案,公安机关接到通知后应当立案。"

检察机关作出的不起诉决定不服,也可以向人民检察院申诉请求复查。[①]此外,还应当从检察机关内部加强对共同犯罪案件起诉书中各共同被告人指控排序的监督。在一般情况下,检察机关会依据主犯、从犯的次序在起诉书中对共同犯罪案件中的各被告人进行排序,起诉书中的指控排序基本上反映了各共同被告人在共同犯罪中的分工、地位和作用。从形式上看,这种排序似乎并不存在太大的问题。但是,在具有两名以上主犯或者多名从犯的共同犯罪案件中,起诉书中的指控排序会对共同犯罪案件中身份和地位大致相当的被追诉人的自身利益产生一定影响。因为起诉书中各共同被告人的指控排序会给法官的认知留下"第一印象",从而形成不恰当的预断,并最终影响各共同被告人的定罪量刑。因此,为了避免因起诉书中各共同被告人的指控排序不当而误导法官的心证活动,有必要从检察机关内部通过检察长会议或检委会审核等方式进行必要监督。

(三)审判监督

这里的审判监督有别于我国刑事诉讼中通常意义上的审判监督程序。前者主要是指共同犯罪案件审判过程中的监督和一审裁判作出后但尚未生效前的监督;后者即中国刑事诉讼中的审判监督程序,"是指人民法院和人民检察院为了纠正已经生效的判决或裁定在认定事实和适用法律上存在的错误,依法提起并对案件进行重新审判的一种特殊诉讼程序"。[②]因此,强化共同犯罪诉讼程序中的审判监督,具体包括以下两层含义:一是强化共同犯罪案件审判过程中的监督。例如,通过确保各共同被告人的对质权等诉讼权

---

① 例如,《刑事诉讼法》第179条规定:"对于公安机关移送起诉的案件,人民检察院决定不起诉的,应当将不起诉决定书送达公安机关。公安机关认为不起诉的决定有错误的时候,可以要求复议,如果意见不被接受,可以向上一级人民检察院提请复核。"其第180条规定:"对于有被害人的案件,决定不起诉的,人民检察院应当将不起诉决定书送达被害人。被害人如果不服,可以自收到决定书后七日以内向上一级人民检察院申诉,请求提起公诉。人民检察院应当将复查决定告知被害人。对人民检察院维持不起诉决定的,被害人可以向人民法院起诉。被害人也可以不经申诉,直接向人民法院起诉。人民法院受理案件后,人民检察院应当将有关案件材料移送人民法院。"其第181条规定:"对于人民检察院依照本法第一百七十七条第二款规定作出的不起诉决定,被不起诉人如果不服,可以自收到决定书后七日以内向人民检察院申诉。人民检察院应当作出复查决定,通知被不起诉的人,同时抄送公安机关。"

② 龙宗智、杨建广:《刑事诉讼法(第四版)》,高等教育出版社2012年版,第405页。

利,尽量还原案件的客观真实,在查清案件事实的基础上作出正确的裁判,确保各共同被告人之间的量刑均衡。二是强化共同犯罪案件一审裁判作出后但尚未生效前的监督,具体通过确保各共同被告人的上诉权和检察机关的抗诉权而实现,其主要目的是纠正共同犯罪案件在认定事实或适用法律上的错误,确保每个共同被告人得到更加公正的审判结果。

五、有利于被告人原则

与掌握公权力的控方比较,作为辩方的被告人处于相对弱势的地位。为了实现控辩平等,共同犯罪诉讼程序必须坚持有利于被告人原则。也就是说,共同犯罪诉讼程序必须作出有利于保障各共同被告人诉讼权利和有利于维护各共同被告人程序利益和实体利益的设计和安排。比如,应当遵守简易程序转为普通程序的规则。简易程序是普通程序的简化形式。因此,普通程序较简易程序更为正式、规范和严谨,被告人的诉讼权利和程序利益更有保障。在实行合并诉讼的共同犯罪案件中,部分被告人作出认罪答辩并且符合适用简易程序审判的条件,但部分被告人作出不认罪答辩或者对适用简易程序存有异议的,则全案应当适用普通程序,以维护作出不认罪答辩或者对适用简易程序存有异议的被告人的程序利益。再比如,在案件的管辖问题上,也应当坚持有利于被告人的审判管辖。一般情况下,级别更高的法院意味着具有更高的审判水平,这对保障被告人的程序利益更为有利。因此,在共同犯罪案件中,只要其中有一名被告人的案件属于上级法院管辖,全案应当由上级法院管辖。对此,《刑事诉讼法》的相关司法解释作了明确规定。[①]《德国刑事诉讼法典》亦有类似规定,该法典第2条和第5条分别规定:"对分别属于不同级别法院管辖的、相牵连的刑事案件可以合并,向具有较高级别管辖权的法院起诉。""在合并期间,以属于较高级别法院管辖之案件,作为适用程序之标准。"[②]《德国刑事诉讼法典》第3条所规定的"相牵连的刑事案件"就包括"在一个犯罪行为中数人被指控为正犯、共犯"的共同犯罪。此外,根据《德国

---

① 《刑事诉讼法解释》第15条规定:"一人犯数罪、共同犯罪或者其他需要并案审理的案件,其中一人或者一罪属于上级人民法院管辖的,全案由上级人民法院管辖。"

② 《德国刑事诉讼法典》,宗玉琨译注,知识产权出版社2013年版,第3—4页。

刑事诉讼法典》第5条的规定,共同犯罪案件因案件合并而产生了程序统一的结果,即共同犯罪案件的整个程序都应当依照更高级别法院管辖案件的审理规则来进行,这实际上也体现了对全体共同被告人程序利益的保护。同时,对于涉及未成年人的共同犯罪案件,应当强调对未成年被告人特殊利益的保护。在未成年被告人和成年被告人并存的共同犯罪案件中,为了保护未成年被告人的特殊利益,一般情况下应当分案起诉、分案审理,这也体现了共同犯罪诉讼程序中的有利于被告人原则。

第二章 共同犯罪审前程序

　　以审判为中心,刑事诉讼可以划分为三大阶段。一是审判前的准备程序,简称"审前程序",包括立案、侦查和审查起诉三个阶段。审前程序在整个刑事诉讼中居于基础性程序的地位,它承载着为法庭审判准备对象和裁判依据的重要职能。二是审判程序(指第一审程序),它决定了被告人是否有罪和是否科以刑罚,因此是刑事诉讼的核心程序。三是审判后的救济程序,包括上诉审程序、再审程序,以及具有我国特色的死刑复核程序,是对第一审程序审判结果的救济、纠错和监督程序。

　　严格来说,审前程序并不是规范意义上的法律概念,而是以审判为中心划分刑事诉讼程序所形成的学理上的概念。由于诉讼模式和程序设置的不同,审前程序在各国刑事诉讼制度中具有不同的内容。如在大陆法系的法国,刑事审判前程序在内容上包括从发现犯罪信息开始直至将案件交付法院审判的所有追诉活动。英美法系国家奉行审判中心主义,传统上的刑事审判前程序只包括起诉等与法庭审判密切相关的诉讼活动,警察进行的侦查活动被视为行政行为。[①]在美国,审前程序指的是被告人在法院初次到庭以后的一系列最终解决案件的正式和非正式的程序,其间的正式程序包括通过大陪审团或预审听证进行可能性根据的审查、听审审前动议和正式展示。[②]英国的审前程序主要包括答辩和指令听审、审前裁决和预备听审等内容。[③]我国学者认为,刑事审前程序特指刑事公诉案件自刑事诉讼启动至审判机关受理

---

　　① 宋英辉、吴宏耀:《刑事审判前程序研究》,中国政法大学出版社2002年版,第11页。

　　② [美]爱伦·豪切斯泰勒·斯黛丽、南希·弗兰克:《美国刑事法院诉讼程序》,陈卫东、徐美君译,中国人民大学出版社2002年版,第378页。

　　③ [英]约翰·斯普莱克:《英国刑事诉讼程序》,徐美君、杨立涛译,中国人民大学出版社2006年版,第347—353页。

案件前的程序,即刑事诉讼中审判阶段以前的程序。[①]刑事审判前程序是指刑事案件起诉到法院之前的程序。[②]我国学界通说认为,我国刑事诉讼中的审前程序是指刑事公诉案件从立案到提起公诉前的程序,包括立案、侦查和审查起诉等内容。

对共同犯罪案件审前程序的研究,主要涉及共同犯罪案件的立案管辖、侦查、审查起诉等疑难问题。下面逐一进行分析和探讨。

第一节　共同犯罪的立案

我国在刑事诉讼中设置了专门的立案程序,立案标志着刑事诉讼程序的正式启动。立案是刑事诉讼的必经程序,也是后续的侦查、审判程序的前提程序。因此,立案程序在整个刑事诉讼中具有重要意义。对于共同犯罪而言,其立案程序涉及的管辖问题较为突出。

完整意义上的立案管辖包括两层含义。第一层含义是指"侦查机关、检察机关和审判机关之间在直接受理刑事案件上的分工"[③],此种意义上的立案管辖又被称为职能管辖或部门管辖。立案管辖的第二层含义是指侦查、检察、审判三机关各自系统内部在直接受理刑事案件上的分工。具体包括:(1)侦查机关系统内部在直接受理刑事案件权限范围上的分工,即以公安机关为主的侦查机关系统内部就直接受理的刑事案件在地区管辖、指定管辖、级别管辖和专门管辖上的权限划分;(2)检察机关系统内部在直接受理刑事案件权限范围上的分工,即检察机关系统内部就直接立案侦查的刑事案件在地区管辖、指定管辖、级别管辖和专门管辖上的权限划分;(3)审判机关系统内部在直接受理刑事自诉案件权限范围上的分工,即审判机关系统内部就直接受理的刑事自诉案件在地区管辖、指定管辖、级别管辖和专门管辖上的权限划分。

---

①　陈卫东:《刑事审前程序研究》,中国人民大学出版社2004年版,第3页。
②　宋英辉、吴宏耀:《刑事审判前程序研究》,中国政法大学出版社2002年版,第1页。
③　龙宗智、杨建广:《刑事诉讼法(第四版)》,高等教育出版社2012年版,第247页。

下文针对共同犯罪立案管辖问题的研究,主要侧重于立案管辖的第二层含义,并以公安机关系统内部直接受理的共同犯罪案件为例,就立案管辖中涉及的地区管辖、协商管辖、指定管辖和级别管辖上的权限划分原则及范围等问题进行探析。

一、共同犯罪的地区管辖

共同犯罪的地区管辖是指同级公安机关在立案侦查共同犯罪案件权限上的划分。关于立案管辖中的地区管辖,我国公安部发布的《公安机关办理刑事案件程序规定》规定了以犯罪地的公安机关管辖为主、以犯罪嫌疑人居住地的公安机关管辖为辅的原则,①这一原则主要适用于单独犯罪案件的情形。由于单独犯罪案件的犯罪主体为一人,无论是"犯罪地的公安机关管辖"还是"犯罪嫌疑人居住地的公安机关管辖"当均无异议。但在共同犯罪案件中,犯罪嫌疑人通常为二人或二人以上,在实施地区管辖时,如何认定"犯罪嫌疑人居住地"并据此确定共同犯罪案件管辖的公安机关? 是以主犯为准还是以从犯为准? 对此,需要进一步厘清并予以明确。

一般而言,根据刑事诉讼程序启动标准的不同,可以把刑事诉讼启动程序划分为对人模式和对事模式。②有学者认为,"我国的立案条件中并不以特定指控对象的出现为条件,实践中绝大多数案件在立案时,明确的犯罪嫌疑人并没有出现。根据我国刑诉法的规定,只要证明有犯罪事实存在,而且这个犯罪事实需要追究行为人的刑事责任即可立案"③,据此得出我国的刑事诉讼启动程序属于"对事模式"的结论。对此,我们不敢苟同。因为根据《刑事诉讼法》第109条的规定,我国的刑事诉讼启动程序属于"对事模式"和"对人

---

① 《公安机关办理刑事案件程序规定》第15条规定:"刑事案件由犯罪地的公安机关管辖。如果由犯罪嫌疑人居住地的公安机关管辖更为适宜的,可以由犯罪嫌疑人居住地的公安机关管辖。"

② 刑事诉讼的启动是以被追诉人的特定化为前提的,仅仅有犯罪事实的发生并不能启动刑事诉讼程序,因此,其也被称为刑事诉讼启动程序的"对人模式";只要有足够证据证明犯罪事实已经发生,无论是否存在具体化的指控对象,均应当或可以启动刑事诉讼程序,因此,这种刑事诉讼启动程序模式也被称为"对事模式"。参见陈卫东:《刑事诉讼程序论》,中国法制出版社2011年版,第6页。

③ 陈卫东:《刑事诉讼程序论》,中国法制出版社2011年版,第6—7页。

模式"相结合的"混合"模式。①也就是说,无论是"发现犯罪事实"还是"发现犯罪嫌疑人",均有可能立案侦查,从而导致刑事诉讼程序的启动。

在我国刑事诉讼中,区分刑事诉讼启动程序的"对事模式"和"对人模式",这对于确定共同犯罪案件的地区管辖具有一定意义。在刑事诉讼启动程序的"对事模式"下,涉案的犯罪嫌疑人尚不明确,犯罪行为是一人所为还是数人所为均属于未知数,因此,坚持"刑事案件由犯罪地的公安机关管辖"的原则具有科学性和合理性。在刑事诉讼启动程序的"对人模式"下,公安机关如果发现了犯罪嫌疑人,也应当按照管辖范围立案侦查。无论是经由"对事模式"还是"对人模式"而启动的刑事诉讼程序,随着侦查活动的进一步展开,根据侦查活动收集的证据和掌握的线索,若侦查机关最终明确犯罪行为是由数人所为,则构成共同犯罪案件。对于共同犯罪案件,坚持"刑事案件由犯罪地的公安机关管辖"的原则仍然具有科学性和合理性。但问题在于,在司法实践中,一些共同犯罪案件的犯罪人往往实施流窜作案,从而导致主要犯罪地难以确定。在此情形下,机械地坚持"刑事案件由犯罪地的公安机关管辖"的原则可能不利于案件的侦破。为此,如果犯罪嫌疑人居住地的群众更为了解其犯罪情况的,应当通过指定管辖的方式,由最初立案侦查的公安机关将案件移送至犯罪嫌疑人居住地的公安机关立案侦查。这里涉及的一个主要问题是:由于共同犯罪案件至少具有两名犯罪嫌疑人,如何确定犯罪嫌疑人的居住地?我们认为,由于主犯是在共同犯罪案件中起主要作用的犯罪分子,通常由主犯居住地的公安机关管辖更加有利于查明犯罪事实。因此,应当由主犯居住地的公安机关立案管辖。

关于共同犯罪的地区管辖,在实践中,有些共同犯罪嫌疑人在数地实施多起共同犯罪案件,对此应如何确定管辖权?这值得进一步探讨。例如,甲、乙、丙三人在A地共同实施了一起抢劫犯罪案件并致一名被害人死亡。此后,甲、乙、丙三人和后来加入的丁流窜至B地,又实施了一起抢劫案。按照规定,A、B两地的公安机关均有管辖权并已分别立案侦查(A地公安机关立案在

---

① 《刑事诉讼法》第109条规定:"公安机关或者人民检察院发现犯罪事实或者犯罪嫌疑人,应当按照管辖范围,立案侦查。"

先）。在案件侦查过程中,甲、乙、丙三名犯罪嫌疑人被A地公安机关抓捕归案,而丁被B地公安机关抓捕归案。对此,如何解决上述案例中均有管辖权的A、B两地公安机关之间的管辖冲突? 我们认为,解决类似上述案件的管辖冲突,应当遵循时间顺序原则（最初受理优先原则）和重罪优先原则。首先,依据《公安机关办理刑事案件程序规定》第21条的规定:"几个公安机关都有权管辖的刑事案件,由最初受理的公安机关管辖。"其次,在遵循最初受理优先原则的同时,还要综合考量其他因素。如果数起共同犯罪案件中某一罪行明显重于其他罪行,无论是轻罪犯罪地的侦查机关立案在先还是立案在后,则数起共同犯罪案件均应当由重罪犯罪地的侦查机关管辖并实施并案侦查。具体到上述案例,鉴于甲、乙、丙在A地实施的犯罪行为的罪行明显重于甲、乙、丙、丁在B地实施的犯罪行为的罪行,因此,A、B两地的公安机关应当经过协商后由B地公安机关将甲、乙、丙、丁四人在B地实施的抢劫犯罪案件移送至A地公安机关由其并案侦查。至于丁,其虽未参与甲、乙、丙在A地实施的抢劫致人死亡案件,但考虑到并案侦查和诉讼经济的需要,也应当由A地公安机关并案侦查。

二、共同犯罪的协商管辖和指定管辖

共同犯罪的协商管辖,是指有关同级公安机关对于管辖不明确或者有争议的某一共同犯罪案件,通过协商确定立案管辖权。共同犯罪的指定管辖,是指上级公安机关依照规定,指定其辖区内的下级公安机关对某一共同犯罪案件行使立案管辖权。关于协商管辖和指定管辖,我国公安部发布的《公安机关办理刑事案件程序规定》作了明确规定。[①]与单独犯罪一样,共同犯罪的协商管辖和指定管辖问题,同样是由于管辖不明确或者对管辖有争议而引起的。管辖不明确属于立案管辖的消极争议,而对管辖有争议则属于积极争议。

对于共同犯罪的立案管辖,当出现管辖不明确或者管辖有争议的情形

---

① 《公安机关办理刑事案件程序规定》第22条规定:"对管辖不明确或者有争议的刑事案件,可以由有关公安机关协商。协商不成的,由共同的上级公安机关指定管辖。对情况特殊的刑事案件,可以由共同的上级公安机关指定管辖。"

时,首先应当由有关同级公安机关协商确定立案管辖权。协商不成的,由共同的上级公安机关考量"主要犯罪地、最初受理、罪行轻重、主犯的居住地、有利于并案侦查"等因素后作出指定管辖的决定。

三、共同犯罪的级别管辖

共同犯罪案件的级别管辖,是指各级公安机关在立案侦查共同犯罪案件权限上的划分。关于立案管辖的级别管辖,我国公安部发布的《公安机关办理刑事案件程序规定》也作出了原则规定。[①]但该规定主要是针对单独犯罪而言的,对于共同犯罪而言,主要涉及共同犯罪人实施数起共同犯罪或者某一犯罪团伙实施多起共同犯罪案件如何确定立案管辖的问题。我们认为,可以借鉴法院审判管辖和检察院审查起诉管辖的规定,[②]采取级别顺序原则,即上级侦查机关的立案管辖权优先于下级侦查机关的立案管辖权,并作出明确规定:"共同犯罪人实施数起共同犯罪案件,其中一罪属于上级公安机关管辖的,并案侦查的全案由上级公安机关管辖。"也就是说,在一般情况下,县级公安机关负责侦查发生在本辖区内的共同犯罪案件。如果并案侦查的共同犯罪案件中有一罪涉及重大的危害国家安全犯罪(如恐怖活动犯罪、涉外犯罪、经济犯罪、集团犯罪),则全案由设区的市一级以上公安机关负责侦查。当然,在必要的时候,上级公安机关可以侦查下级公安机关管辖的刑事案件;下级公安机关认为共同犯罪案件案情重大需要上级公安机关侦查的,也可以请求上一级公安机关管辖。

---

① 《公安机关办理刑事案件程序规定》第24条规定:"县级公安机关负责侦查发生在本辖区内的刑事案件。设区的市一级以上公安机关负责下列犯罪中重大案件的侦查:(一)危害国家安全犯罪;(二)恐怖活动犯罪;(三)涉外犯罪;(四)经济犯罪;(五)集团犯罪;(六)跨区域犯罪。上级公安机关认为有必要的,可以侦查下级公安机关管辖的刑事案件;下级公安机关认为案情重大需要上级公安机关侦查的刑事案件,可以请求上一级公安机关管辖。"

② 《刑事诉讼法解释》第15条规定:"一人犯数罪、共同犯罪或者其他需要并案审理的案件,其中一人或者一罪属于上级人民法院管辖的,全案由上级人民法院管辖。"《人民检察院刑事诉讼规则》第328条第(4)款规定:"一人犯数罪、共同犯罪和其他需要并案审理的案件,只要其中一人或一罪属于上级人民检察院管辖的,全案由上级人民检察院审查起诉。"

第二节　共同犯罪的侦查

一、共同犯数罪的合并侦查

共同犯数罪的合并侦查是与共同犯罪个案侦查相对的一个概念,通常是指侦查机关将同一地区或不同地区相继发生的系列共同犯罪案件合并起来统一进行侦查的一种破案方式。这些系列共同犯罪案件,虽然每一起都可以单独成案,但由于犯罪主体相同,或者在作案时间和方式、侵害对象、痕迹物证等方面表现出相似或高度相似的特征,侦查机关高度怀疑或根据现有证据可以初步认定是由同一伙犯罪分子所为,就可以实施合并侦查。共同犯数罪的合并侦查理论基础是辩证唯物主义事物普遍联系的基本原理和系统理论。唯物辩证法认为:"普遍联系"是世界存在的基本特征之一;事物的联系具有普遍性;任何事物内部的各个部分、要素都是相互联系的;任何事物都与周围的其他事物相互联系着;整个世界是一个相互联系的统一整体。共同犯罪是一种特殊的社会现象,对于已经确定或者有理由怀疑是由同一伙犯罪分子所为的数起刑事案件,应用辩证唯物主义事物普遍联系的基本原理来分析,其内部的各个部分、要素是相互联系的。这种联系主要表现在:如果在侦查初期已经确定由同一伙犯罪分子所为,那么,这些系列共同犯罪在犯罪主体方面就体现出紧密的联系性;数起共同犯罪因为在作案时间和方式、侵害对象、痕迹物证等方面表现出相似或高度相似的特征,从而在犯罪客观方面体现出紧密的联系性。正是因为这种紧密联系性的存在,才使得侦查机关可以实施并案侦查,从而实现"侦查一案、突破全案"的效果,全面、准确、及时地打击犯罪活动。系统理论认为,整体性、关联性、等级结构性、动态平衡性、时序性等是所有系统的共同的基本特征,系统内的若干要素以一定结构形式联结,从而构成具有某种功能的有机整体。以系统理论分析共同犯罪这一社会现象,犯罪主体的复数性,犯罪行为之间的协作性和相互联系性、罪责承担的相互影响性是其显著特征。同一伙犯罪分子实施的数起系列共同犯罪案件具有犯罪主体同一性、作案手法和物证痕迹等要素高度相似性等特征,各要素之间相互联结,从广义角度观察,其构成了一个更大、更为复杂的系统。侦查机关对同一伙犯罪分子实施的系列共同犯罪进行合并侦查,查找并发现系列共同犯罪案件这一系统内各要素之间的内在联系,有利于准确地确定侦查方向,收集固定证据,从而早日侦破并案侦查的所有案件。对于同一伙犯罪分子实施的系列共同犯罪案件实施并案侦查,其意义在于以下几方面:其一,实现侦查资源配置的最大化。我国自改革开放以来,人财物流动加快,在经济快速发展、社会急剧转型的同时,贫富差距持续扩大,社会矛盾日益尖锐,刑事案件多发高发成为社会转型期的一个显著特征。以2009年《刑法》修正后全国公安机关刑事案件的立案数为例,2009年全国公安机关刑事案件的立案数为5579915件,2010年为5969892件,2011年为6005037件,2012年为6551440件,[①]2010年、2011年和2012年全国公安机关刑事案件立案数的年增长率分别为6.99%、0.59%和9.10%。从总量来看,我国刑事案件发案数一直在高位运行,这给侦查机关的案件侦破工作带来了持续不断的压力,"案多人少"是基层公安机关反映的普遍现象。从理论上讲,任何一个国家的警察力量始终是有限的,不可能将所有的警察力量都投入刑事案件的侦破。我国现行的侦查体制采用的是"条块结合、以块为主"的模式,这一模式在侦查实践中具有一定优势,但是面对那些具有"跨行政区域作案、跳跃作案、流窜作案"等特征的单独犯罪或共同犯罪案件就显得捉襟见肘了,对此,侦查人员在侦查实践中创造的并案侦查措施就有了用武之地。这是因为,对于已经确定是由同一伙犯罪分子实施的共同犯罪案件,或者基于对若干要素分析后得出犯罪特征高度相似结论的数起共同犯罪案件实施并案侦查,可以整合信息、资源和力量,优化侦查资源配置,降低侦查成本,明确侦查方向,取得重点突破并迅速侦破系列共同犯罪案件。其二,直接或间接地促进司法资源的节约。对于同一伙犯罪分子所为的数起共同犯罪案件,通常情况下,侦查机关在并案侦查终结后会并案移送审查起诉,检察机关和审判机关相应地会进行合并起诉和合并审判,从而形成合并诉讼。合并诉讼的最大好处是能够节约宝贵的司法资源,它使同一伙犯罪分子所为的数起共同犯罪案件在同一个诉讼程

---

① 统计数据分别源于《2013年中国法律年鉴》《2012年中国法律年鉴》《2011年中国法律年鉴》《2010年中国法律年鉴》和《2009年中国法律年鉴》。

序中得到处理,减少了程序的重复运作,避免了人力、物力和财力的浪费。其三,有利于揭发和证实同一伙犯罪分子实施的系列共同犯罪案件中的所有犯罪事实。同一伙犯罪分子实施的数起共同犯罪案件,虽然从形式上看彼此独立成案,但由于在作案时间、作案手法、侵害对象、痕迹物证等方面高度相似,据此可以实施并案侦查。并案侦查由于整合了分案侦查所获得的信息、线索和证据,有利于侦查人员在缩小侦查范围的基础上准确地确定侦查方向,研究分析犯罪活动的规律,全面透彻地认识系列共同犯罪案件的全部案情,从总体上加快系列共同犯罪案件的侦破进程,实现"破一案带多案、破现案带积案"的目的,有效地揭露和证实犯罪,从而为后续的起诉和审判提供坚实的证据基础。

共同犯数罪的合并侦查的规则主要包括以下两个方面。

1. 共同犯数罪合并侦查的条件

(1)据以合并侦查的案件至少为两起并且具有关联性。首先,从案件数量上看,合并侦查的案件至少为两起,这一点是不言而喻的。因为,对于实施单独侦查的共同犯罪案件,无所谓"并不并"的问题,属于个案侦查或分案侦查的范畴,不在此讨论范围。其次,合并侦查的共同犯罪案件的关联性表现为所有案件均为同一伙犯罪分子所为,或者在侦查初期虽不能确定系列共同犯罪案件是由同一伙犯罪分子所为,但是综合系列共同犯罪案件的现有证据和线索,可以高度怀疑是由同一伙犯罪分子所为,这是实施并案侦查的前提条件。如果数起共同犯罪案件不是由同一伙犯罪分子所为,则失去了并案侦查的基础,在此情形下,合并侦查不仅达不到整合侦查资源、快速侦破案件、节省侦查资源的目的,反而会贻误"战机",干扰其他案件的侦破。

(2)实施合并侦查的各共同犯罪案件均在追诉时效期限内。共同犯罪案件的并案侦查是指把同一伙犯罪分子所实施的两起或两起以上的共同犯罪案件合并起来进行侦查的破案方式。在实践中,同一伙犯罪分子实施的数起共同犯罪案件,有些案件尚在追诉时效期限内,有些案件由于时间久远已形成积案,超过了追诉时效期限,对这些已经超过追诉时效期限的案件就不能实施立案侦查。因此,实施合并侦查的另一个前提条件是所有的共同犯罪案件均在追诉时效期限内。

（3）实施合并侦查具有一定的可行性。共同犯罪案件并案侦查的目的是通过合理配置侦查资源从而有效揭露和证实犯罪，因此，对共同犯罪案件实施并案侦查应当具有一定的可行性。必须坚持有利于查明案件事实和方便后续的诉讼程序进行的原则，综合考量各侦查机关的力量、立案时间顺序、系列共同犯罪案件的主从关系等因素后最终确定是否实施并案侦查，以及由谁为主导而实施并案侦查。

2. 共同犯数罪合并侦查的运作程序

在实践中，共同犯罪的犯罪主体通常为两人或两人以上，实施并案侦查的共同犯罪案件呈现出复杂多样的犯罪形态，往往牵涉多种罪名。针对由同一伙犯罪分子实施的数起共同犯罪案件，有无实施并案侦查的必要性和可行性，以及如何实施并案侦查，这些都须由严格的程序进行规范，以避免并案侦查的随意性，真正使并案侦查发挥其应有的优势，从而准确全面地查清全部犯罪事实，保障刑事诉讼活动的顺利进行。

从现有的规定来看，最高人民法院、最高人民检察院、公安部、国家安全部、司法部、全国人大常委会法制工作委员会制定的《关于实施刑事诉讼法若干问题的规定》和公安部发布的《公安机关办理刑事案件程序规定》对包括共同犯罪案件在内的并案侦查问题都作了明确规定，①但上述规定都比较宽泛，应当进一步细化，以规范侦查实践中大量的并案侦查活动。我们认为，对共同犯罪案件并案侦查的具体运作程序，可以作出如下设计：（1）地域管辖内的并案侦查。发生在本辖区内的由同一伙犯罪分子实施的数起共同犯罪案件，符合并案侦查条件的，县级公安机关可以在职责范围内实施并案侦查。（2）几个公安机关均有权管辖的并案侦查。由同一伙犯罪分子实施的相互关联的

---

① 最高人民法院、最高人民检察院、公安部、国家安全部、司法部、全国人大常委会法制工作委员会发布的《关于实施刑事诉讼法若干问题的规定》规定："一、管辖……3.具有下列情形之一的，人民法院、人民检察院、公安机关可以在其职责范围内并案处理：（一）一人犯数罪的；（二）共同犯罪的；（三）共同犯罪的犯罪嫌疑人、被告人还实施其他犯罪的；（四）多个犯罪嫌疑人、被告人实施的犯罪存在关联，并案处理有利于查明案件事实的。"公安部发布的《公安机关办理刑事案件程序规定》第21条第（2）款规定："具有下列情形之一的，公安机关可以在职责范围内并案侦查：（一）一人犯数罪的；（二）共同犯罪的；（三）共同犯罪的犯罪嫌疑人还实施其他犯罪的；（四）多个犯罪嫌疑人实施的犯罪存在关联，并案处理有利于查明犯罪事实的。"

数起共同犯罪案件超出地域管辖范围并且涉及几个公安机关管辖的,应当按照最初受理优先和主罪优先的原则,报请共同的上级公安机关批准并案侦查。上级公安机关批准后,应当下达《指定管辖决定书》,下级公安机关据此可以对相互关联的数起共同犯罪案件实施并案侦查。同时,下级公安机关应当及时向上级公安机关报告并案侦查的进度和结果,以便上级公安机关协调解决跨行政区域侦查中出现的各种问题。

二、共同犯罪的另案侦查①

根据2014年3月6日最高人民检察院、公安部下发的《关于规范刑事案件"另案处理"适用的指导意见》(以下简称《指导意见》)的规定,"另案处理"是指在办理刑事案件过程中,对于涉嫌共同犯罪案件或者与该案件有牵连关系的部分犯罪嫌疑人,由于法律有特殊规定或者案件存在特殊情况等原因,不能或者不宜与其他同案犯罪嫌疑人同案处理,而从案件中分离出来单独或者与其他案件并案处理的情形。在侦查阶段,另案处理主要指的是另案侦查。

长期以来,《刑事诉讼法》及其相关司法解释和规范性文件对"另案处理"并无明确规定,导致司法实践中"另案处理"适用违法、不当的情形较为突出,"另案处理"往往异化为"另案不理",使应当被追究刑事责任的犯罪分子逃脱了法律制裁。这不仅不能抚平被害人受到的伤害,而且还给社会治安留下了隐患。在"另案处理"中也不乏暗箱操作、权钱交易等司法腐败现象,这些都严重破坏了法律的尊严和权威,妨碍了司法公正并降低了司法公信力。有鉴于此,最高人民检察院、公安部下发《指导意见》,明确了可以适用"另案处理"的六种情形,分别是:(1)依法需要移送管辖处理的;(2)系未成年人需要分案办理的;(3)在同案犯罪嫌疑人被提请批准逮捕或者移送审查起诉时在逃,无法到案的;(4)涉嫌其他犯罪,需要进一步侦查,不宜与同案犯罪嫌疑人一并提请批准逮捕或者移送审查起诉,或者其他犯罪更为严重,另案处理更为适宜的;(5)涉嫌犯罪的现有证据暂不符合提请批准逮捕或者移送审查起诉标

---

① 本部分只涉及侦查中的另案处理问题,审查起诉阶段之后的另案处理问题将在后文讨论。

准,需要继续侦查,而同案犯罪嫌疑人符合提请批准逮捕或者移送审查起诉标准的;(6)其他适用"另案处理"更为适宜的情形。《指导意见》还对不适用"另案处理"的情形作了明确规定。[①]

客观地说,《指导意见》对共同犯罪案件中涉及"另案处理"的情形作出了相对完善的规定,从而为处理类似问题提供了依据。但是对个别情形尚需进一步明确和细化。在侦查阶段,公安机关需要作"另案处理"的另案侦查主要包括以下两种情形:(1)"依法需要移送管辖处理的",主要指共同犯罪触犯多项罪名,涉及立案管辖中普通管辖和专门管辖互涉的问题。例如,某一犯罪团伙既实施了普通的盗窃案件,又实施了盗窃或者破坏铁路、水运、通信、电力线路和其他重要设施的共同犯罪案件,那么对于后者,则按照移送管辖的规定,分别由发案地的铁路、交通、民航和森林公安机关立案管辖,这属于"另案处理"的一种情形。(2)应当明确以下情形下,共同犯罪案件中的部分犯罪嫌疑人也可以适用"另案处理":①患有严重疾病或正在怀孕、哺乳自己婴儿的,不宜与同案犯罪嫌疑人一并侦查并提请批准逮捕或移送审查起诉的;②身份不明,且同案犯罪嫌疑人提请批准逮捕或移送审查起诉时在逃的。[②]

三、共同犯罪的追加侦查

《刑事诉讼法》规定了两种补充侦查的形式,即退回补充侦查和自行补充侦查。补充侦查主要针对的是"案件部分事实不清、证据不足或者尚有遗漏罪行、遗漏同案犯罪嫌疑人"的情形。其中,"遗漏同案犯罪嫌疑人"的情形与这里需要讨论的"共同犯罪的追加侦查"有关。

需要追加侦查的主要理由和条件是:遗漏了共同犯罪的同案犯罪嫌疑

[①] 《指导意见》第4条规定:对于下列情形,不适用"另案处理",但公安机关应当在提请批准逮捕书、起诉意见书中注明处理结果,并将有关法律文书复印件及相关说明材料随案移送人民检察院:(1)现有证据表明行为人在本案中的行为不构成犯罪或者情节显著轻微、危害不大,依法不应当或者不需要追究刑事责任,拟作或者已经作出行政处罚、终止侦查或者其他处理的;(2)行为人在本案中所涉犯罪行为,之前已被司法机关依法作不起诉决定、刑事判决等处理并生效的。

[②] 元明、张庆彬、黄刚:《"另案处理"案件存在的问题及其对策》,《人民检察》2013年第6期。

人,并且这个犯罪嫌疑人对整个共同犯罪案件事实的查清具有关键作用,同时又不属于共同犯罪另案侦查的任何一种情形。

共同犯罪追加侦查的规则是:公安机关侦查终结后将案件移送人民检察院审查起诉,在人民检察院审查起诉期间,公安机关又发现了新的同案犯罪嫌疑人。在此情形下,第一种处理办法是公安机关主动要求人民检察院将案件退回,对同案犯罪嫌疑人的犯罪事实进行追加侦查;第二种处理办法是人民检察院审查起诉后,发现有遗漏同案犯罪嫌疑人的情形,可以退回公安机关追加侦查;第三种处理办法是人民检察院对该遗漏的同案犯罪嫌疑人的犯罪事实直接决定自行侦查。

第三节　共同犯罪的审查起诉

一、共同犯罪的指控排序

除非有特别情形,共同犯罪案件的各共同被告人通常会被合并起诉和合并审判,这样有利于在同一个诉讼程序中查明全部案件事实,准确认定各共同被告人在共同犯罪中的地位和作用,据此确定各自所应承担的刑事责任,从而实现各共同被告人之间量刑的均衡,真正体现《刑法》"罪责自负"的基本原则。

在合并起诉的共同犯罪案件中,各共同被告人在起诉书中的指控排序问题不仅是一个程序问题,而且是一个重要的实体问题。因为各共同被告人在起诉书中的排名次序通常体现着公诉机关对各共同被告人在共同犯罪中地位和作用的认识,而这种排序通常又会对庭审法官的心证活动产生一定影响,最终有可能影响各共同被告人的量刑。因此,共同犯罪案件起诉书中的指控排序问题在一定程度上会影响各共同被告人的实体利益。

为了维护各共同被告人的程序利益和实体利益,应当从程序上完善共同犯罪案件的指控排序问题。

(1)对于一般共同犯罪案件的起诉指控排序问题,由实行主任检察官办案责任制的主任检察官办公室(办案组)独立作出决定,真正实现"让办案者决定,让决定者负责",促进办案质量和办案效率的提高。

（2）对于重大疑难复杂的共同犯罪案件的起诉指控排序问题，特别是聚众共同犯罪案件和有组织的集团共同犯罪案件，一般情况下应当提交检察长或者检委会，经讨论后作出决定。需要说明的是，由检察长或者检委会讨论决定重大疑难复杂共同犯罪案件的起诉指控排序问题，这与目前各地试点的主任检察官责任制并不矛盾。这是因为，检察权是一种法律监督权，检察长或者检委会参与对重大疑难复杂共同犯罪案件的起诉指控排序问题的讨论和决定，体现了检察权行使过程中"上命下从"的"检察一体化"特征，有利于确保重大疑难复杂共同犯罪案件的公诉质量，同时也体现了检察长和检委会对执法办案活动的领导和监督。

（3）赋予辩护人、被害人及其诉讼代理人对共同犯罪案件的起诉指控排序提出意见的权利。尽管《刑事诉讼法》规定了在审查起诉期间辩护人、被害人及其诉讼代理人有权提出意见，①但对共同犯罪案件的起诉指控排序问题能否提出意见尚不明确。因此，为了强化监督，防止暗箱操作，与《刑事诉讼法》相关的司法解释还应当进一步明确辩护人、被害人及其诉讼代理人有权对共同犯罪案件的起诉指控排序问题提出意见。

二、"另案处理"的监督

并案诉讼或者合并诉讼的首要目的和价值是实现诉讼经济。但在司法实践中，共同犯罪案件因为不当的分案侦查和另案处理导致分离起诉、分离审判的现象较为常见，主要表现形式有以下两种。其一，多人共犯数罪，分别由不同的侦查机关立案侦查而未能并案侦查。例如，某一犯罪团伙在A、B两地各实施了一起盗窃犯罪，但A、B两地的公安机关分别就本地发生的盗窃案件的犯罪事实立案侦查，因为事先未予协商或者不愿移送对方管辖而导致分案侦查。其二，某一共同犯罪嫌疑人参与多起共同犯罪，对该共同犯罪嫌疑人的犯罪事实未予并案侦查。例如，犯罪嫌疑人戊既参与了甲、乙在A地实施的一起盗窃犯罪，又参与了丙、丁在B地实施的另一起盗窃犯罪，因各种原因，

---

① 《刑事诉讼法》第173条规定："人民检察院审查案件，应当讯问犯罪嫌疑人，听取辩护人或者值班律师、被害人及其诉讼代理人的意见，并记录在案。辩护人或者值班律师、被害人及其诉讼代理人提出书面意见的，应当附卷。"

对戊的犯罪事实分别由 A、B 两地公安机关实施侦查,最终导致戊的犯罪事实分离起诉和分离审判。

导致不当分案侦查的原因多样,但归纳起来主要有以下几种:一是以"另案处理"之名行"另案不理"之实。例如,在广受关注的公安部原部长助理郑少东受贿案中,郑少东案中的重要角色、广东地下钱庄洗钱案主犯连卓钊正是以"另案处理"的名义,顺利躲过审查和起诉而潜逃香港的。[①]二是受公安机关内部绩效考核因素的影响。长期以来,我国公安机关内部存在"破案数量、刑拘数量和批捕数量"等考核指标要求,有的公安机关对于其他公安机关已经侦查、逮捕的案件,认为并案审理不仅程序烦琐、加重工作量,而且不会给自己增加任何"分数",因此积极性不高。[②]三是受办案风险的影响。在实地调研中,通过与一线公安干警座谈,我们了解到,在实际工作中,侦查人员常常抱着"多一事不如少一事"的心理,对于一人在本地或异地实施多起犯罪,以及同案犯罪嫌疑人分别在本地和异地参与的多起共同犯罪案件,由于异地犯罪事实的侦查往往存在需要押送犯罪嫌疑人到异地指认现场、异地临时羁押犯罪嫌疑人等诸多问题,稍有纰漏就有可能发生犯罪嫌疑人脱逃的风险,加之办案成本的考虑,因此,一般都不愿对此类犯罪嫌疑人的犯罪事实实施并案侦查,由此出现"你侦你的,我破我的"的不正常现象,导致某一犯罪嫌疑人的一罪在甲地被起诉审判完毕后,另一罪又在异地被起诉和审判。

"当并不并"或者不当"分案侦查"的负面影响表现在以下几个方面。一是徒增诉讼成本。并案侦查有利于实现诉讼经济,这是不言而喻的。对此,《刑事诉讼法》及其司法解释和规范性文件均有明确规定。但是侦查机关出于各种原因,故意规避不予适用,人为分案,"当并不并",实施不当的"分案侦查"。如此一来,将导致一名或数名犯罪嫌疑人相互有关联的犯罪事实由两

---

① 2002 年,广东省江门市公安部门破获了一起地下钱庄洗钱案。广东省江门市中级人民法院(2002)江中法刑经初字第 33 号刑事判决书显示,颜锡隆等人因通过地下钱庄洗钱,获判非法经营罪,连卓钊作为钱庄的主要出资人,在该判决书中被标为"另案处理"。因此,连卓钊并未在广东受到司法审判,不久便潜逃香港。参见詹奕嘉:《警惕"另案处理"下的法律漏洞》,《政府法制》2010 年第 13 期。

② 韩爱丽:《对并案侦查问题应完善相关规定》,《检察日报》,2009 年 2 月 6 日,第 3 版。

个或多个侦查机关立案侦查,立案侦查终结后,通常意味着将由不同的公诉机关和审判机关分别起诉和分别审判,形成事实上的分离诉讼,使同一诉讼程序被反复适用,造成司法资源的浪费。二是增加当事人的"讼累"。如前所述,分离诉讼意味着诉讼程序的重复适用,这对于被害人、证人、鉴定人等诉讼参与人,尤其是犯罪嫌疑人和被告人而言,意味着时间和精力上的多倍花费,总体而言也是不经济的。三是极有可能会影响被告人的实体利益。这里的实体利益主要指的是被告人应当承担的刑事责任问题。再以上文所举为例,犯罪嫌疑人戊既参与了甲、乙在A地实施的一起盗窃犯罪,又参与了丙、丁在B地实施的另一起盗窃犯罪。对于犯罪嫌疑人分别实施的犯罪行为,依照法律规定符合并案侦查的条件,但事实上分别由A、B两地的公安司法机关侦查、起诉和审判。如果合并诉讼,合并计算后戊的盗窃数额累积可达到"数额巨大",按照《刑法》的规定,戊的犯罪行为性质为连续犯,属于处断的一罪,应以盗窃罪一罪论处,处三年以上十年以下有期徒刑,并处罚金;但是如果分离诉讼,两次实施盗窃犯罪的金额将分开计算,均为"数额较大",按照《刑法》的规定,应当分别处三年以下有期徒刑、拘役或者管制,并处或者单处罚金。在分离诉讼的情形下,由于对戊的两起犯罪事实没有合并诉讼,B地人民法院在A地人民法院判决后又按遗漏罪行作出判决,导致被告人戊本应按一罪处理,却按数罪进行了处理。由此可见,不当"分案侦查"导致的不当分离诉讼,会对犯罪嫌疑人或被告人的实体利益产生显著的影响,不符合"不枉不纵"的实体正义观的要求。

鉴于此,侦查实践中针对共同犯罪案件"当并不并"的现象是一个值得关注的问题。我们认为,规范此类现象,主要应明确赋予检察机关对"当并不并"的法律监督权。对于侦查机关的不当"分案侦查",检察机关有权提出书面纠正意见或检察建议,人民检察院在审查起诉时,一旦发现遗漏其他应当追究刑事责任的同案犯罪嫌疑人,或者《起诉意见书》中关于同案犯罪嫌疑人在共同犯罪中的地位、作用的认定和处理意见不准确时,应当根据不同情形作出如下处理:其一,将案件退回公安机关,要求公安机关对遗漏的同案犯罪嫌疑人的犯罪事实追加侦查;其二,人民检察院对该遗漏的同案犯罪嫌疑人的犯罪事实自行侦查;其三,要求公安机关补充提交能够证明同案犯罪嫌疑人在共同犯罪中的地位、作用的证据材料,并要求其重新制作《起诉意见书》,连同案卷材料、证据一并移送同级人民检察院审查决定。对于因"当并不并"而导致适用法律错误的一审裁判或生效裁判,检察机关有权提出抗诉。

此外,还可以赋予犯罪嫌疑人、被告人、被害人一定的救济权利。具体来讲,如果因"当并不并"而导致犯罪嫌疑人、被告人获得不利益,其有权申请复议、上诉或提出再审申诉。明确赋予被害人对"另案处理"的监督权利,即被害人认为公安机关作出的"另案处理决定违法或不当"时(例如,名为"另案处理"实为"另案不理";对已经构成犯罪的个别或部分犯罪嫌疑人不予立案侦查或者给予行政处罚等降格处理措施;等等),有权向人民检察院提出,人民检察院应当要求公安机关说明"另案处理"的理由。人民检察院认为公安机关的理由不能成立的,应当通知公安机关并案处理,公安机关应当将并案处理结果及时反馈给人民检察院。

三、审查起诉的合并移送

在审查起诉中,如果发现共同犯罪案件由不同的侦查机关侦查终结后,分别移送不同的检察机关进行审查起诉的情形,为了查明该犯罪嫌疑人的全部犯罪事实并准确追究其刑事责任,同时为了便于提起公诉和便利审判,应当合并移送法院。合并移送可根据不同情形作出以下处理。

(1)两个或两个以上同一级别的检察机关分别受理了同一共同犯罪不同犯罪嫌疑人的案件,首先由有关人民检察院协商确定审查起诉,协商不成的,由共同的上级人民检察院指定审查起诉。

(2)不同级别的检察机关分别受理了同一共同犯罪不同犯罪嫌疑人的案件,低级别的人民检察院应当将案件移送高级别的人民检察院,由高级别的人民检察院合并审查起诉。

(3)两个或两个以上的检察机关分别受理了同一共同犯罪不同犯罪嫌疑人的案件,如果一方已经提起公诉,另一方尚未提起公诉,尚未提起公诉的人民检察院应当将案件移送给已经提起公诉的人民检察院,由已经提起公诉的人民检察院追加起诉,并由人民法院一并作出裁判。

第三章 共同犯罪审判程序

　　《刑事诉讼法》规定的审判程序包括庭前程序和庭审程序。庭前程序是审判程序必不可少的准备性程序,从理论上讲,庭前程序是相对于集中审的程序审,因此,对共同犯罪审判程序中的庭前程序进行专门研究显得很有必要。法庭审判程序包括开庭、法庭调查、法庭辩论、被告人最后陈述和评议宣判五个阶段,其核心是法庭调查与法庭辩论。将法庭调查与法庭辩论相比较,法庭调查是法庭辩论的基础,其实际操作过程不仅要有秩序地出示证明定罪事实和量刑事实的各种证据,还要通过质证(有时甚至是反复质证)来甄别证据,相对于单纯发表意见的法庭辩论程序要复杂得多。因而,法庭调查在法庭审判程序中更具有典型性和代表性。《刑事诉讼法》对共同犯罪的法庭调查、法庭辩论未作出具体规定,相关司法解释规定的内容又非常单薄。[①]因此,详细探讨共同犯罪法庭调查与法庭辩论程序规则并提出相应立法建议,具有重要的实践意义。

第一节　共同犯罪的庭前程序

　　在刑事诉讼中,庭前程序属于审判程序的重要组成部分,它包括公诉审

---

　　① 《刑事诉讼法解释》第235条规定,审判长宣布开庭,传被告人到庭后,应当查明被告人的基本情况,被告人较多的,可以在开庭前查明上述情况,但开庭时审判长应当作出说明。其第243条规定,讯问同案审理的被告人,应当分别进行。其第311条规定,有多名被告人的案件,部分被告人拒绝辩护人辩护后,没有辩护人的,根据案件情况,可以对该部分被告人另案处理,对其他被告人的庭审继续进行。其第314条规定,有多名被告人的案件,部分被告人具有刑事诉讼法第206条第(1)款规定情形的,人民法院可以对全案中止审理;根据案件情况,也可以对该部分被告人中止审理,对其他被告人继续审理。对中止审理的部分被告人,可以根据案件情况另案处理。

查、认罪答辩、争点整理、程序分流、证据开示、审前动议裁决、庭审事务性工作的准备等重要环节。科学合理的庭前程序不仅有利于保障被告人的基本权利,进而促进审判公正,而且对庭前程序进行充分准备,有助于实现庭审的集中审理,从而促进诉讼经济、提高诉讼效率。由于被追诉人的复数性和诉讼客体的牵连性及诉讼行为的关联性等特点,共同犯罪诉讼程序的庭前程序与单独犯罪的庭前程序相比更具复杂性。例如,在我国刑事诉讼中引入认罪答辩程序、证据开示制度和辩诉交易制度的前提下,针对部分被告人作出认罪答辩、部分被告人作出不认罪答辩的情形,如何协调处理认罪答辩与合并分离审判之间的关系?各共同被告人的辩护律师之间能否相互开示证据?如果回答是肯定的,又该如何开示?部分被告人与被害人达成刑事和解或与控方达成辩诉交易、部分被告人未达成刑事和解或辩诉交易,这对后续的庭前程序乃至庭审程序将会产生何种影响?上述问题是司法实践中经常遇到但又容易被忽视的问题。经过检索,《刑事诉讼法》及相关司法解释的规定并不能有效解决上述问题。有鉴于此,本书以共同犯罪庭前程序中的上述几个重要问题为切入点,结合对共同犯罪庭前程序基本理论的探讨,提出完善我国共同犯罪庭前程序的初步设想。

一、共同犯罪庭前分流机制

在刑事诉讼程序中,最为典型的庭前分流机制就是认罪答辩程序。"认罪答辩程序是指被告人在正式的法庭上承认指控事实后法官省略法庭调查而直接进行认定罪名和量刑的刑事简易程序。"[①]设置认罪答辩程序是英美法上的当事人主义诉讼模式的一个重要特征,其理论基础在于承认当事人对诉讼标的的处分权。在刑事诉讼中,认罪答辩程序具有程序分流的重要意义。以美国的认罪答辩程序为例,其运作程序如下:当起诉书被提交法院后,法院安排被告人到庭接受传讯,在宣读起诉书、说明指控的性质并告知被告人享有的权利后,由被告人对指控作出答辩。通常被告人可选择四种答辩方式:有罪答辩、无罪答辩、不愿辩护也不承认有罪的答辩、拒绝答辩。有罪答辩的后

---

① 马贵翔:《刑事简易程序概念的展开》,中国检察出版社2006年版,第123页。

果是法院将不再开庭而径行对被告人作出判决;无罪答辩的后果是法院需尽快安排开庭并做好开庭前的准备;不愿辩护也不承认有罪的答辩与有罪答辩相似,但在不愿辩护也不承认有罪的答辩中,被告人虽然放弃了审判的权利,却没有放弃《美国宪法第五修正案》规定的反对自我归罪的权利,也没有承认犯了被指控的罪行;拒绝答辩则作为无罪答辩处理。

认罪答辩一般在庭前审查程序中完成。庭前审查是指公诉机关指控的刑事案件进入法院视野,其主要目的是通过审查对指控的刑事案件进行过滤,避免不必要和无根据的审判发动,防止滥诉或错诉等不当追诉。在英美法系国家,出于因行政权的天然扩张属性对公民权利和自由的肆意侵犯的恐惧,以司法权制约行政权来保障公民的权利和自由被奉为圭臬。在传统意义上,英美法系国家把公诉权视为行政权的重要组成部分,因此,"法院对公诉的审查,其实质是国家司法机关对作为政府职能部门的检察官是否适当行使追诉权的监督和制约,是司法权对行政权的监督和制约"①。日本现行法对于不当提起的公诉虽然没有设置相应的核查控制机制,但在辩护实务中产生了所谓的"公诉权滥用论"。这种理论主张公诉权被滥用时,应当中止程序。②例如,美国的大陪审团起诉制度和预审程序、英国治安法官主持的预审程序、意大利法庭正式审判前的初步庭审程序、德国的中间程序、法国的预审程序等。

我国目前公诉案件的庭前审查程序具有程序简略、功能单一、审判程序易发等特点,尚有进一步完善的空间。规范意义上的公诉案件的庭前审查的运作步骤应作如下设计:人民检察院向人民法院移送起诉之后,由审查案件的法官(英美法系国家通常由预审法官担任)对起诉书规范与否及有无明显错误进行形式审查,如果存在诸如起诉书制作不规范或法条引用不准确等形式方面的瑕疵或错误,由审查案件的法官向检察院退回起诉书,待补正后再行提起公诉。形式审查通过后,由审查案件的法官对起诉书和移送的案卷材料再进行实质审查,如果认为起诉书具有充分的理由和根据,再启动认罪答辩程序。

---

① 姚莉、卞建林:《公诉审查制度研究》,《政法论坛》1998年第3期。
② [日]田口守一:《刑事诉讼法》,张凌、于秀峰译,中国政法大学出版社2010年版,第139页。

以认罪答辩为基础,另一项重要的庭前分流机制就是辩诉交易制度。辩诉交易(plea bargain)是被告人同意就某项罪名作有罪答辩以便换取公诉人的较低指控、较低刑罚或其他有利被告人之对价的一种程序。[1]庭前程序中,辩诉交易的一般运作程序是:如果控辩双方在认罪答辩程序之前已经就案件事实、定罪和量刑达成了辩诉交易,[2]审查案件的法官将对辩诉交易协议进行审查,审查的内容通常包括对被告人答辩的自愿性的判断、对其答辩能力的判断、对其是否理解指控的判断、对其是否理解有罪答辩可能产生后果的判断、对其是否理解自己放弃的权利的判断和其对答辩的事实性基础的判断等。[3]经审查,审查案件的法官既可以接受辩诉交易,也可以不接受辩诉交易。接受辩诉交易的后果是,案件将省去正式的法庭审理,即不启动罪名认定和量刑程序,亦不组织量刑辩论,法庭将径行对被告人科以刑罚,诉讼即告终结;不接受辩诉交易的后果是,法庭将择日启动正式的审判程序,对案件依照普通程序进行审理并作出判决。

我国目前尚未建立辩诉交易制度,在将来引入辩诉交易制度的前提下,应当对庭前程序中共同犯罪案件的辩诉交易问题作出明确规定。在共同犯罪案件中,由于被告人具有复数性的特点,同案各共同被告人的辩诉交易情况会呈现出较为复杂的状况,这对后续的程序会产生一定的影响。为了说明这一问题,仍以上文中所举的被告人甲、被告人乙、被告人丙和被害人戊故意伤害案为例,如果在审查起诉环节,被告人甲虽然承认自己系故意伤害戊的起意者和纠集者,但指出被害人戊有过错在先,同时指出正是由于被告人乙用木棒击打被害人戊的行为才直接造成被害人戊的头部受到轻伤,由此否认检察官的指控。在此情形下,检察官提出以降格指控的方式换取被告人甲作出有罪答辩,并最终达成了辩诉交易。本案中的被告人乙和被告人丙分别未与控方达成辩诉交易,亦未与被害人戊达成刑事和解。在此情形下,本案的

---

① [美]罗纳尔多·V.戴尔卡门:《美国刑事诉讼——法律和实践》,张鸿巍等译,武汉大学出版社2006年版,第51页。

② 辩诉交易的常见形式是控方以撤销部分指控、降格指控或减轻处罚建议等作为条件来换取被告人作出有罪答辩。

③ 卞建林:《如何看待被告人有罪答辩——辩诉交易的一点启示》,《政法论坛》2002年第6期。

处理方式可能有以下两种:(1)审查案件的法官对被告人甲作出分离诉讼的决定,其理由是:辩诉交易与刑事和解相比,在程序上具有更大程度的独立性,因为辩诉交易的后果是法庭将省去正式的审判,不启动罪名认定和量刑程序,亦不组织量刑辩论而直接进行处刑,因此,可以分离诉讼。(2)该案进行合并审判,省略对被告人甲的法庭调查和法庭辩论程序,由法庭对被告人甲直接科以刑罚。对未达成辩诉交易的被告人乙和被告人丙进行正常的法庭调查和法庭辩论程序,并分别作出定罪和量刑裁判。

二、共同犯罪案件的证据开示程序

在刑事证据开示启动的动力机制上,主要包括法定自动证据开示、申请启动证据开示、法官裁量证据开示三种启动方式。合并审判的证据开示程序较为复杂,因为除了涉及同案被告人与控方之间的证据开示问题外,还涉及同案被告人的辩护律师之间相互向对方开示证据的问题。合并审判的证据开示程序可进行如下设计。

(1)法定自动证据开示。法定自动证据开示是法律明确规定的由控辩双方相互向对方开示证据的诉讼活动,并不以任何一方提出证据开示申请为条件。因此,在共同犯罪合并审判的案件中,人民检察院提起公诉后,应当主动通知各共同被告人的辩护律师到人民检察院或者约定的其他地点进行证据开示。证据开示开始后,首先由控辩双方相互向对方开示证据,然后由同案各共同被告人的辩护律师之间相互向对方开示证据。在控辩双方相互向对方开示证据的活动中,作为控方的公诉人的证据开示范围包括所有拟在庭审中使用的指控犯罪的定罪证据和加重处罚的量刑证据,以及不准备在庭审中使用但有利于被告人的所有定罪证据和量刑证据;作为辩方的辩护律师的证据开示范围包括"不在犯罪现场、患有精神疾病、未达刑事责任年龄、自首、立功"等积极抗辩证据。在同案共同被告人的辩护律师相互向对方开示证据的活动中,证据开示的范围应当以关联性为标准,即同案共同被告人的辩护律师向其他同案共同被告人的辩护律师开示的证据范围仅限于与共同犯罪事实有关的证据(例如,能够减轻被告人在共同犯罪中所起作用的证据)。对于与共同犯罪事实无关的证据(例如,未达刑事责任年龄、患有精神疾病的证据),同案共同被告人的辩护律师有权拒绝向同案其他共同被告人的辩护律师开示。

（2）申请启动证据开示。在共同犯罪案件中,除了一般意义上理解的控方或辩方提出申请而在控辩双方之间进行的证据开示活动外,还有一种可能的情形是:由同案某一共同被告人的辩护律师提出申请,请求同案其他被告人向其开示证据。具体的运作程序是:在预审程序中各共同被告人作出无罪答辩(或者部分共同被告人作出无罪答辩、部分共同被告人作出有罪答辩)之后,如果控辩双方都提出了开示证据的申请,或者控辩任何一方提出了开示证据的申请,抑或是同案共同被告人的辩护律师提出要求同案其他共同被告人向其开示证据的申请,预审法官作出休庭的决定并启动专门的证据开示程序;接着,由控辩双方协商确定证据开示的时间,或者由预审法官征询控辩双方意见后确定证据开示的时间;按照指定的时间,控辩双方携带证据材料到法院,在预审法官的主持下进行证据开示,证据开示的顺序和范围与上述共同犯罪的法定自动证据开示的顺序和范围相同,在此不作赘述。

（3）法官裁量证据开示。对于证据材料较多、案情重大复杂的共同犯罪案件,如果控辩双方既未相互向对方自动开示证据,也未提出申请而进行证据开示,预审法官经裁量后可以组织控辩双方在预审期间开示证据。如果决定组织证据开示,法院应当将证据开示的时间和地点及时通知控辩双方。按照指定的时间,控辩双方携带证据材料到法院,在预审法官的主持下进行证据开示。当然,在法官裁量后启动的专门证据开示活动中,既可以组织控辩双方进行证据开示,也可以组织同案被告人的辩护律师之间进行证据开示,证据开示的范围与上述共同犯罪的法定自动证据开示的范围相同。

三、共同犯罪庭前会议制度

为了确保庭审集中进行,我国于2012年修订的《刑事诉讼法》专门设置了庭前会议程序。在庭前会议阶段,主要解决管辖、回避、证人出庭名单、非法证据排除等与审判相关的问题。庭前会议可以促进审判人员更好地把握庭审重点,确保庭审集中、有序、高效地开展。①虽然《刑事诉讼法》已经规定了庭前会议制度,但是对共同犯罪庭前会议制度并未作出专门规定。比如《刑事诉讼法解释》第226条规定了庭前会议适用的具体情形:"案件具有下列情形之一的,人民法院可以决定召开庭前会议:(一)证据材料较多、案情重大复杂的;(二)控辩双方对事实、证据存在较大争议的;(三)社会影响重大的;(四)需要召开庭前会议的其他情形。"然而,该条规定并没有把共同犯罪案件明确纳入需要召开庭前会议的情形。共同犯罪人数较多,在庭审中不仅要解决各被告人的定罪问题,同时还要对各被告人进行量刑,其中不仅涉及控、辩、审三方,而且辩方内部也存在冲突或合作等复杂关系。为了避免在共同犯罪庭审程序中出现混乱情况,应当明确把共同犯罪案件纳入召开前会议的情形。

在共同犯罪案件的庭前会议制度中,除了解决单人犯罪案件中需要解决的普遍性问题之外,还应当着重解决以下问题。

(1)审查被告人是否获得法律援助。有效辩护权是被告人获得公平审判权的重要保障。在共同犯罪案件中,若所有共同被告人均未有辩护人协助辩护,则会出现单人犯罪案件中存在的类似问题,即控辩不平等。若仅是部分被告人没有辩护人协助行使辩护权,则会导致共同被告人内部之间的辩护地位存在落差。共同犯罪具有复杂性,对法庭调查和法庭辩论的专业性要求更高,若没有专业的辩护人在庭审中协助,则该部分被告人在庭审中很难发表专业性的辩护意见,极易出现量刑不均衡的问题。因此,为了确保庭审程序不间断进行,同时确保各被告人获得有效辩护权,应在庭前会议中对共同犯罪被告人是否有辩护人进行审查,对没有辩护人的、属于法律援助情形的,应当为其指定辩护人;若不符合法律援助情形的,也应当提醒其有权聘请律师进行辩护。

(2)协调辩护观点。共同犯罪案件的突出特征之一就是辩方人数众多,在庭审中不仅要面临控辩双方的对抗问题,还涉及辩方内部关系的处理。比如,在庭审中,各被告人及其辩护人均需要进行法庭调查和法庭辩论,重复性的辩护意见难免会多次在庭审中出现,或者某些辩护观点并不属于案件的争

---

① 胡云腾、喻海松:《刑事一审普通程序修改解读》,《法律适用》2012年第9期。

议点,在庭审中发表类似辩护观点并无益于案件事实的查清,反而会导致诉讼效率降低,不利于被告人获得迅速审判的权利。因此,在庭前会议中,法官有义务提醒辩方协调辩护观点,避免在集中审理程序中发表重复性的辩护观点或者在辩方内部进行不必要的争论,以提高庭审效率。《刑事诉讼法》确立的庭前会议制度,主要内容是审判人员召集公诉人、当事人和辩护人、诉讼代理人对回避、出庭证人名单、非法证据排除等问题了解情况,听取意见。在坚持公正和有利于辩论程序顺利展开的原则下,应当允许共同诉讼各辩方在庭前会议中互相协调辩论观点。庭前会议中,辩方内部若能够达成一致的辩护意见,则无须在法庭辩论程序中相互辩论。

(3)解决相关人员的回避问题。司法回避是确保审判中立的重要因素,主要是指对案件裁判有决定权的相关人员应当具有中立性,若中立性因案外缘由无法保障,如裁判者与案件存在利害关系或其他关系而对案件带有偏见或者可能带有偏见,则应当退出对案件的审理和裁判。在坚持共同犯罪案件以并案审理为主、分案审理为辅原则的前提下,其回避适用的特殊性在于,当任何一个被告人与审判人员或检察人员遇到需要回避的情形时,则该审判人员或检察人员就不得参与该共同犯罪案件的审理。在共同犯罪案件中,特别是在人数众多的案件中,较易出现部分被告人与管辖地审判人员或检察人员存在不利于案件获得公正审判的关系。同时,被告人人数多还极易导致管辖法院整体回避的情形,审判回避问题容易转变为管辖问题。若在庭审开始后协调由回避问题而导致的管辖权变更问题,无疑会造成诉讼资源的浪费。因此,在共同犯罪案件中,通过庭前会议制度解决回避问题属于不可或缺的程序。

可见,共同犯罪案件集中审理的运行,必须以庭前会议作为配套制度之一予以完善,重点关注庭前会议制度的相应变革。

第二节　共同犯罪法庭调查程序

法庭调查是指"在审判人员的主持下,控辩双方和其他诉讼参与人的参加下,当庭对案件事实和证据进行审查、核实的诉讼活动"①。因此,共同犯罪法庭调查是指控、辩、审三方同时在特定的场所内对共同犯罪案件的定罪及量刑事实进行查证和认定的审判活动。法庭调查包括对定罪事实和量刑事实的调查,是庭审程序的关键阶段,也是法庭辩论和最终判决的前提,旨在确保法官形成合理心证。共同犯罪法庭调查程序主要包括对共同犯罪各被告人的询问、证据的调查,涉及如何安排各被告人的询问顺序及犯罪事实的调查顺序,如何提高共同犯罪法庭调查的效率并且兼顾法庭调查的公正性,保障各被告人的基本人权。共同犯罪法庭调查除了适用单人犯罪案件法庭调查的规则之外,还有其特殊规则。为了能够直观且有效地说明共同犯罪法庭调查程序规则,本部分的研究将通过对一则自编案例(能够集中凸显问题的有代表性的共同犯罪审判案例,即被告人三人及以上且全部否认犯罪,审判过程又比较精彩,此类案例在实践中很难找到。为便于对共同犯罪法庭调查、辩论程序的典型问题进行分析,特在综合共同犯罪审判实践的基础上编写本案例)的介评开始。

一、共同犯罪庭审样本案例介评

(一)样本案例:万盛小区盗窃案庭审简介

某市万盛小区发生了一起盗窃案(以下简称"万盛小区盗窃案"),犯罪嫌疑人张宝发、杨力明、范小强被逮捕,但拒不承认犯罪事实。案件移送到检察院后,检察院认为三名被告人虽然拒不承认犯罪事实,但依据警方提供的证据足以认定三名被告人的共同盗窃事实,遂提起公诉。法院在某年12月8日对案件进行了公开审理。公诉人在起诉书中指控被告人张宝发、杨力明、范小强三人经事先策划,于某年10月4日通过翻窗入室的手段进入富康路万盛小区被害人王海玲的居室,盗走金项链3条(被害人自称被盗走18k金项链2条,分别重10克和25克;24k金项链1条,重20克)及中华香烟3条,总价值约15000元。但三人均否认作案。法庭上的证明过程如下。

---

① 陈光中:《刑事诉讼法(第五版)》,北京大学出版社、高等教育出版社2013年版,第340页。

审判长宣布开庭以后,被告人张宝发、杨力明、范小强被带入法庭。在查明身份并告知被告人诉讼权利之后,审判长宣布开始法庭调查。

【公诉人举证、辩护人质证阶段】

公诉人宣读起诉书以后,法官分别询问三名被告人是否承认公诉书指控的犯罪事实,三人均表示不承认犯罪事实。之后法官宣布由公诉人提供证据。

公诉人先对被害人王海玲进行了发问。公诉人要求被害人王海玲陈述她房间被盗窃的经过。王海玲说9月30日她离开家坐火车到九寨沟旅游,10月8日大约12点半回到家里,发现防盗门没有反锁,就觉得情况不妙,因为她清楚地记得走的时候防盗门是反锁的。打开门进去以后,她发现大衣柜里的衣服散落了一地,靠墙的长柜上的几个抽屉全部被拉开,东西扔得到处都是,她立刻意识到被盗。经过清点,她发现被盗物品有金项链3条,其中18k金项链2条,分别重10克和25克,24k金项链1条,重20克,还有中华香烟3条,总价值约15000元。之后她便报了案。

公诉人对王海玲发问以后,三名辩护人分别就被盗物品的数量、规格的准确性反问了被害人,被害人王海玲解释了3条金项链的来源,声明自己的贵重东西自己不可能忘记,3条中华香烟全是软中华,是朋友在三个月前送给他们家的,藏在大衣柜里,结果被盗窃者发现了。

对被害人王海玲的发问结束后,公诉人传唤刑警队主办本案的侦查员程小军出庭作证,主要对话如下。

问:请先讲一下现场勘查的大致经过。

答:常林派出所10月8日下午1点接到富康路万盛小区居民王海玲报案,称其家中被盗。公安局分局刑警队于下午2点赶到失主王海玲房间——1幢3单元302室。

现场勘查发现,防盗门完好无损,盗窃者从西卧室窗户爬入室内,然后在东卧室搜索到了被盗物品。而从西卧室爬窗入室需要从一楼攀爬至三楼,盗窃者主要依托的工具是一楼至三楼的空调室外机,作案后他们打开防盗门离开。

现场未提取到鞋印、指印等痕迹，但在西卧室窗台上也就是进入房间的窗台上发现了一枚铜纽扣，被害人辨认后说，他们家从来没有这种纽扣。初步认为是作案人爬窗入室时遗留在现场的。

盗窃时间应在9月30日至10月8日之间。考虑到从一楼攀爬至三楼，作案者要想不被人发现，一般会选择在深夜进行作案。经了解，对门住户在10月4日凌晨3点钟曾听到被盗住户防盗门开关门的声音，所以确定作案时间在10月4日凌晨3点。

侦查员讲完现场勘查的大致经过后，张宝发辩护人问被害人王海玲，西卧室窗台上警察提取的铜纽扣是否经过她的辨认。王海玲表示她家确实没有那样的纽扣。

此后，公诉人对侦查员程小军进行具体发问。

问：现场勘查中你所发现的最有价值的信息是什么？

答：最有价值的信息就是在西卧室的窗台上发现的一枚纽扣。王海玲当场辨认说她家不可能有这样的纽扣，怀疑是入室行窃者翻窗时遗留。

问：10月8日下午，现场勘查结束之后，你还发现了哪些和被告人张宝发有关的信息？请按照时间顺序列举出来。

答：第一，调取监控录像显示，10月4日凌晨3:20至3:30，万盛小区大门口先后出来三个人，其中一个人较高，两个人较矮。高个子提着一只装满物品的黑色袋子。这三个人从大门口出来后，在门口右拐约50米的路边会合。几分钟后，三人一起打了一辆出租车。这辆出租车走了大约3千米，停在了陶海路38号陆家桥小区门口。三人从出租车上下来后进了小区。进大门时，由于大门已经关闭，三人叫醒门卫开门后进入小区。门卫叫高在意。经询问，高在意说，10月4日凌晨叫门的人他认识，名叫张宝发，住在小区3幢3单元106室，至于另外两个人，他没有注意。经调取户籍资料得知，张宝发28岁，身高1.62米，身材矮小，应属于三人中最小最瘦的人。

对此证据的法庭审查过程如下。

第一，法庭应公诉人要求播放了监控录像的相关内容，并且解释了此监控录像显示信息的重要性。公诉人说，王海玲的对门住户曾在10月4日凌晨3点听到王海玲家防盗门关门的声音，此时极有可能是盗窃者作案后离开现场的时间。另外，从大门口出来的三个人一高两矮，不仅人数相同，而且体态相似，其中一个较矮、较胖的人走路有点跛脚，这一特征和范小强的走路特征相同。3:20至3:30在小区门口通常没有任何行人的情形下，出来的三个人极有可能是本案犯罪嫌疑人。

此处张宝发的辩护人认为，根据侦查员程小军的说法，小区面积很小，如果犯罪嫌疑人凌晨3点离开现场，走到大门口3分钟就够了，根本不用花20—30分钟，其要求传唤王海玲的邻居出庭作证，确定准确离开现场的时间。此外辩护人质疑陆家桥小区门卫高在意是否看清楚了叫门人是张宝发，要求传唤高在意出庭作证。

针对辩护人的此项要求，公诉人再次发问被害人和邻居交往的大致情况。被害人王海玲说9月30日晚饭后，她离家时碰到邻居，的确曾告诉邻居去九寨沟旅游，大约10月8日回来。她旅游回来正在开防盗门时，恰好碰到邻居，邻居主动和她说了10月4日凌晨3点曾经听到防盗门关门的声音，本来想立即打电话给她，但因为没有她的手机号而作罢。公诉人还进一步解释说，他随后的举证会进一步说明作案时间为10月4日凌晨3点。鉴于此，法官驳回了辩护人的请求。

对辩护人提出的从离开现场到大门口的时间根本不用20—30分钟的质疑，公诉人认为根据现场勘查情况，翻窗入户的极有可能只有一个人，另外两人在楼下望风。犯罪嫌疑人离开现场后可能在小区院子里逗留了一会儿，耽误了一定的时间。

对辩护人要求高在意出庭作证的请求，公诉人解释说，本案侦查员之所以很快找到张宝发便查明他的身份就源于高在意提供的线索。公诉人随后的举证将进一步说明高在意所说的是否真实,可以暂不传唤高在意出庭作证。鉴于此,法官暂时驳回了辩护人的此项请求。

　　第二,监控录像显示,10月6日上午,张宝发走出陆家桥小区大门,向左拐约150米到大金田路口,有一高一矮两个人已在路口等候,其中高个子还提着个黑色的包。三人汇合后又往左拐大约60米,到达一家金银首饰打制店铺门前,约10分钟后离开。监控录像显示三人和店主有交谈和传递物品的动作,并进出店铺。之后,三人又走入马路对面的一家香烟店,大约5分钟后离开。此后,张宝发原路返回,另外两人打了辆出租车离开。

此时法庭应公诉人要求播放了监控录像的相关内容,然后当庭分别讯问三名被告人,监控录像上显示的三人是否是他们本人。由于此段监控录像显示的是大白天的情形,三名被告人的相貌显示得比较清楚,三名被告人当庭承认是他们本人。随后,公诉人解释说,本案失主王海玲家被盗3条金项链和3条中华香烟,此证据证明三人极有可能是去销赃的。另外,此三人的身高体态和刚才播放的10月4日凌晨3时许离开万盛小区的三个人相似,特别是范小强走路跛脚在这里得到了进一步印证。据此,公诉人认为他们是同一伙人。

对此,辩护人认为,虽然监控录像显示的三人和10月4日凌晨3点走出万盛小区的三人体貌特征相似,但不宜简单判断他们是同一伙人。

　　第三,在获取上述情况后,刑警队于10月12日对张宝发住处进行了搜查并依法拘留了张宝发。随后,根据张宝发的交代,又在绿陵小区拘留了10月6日上午跟他一起去首饰店和香烟店的另外两个人。其中高个子名叫杨力明,矮个子名叫范小强。在张宝发住处的大衣柜里,刑警发现一件有铜纽扣的紧身上衣,该上衣缺少一枚铜纽扣,刑警便对此上衣予以扣押。在杨力明住处,刑警发现了一只黑色仿皮皮包,包里装着6条中华香烟。这只仿皮皮包与杨力明10月6日上午去首饰店和香烟店时所提的包相似。

此时,应公诉人要求,侦查员程小军出示了紧身上衣原物、现场提取的一枚铜纽扣原物和黑色仿皮皮包及6条中华香烟的照片。紧身上衣经张宝发当庭辨认无误,黑色仿皮皮包及中华香烟照片经被告人杨力明辨认无误。上述所有物证也经过辩护人查验。公诉人在解释物证的重要性时说,现场提取铜纽扣一枚,而张宝发的紧身上衣恰好缺少一枚纽扣,而且这枚纽扣和衣服上的其他纽扣的大小和颜色相同,其认为张宝发穿紧身上衣翻窗入户时,不小心把一枚铜纽扣遗落在现场。关于黑色仿皮皮包和中华香烟,公诉人认为杨力明去首饰店和香烟店手提的黑包和他们扣押的黑色仿皮皮包是同一个包,而且杨力明去首饰店和香烟店时包里装的就是中华香烟,回到他的住处后,他随手将包放在桌子上未加清理。

杨力明的辩护人认为,监控录像距离较远,显示头像模糊,侦查员据此判断扣押的皮包和监控录像里杨力明手提的黑色皮包是同一个皮包,缺乏足够的说服力,而且失主报案称说丢失的香烟是3条,而杨力明包里装着的香烟有6条,这应该是一个疑点。

张宝发的辩护人特别提醒法官注意,经查验,现场提取的纽扣和张宝发紧身上衣上的纽扣虽然颜色、大小相似,但经仔细辨认,纽扣上的图案并不相同,同一件衣服使用不同的纽扣不符合日常生活经验。但公诉人认为本案张宝发紧身上衣的纽扣有可能在案发前就掉落过一枚,因找不到完全相同的纽扣就找了个相似的缝补上去,结果又掉落在现场。

第四,10月13日,程小军和另外两名侦查员去金银首饰打制店询问店主。因店主拒不承认收购金项链的事实,刑警队随即对店铺进行依法搜查。虽然没有找到金项链,但找到了一个交易记录本,在交易记录本最后一页的空白处发现了用铅笔写的字迹"18k,35×300×0.75=7875;24k,20×300=6000;7875+6000=13875"。

公诉人要求侦查员当庭出示交易记录本,展示最后一页的空白处记录的上述文字内容,三位辩护人当庭分别查验无误。

随后,经公诉人要求,传唤首饰店店主出庭作证。经公诉人询问,店主当庭承认交易记录本是他自己的,最后一页上的字迹也是他写的。对于辩护人的发问,店主对字迹的解释是,很久以前有人打电话询问金项链的价格,他就随意拿起一支铅笔写下了上面的文字,至于三名被告人10月6日到店里去的情况,店主说好像记得有三个人来过店里,但是不是被告人三人他已记不清了,还说三人来店里只是询问制作戒指的价格而已,随后就走了。

让店主退庭后,公诉人解释说,交易记录本上的字样所具有的证据价值是十分明显的:"18k,35"恰好是失主丢失的2条18k金项链的重量,"24k,20"恰好是失主丢失的24k金项链的重量。公诉人合理推断,三名被告人在10月6日去首饰店和店主谈收购金项链的事,店主在交易记录本上写下了价格计算方法。而辩护人认为,监控录像只是显示了三名被告人去过首饰店,但他们去店里究竟做了什么,公诉人仅凭记录本上的字样就做出交易的推断,有主观臆断之嫌。

【庭审进入集中听取并审查被告人对公诉人举证的意见阶段】

上述公诉人的举证结束后,审判长便要求三名被告人发表对公诉人全部举证的看法。为了避免互相影响,在询问一名被告人时,另外两名被告人被法警带出法庭候审。

被告人张宝发说:

警察在房子里找到的那颗纽扣根本不是我本人的,型号也不对,我衣服上缺少一颗纽扣已经是很久以前的事了,以后再没有补过。案发时我在家里睡觉,10月4日凌晨3点走出万盛小区的三个人中没有我。陆家桥小区门卫高在意虽然认识我,但他说那天晚上我叫门,这是胡说八道,压根不可能。至于10月6日上午我们三人去首饰店、香烟店的事,是因为我们相约去一处新开辟的景点"逍遥宫"旅游而进去问路的。询问首饰店老板,老板说不知道,后又问香烟店老板,他也说不知道。事后我们三人又临时取消了旅游计划,各自回家了。

张宝发说完后,公诉人问他在家睡觉谁能证明时,张宝发说房子是他独立租用的,那天晚上也没有别人跟他睡在一起,所以无人能证明。公诉人又问张宝发:既然是问路,在首饰店为何要停留那么长的时间,还跑进了店里?张宝发说因为除了问路还和老板聊了会儿天,走到店里面是为了洗手。

被告人杨力明说,10月4日凌晨,他也在家里睡觉,对外面发生的事一概不知,录像上显示的10月4日陆续走出万盛小区的三个人中没有他。10月6日上午他们去首饰店、香烟店是问路的,当时提的黑色包里放的是食品和衣物,警察在他住处发现包里装着6条中华香烟是他回家后临时装进去的,他准备给别人送礼,香烟是他自己买的。

公诉人问他在家睡觉谁能证明时,杨力明回答说房间里只有他一个人,无人能证明。公诉人问他:既然是去问路,那么他们准备到哪里?杨力明回答他们准备去一家传说有歌舞表演的东北菜馆吃饭。公诉人又问他:到首饰店问路为何用那么长时间,进店里干什么?杨力明说进入首饰店是临时起意,他想打听金银首饰的价格,给女朋友买首饰,所以关心这些事。

被告人范小强说,10月4日凌晨他在家里睡觉,无人可以作证。"10月6日上午去首饰店、香烟店是问路的,具体去哪儿我不太关心,我们是好朋友,他们说去哪儿我就去哪儿,向来如此。我走进首饰店是为了上厕所。"

【对质程序】

三名被告人的集中陈述和对其陈述盘问结束后,公诉人认为,鉴于被告人张宝发否认侦查员程小军提供的10月4日凌晨陆家桥小区门卫高在意看到过他的证据,建议传唤高在意出庭作证,并与被告人张宝发对质。同时,公诉人认为三名被告人各自陈述之间多有矛盾之处,建议组织三名被告人进行对质以便澄清:第一,10月6日上午三人到首饰店里面到底做了什么?第二,三人到首饰店所谓问路的具体情况。而辩护人认为,三名被告人都已经表明了自己的见解,如果公诉人有什么不清楚的地方可以单独盘问,就是让他们一起对质也解决不了问题。合议庭经短暂评议后,审判长宣布同意公诉人的对质建议,决定先由三名被告人相互对质。张宝发和杨力明被带入法庭后,三名被告人站成一排开始进行对质。

关于三名被告人到底为什么进入首饰店,公诉人问:张宝发说他进入首饰店是要洗手;杨力明说他进入首饰店是想打听首饰价格;范小强说他进入首饰店是去上厕所的。对此,被告三人作何解释?三名被告人沉默一会儿后,杨力明首先说进入首饰店之前本来就没有商量过,各干各的。张宝发和范小强随即表示同意杨力明的说法。

此后三个辩护人也表示,各干各的,并不矛盾。

关于三个被告人问路的目的地,公诉人问:张宝发说问路是打听去"逍遥宫"的路线,而杨力明说是打听去一家东北菜馆的路,你们到底问的什么路?请张宝发和杨力明解释清楚。沉默一会儿后,杨力明说他们打算先吃饭,然后再去"逍遥宫"。在问路的时候,张宝发问的是去"逍遥宫"的路线,而他问的是去东北菜馆吃饭的走法。张宝发随即表示事实就是这样。公诉人追问道,既然如此,为何张宝发在刚才回答问路目的地时只说了"逍遥宫"而没有涉及去东北菜馆吃饭的事,杨力明则只讲了去东北菜馆吃饭而未讲去"逍遥宫"的事情?对此,张宝发说他最关心的是去"逍遥宫"旅游,所以就讲了主要的;杨力明则说他最关心去东北菜馆吃饭的事,所以没说去"逍遥宫"旅游的事。

陆家桥小区门卫高在意被传唤到法庭后,公诉人问他是否认识庭上的三个人,高在意指着张宝发说自己认识他,张宝发住在他们小区,进出门口经常见面打招呼。公诉人又问他:10月4日凌晨大约3时许,是否见过张宝发?高在意说他见过,警察还问过他,他做了笔录,按了指印。公诉人让他讲一讲当时的情形,高在意说,那天凌晨,小区大门已经关闭,他也快要睡着了,突然听到有人敲窗玻璃的声音。高在意问是谁,便打开了窗户,发现是张宝发在叫门。当时高在意还问张宝发,怎么这么晚才回来,张宝发说自己去外面吃饭了。高在意按了电动按钮后大门慢慢打开,发现他们总共进来三个人,其他两个人高在意没注意。

公诉人问高在意怎么那么肯定看到的是张宝发。高在意说,肯定没有问题,张宝发的声音、长相、身材,他一看就知道。这时公诉人转而问张宝发对高在意的说法有何意见,张宝发犹豫了一下后,说反正那天他在家里睡觉,高在意肯定是看错人了。公诉人又问高在意是不是看错了,高在意说自己绝对不会看错。

公诉人又问高在意,对另外两个人是否真的没有一点印象,让他回忆一下。高在意说只记得其中一个人个子比较高。公诉人让他好好回忆一下当时的情形。此时三名辩护人表示反对,认为公诉人是在诱导,要求停止提问。法官表示公诉人可以继续提问。高在意回忆了一会儿说,他记得当时他们三个人进大门后,其中一个人说:"老大,你不是说要买香烟吗?我替你去买。"这时,走在最前面的高个子回头说了一句:"不用买了。"

此时公诉人让他看一看法庭上的三名被告人中有没有他所说的高个子,高在意辨认了一会儿,指着杨力明说应该是他,有点面熟。此时杨力明的辩护律师问高在意:"你确定是他吗?"高在意说:"不能说完全确定,但可以说很像他。"辩护人进一步追问:"当时天还没有亮,你能看清他的面孔吗?"高在意说:"当时大门口有一盏灯是常亮的,虽然灯光不太明亮,但大致可以看清楚一个人的脸。"辩护人问:"不要说'好像''大概',到底看清楚没有?"此时公诉人表示反对,说证人高在意描述的是事实,他不肯定但是他说很像,这符合日常生活经验。辩护人进一步追问,请高在意解释为什么会认为很像。高在意说他当时回头的时候看到的人长脸、白皮肤、长头发,戴着一副眼镜,与现在庭上的这位高个子很相似。公诉人进一步问高在意说:"你刚才说进大门时有一个人问:'老大,你不是说要买香烟吗?'你确定有人问过这句话吗?"高在意说:"确定,但肯定不是张宝发问的,应该是第三个人问的。"公诉人进一步强调:"你确定在问话里有'老大'这个词吗?"高在意回答:"确定。"

【法庭辩论阶段】

在上述公诉人举证和证人对质结束后,审判长宣布法庭调查结束并转入法庭辩论。鉴于本案是共同犯罪案件,案情相对复杂,审判长要求公诉人先总结证据证明力,辩护人可做总结性质疑。

公诉人认为,被告人张宝发、杨力明、范小强合伙盗窃他人财物,已有足够的证据支持,证据的综合证明力已经达到了无合理怀疑的程度。

首先,对三人实施共同盗窃行为有统一的、直接的证明价值的证据如下。

第一,10月4日凌晨3时许,也就是失主王海玲的邻居听到防盗门关门声音之后的20分钟内,从万盛小区出来的三个人共同打了一辆出租车到陆家桥小区,并且三人的体貌特征与三名被告人的体貌特征很相似。这一证据对于证明三名被告人作案后离开现场具有直接价值。

第二,监控录像显示且三名被告人都承认案发两天后的10月6日上午10时许,三人一起去过首饰店和香烟店。此事实的重要性在于:其一,三人的体貌特征和10月4日凌晨从万盛小区出来的三人的体貌特征高度相似;其二,王海玲丢失了金项链和香烟,而三名被告人事后恰巧去了首饰店和香烟店。此事实对于证明三人盗窃后去销赃具有重要的直接的证明价值。

第三,从首饰店找到的交易记录本上写有"18k,35×300×0.75=7875;24k,20×300=6000;7875+6000=13875"字样,与王海玲丢失的金项链的数量、型号、价格高度吻合;从杨力明处找到了装有中华香烟的黑色皮包,并且这个皮包和监控录像显示的10月6日上午三人去首饰店和香烟店时杨力明所提的皮包相似。这两项证据对于证明包括张宝发在内的三名被告人涉嫌盗窃后销售赃物具有进一步的直接且重要的证明价值。

第四,三名被告人都说,10月4日凌晨他们在家睡觉,但没有人能证明。而且,三名被告人对进入首饰店的目的和所谓问路的目的的解释自相矛盾,这也对三人共同实施盗窃行为起了一定证明作用。

其次,对三名被告人各自实施盗窃行为有直接证明价值、对共同实施盗窃行为有间接证明价值的证据如下。

对于被告人张宝发而言:第一,现场提取到的纽扣和从被告人张宝发住处找到的缺少一颗纽扣的紧身上衣相吻合。这种吻合不仅是数量上的吻合,更重要的是这颗纽扣和衣服上的纽扣颜色和直径相同,虽然经仔细辨认这颗纽扣的图案花纹和衣服上的其他纽扣的图案花纹并不相同,但放在一件衣服上常人是看不出来的。那么为什么张宝发的衣服上使用的这颗纽扣与其他纽扣有微小差别?合理解释应当是此案发生前张宝发穿的这件衣服就掉了一颗纽扣,但因为找不到完全相同的纽扣,就找了一颗类似的纽扣缝补上去,这完全符合日常生活经验,公诉人就有过相同的经历。现场提取到的纽扣和从被告人张宝发住处找到的缺少一颗纽扣的紧身上衣相吻合,这对于证明张宝发到过案发现场有重要且直接的证明价值。

第二,陆家桥小区门卫高在意非常确定地指认张宝发就是10月4日凌晨要求开大门的人。这一事实对于证明张宝发涉案后离开现场回家具有重要的直接的证明价值。

第三,被告人张宝发身形瘦小,体重只有90斤,身高只有1.62米,此证据对于证明张宝发具有攀爬能力并进而对证明张宝发入室行窃具有一定的证明价值。

对于杨力明而言:10月4日凌晨从万盛小区打的到陆家桥小区以后,门卫高在意说有一个高个子、长脸、白皮肤、长头发、戴眼镜的人,和本案被告人杨力明相貌很像。这一证据对证明杨力明存在盗窃行为具有重要的直接的证明价值。

对于范小强而言:10月4日凌晨从万盛小区出来的三个人中,有一个人走路跛脚,这一特征和范小强本人的实际状况相符合,这一证据对于证明范小强参与盗窃行为有直接的证明价值。

以上证据所构成的证据链已经无合理怀疑地证明了三名被告人共同实施了盗窃王海玲财物的行为。把这些证据连贯起来,可以合理推断出三名被告人的大致盗窃过程:三名被告人图谋盗窃,经踩点和策划,发现王海玲家适合盗窃。三人于10月4日凌晨大约2:30到达万盛小区王海玲家楼下,按计划由身体瘦小、具有攀爬能力的张宝发攀爬至王海玲家西卧室窗口进入房间,杨力明和范小强在楼下院子里望风。张宝发入室以后经仔细寻找,在东卧室找到了王海玲放在抽屉里的首饰盒,拿到3条金项链,又在大衣柜里找到了3条中华香烟,之后打开反锁的防盗门下楼。在张宝发进入西卧室时,由于身体和窗户的摩擦作用,导致一颗纽扣掉落在现场,但张宝发并未发现。当他打开防盗门出去时,恰好被对门的邻居听到关门声。张宝发下楼到达院子以后,在小区里逗留了十几分钟。为避免引起他人注意,三人决定分头走出大门。走出大门以后,三人打了一辆出租车到达张宝发的住处陆家桥小区,进大门时,被门卫高在意目击。两天以后,三人决定把偷到的东西卖掉,于是相约在金田路口会合。他们到达首饰店后,先在门口和老板交谈,老板随后让他们到店里面详谈。在店里,三名被告人和老板就3条金项链的交易达成协议,获得赃款13875元,首饰店老板之所以不承认金项链交易的事,是担心为此承担私自买卖黄金的法律责任。随后三人又到香烟店,但因价格问题没有和老板谈拢,于是三人决定各自回家,香烟由杨力明带回住处。

公诉人总结完以后,三名被告人的辩护人共同推举了张宝发的辩护人对公诉人的举证发表了三名辩护人都同意的总结性质疑,其观点基本重复法庭调查时的观点。辩护人在最后的总结中主张,根据法庭调查和辩论形成的一个基本事实是公诉人提出的证明三名被告人共同盗窃的证据不能达到《刑事诉讼法》所要求的排除合理怀疑的程度。随后,杨力明的辩护人和范小强的辩护人各自发表了独立观点,都强调直接证明杨力明、范小强盗窃的证据不足。

在公诉人和辩护人各自总结完毕后,审判长要求控辩双方发表量刑意见。

公诉人认为,张宝发亲自攀爬入室实施盗窃行为,在本案中发挥了主要作用,宜认定为主犯;杨力明在三人中到底具有什么样的地位?陆家桥小区门卫高在意在出庭作证时提到,10月4日凌晨三人进大门时,有人喊他"老大",因此在案件中杨力明有可能是主要策划人和领导人,建议法庭把杨力明也列入主犯之列。至于范小强,从现有证据来看,应该只是一个协助者,建议法庭认定其为从犯。

三名辩护人在辩护中首先强调的基本观点是指控三人盗窃的证据不足,而审判长要求发表量刑意见,并不意味着对此基本观点的放弃。之后张宝发的辩护人认为,张宝发在三人中年龄最小,又没有前科记录,建议法庭量刑时考虑这一情况;杨力明的辩护人强烈主张,证明杨力明是主犯的证据仅仅是公诉人提出的高在意听到的"老大"一词是不够的,认为杨力明应该属于从犯;范小强的辩护人认为范小强应属于从犯。

在控辩双方发表了量刑意见之后,审判长宣布听取被告人最后陈述,之后审判长宣布因本案案情复杂,合议庭决定提交审判委员会讨论决定后宣判。

(二)样本案例简评

第一,该案的一个明显特征是三名被告人都否认犯罪,其法庭调查过程是共同犯罪中最复杂的,而这种复杂性为全面解读共同犯罪法庭调查程序创造了良好条件,所以可将该案例视为典型案例。①

第二,该法庭调查过程总的来说是顺畅的,没有发现违反《刑事诉讼法》规定的情形,②公诉人出示的所有证据都引发了辩方比较多的辩论,这种辩论是否有法庭辩论提前之嫌? 实际上,根据《刑事诉讼法解释》第267条的规定"举证方当庭出示证据后,由对方发表质证意见",这样的提前辩论是合法的。③更重要的是,每个法庭调查过程是有效率的,未发现明显累赘之处。这说明本案的法庭调查有成功的经验可供总结。

第三,本案的证人对质花费了较多时间,有些是较为成功的。比如被告人张宝发和陆家桥小区门卫高在意的对质,不仅凸显了高在意证言的真实性,而且进一步挖掘出其他有价值的信息。而三名被告人的对质却收效甚微,这一现象提醒我们如何有效率地组织对质,特别是涉及多人对质的情形时,应当设置什么样的规则来尽可能避免弄巧成拙,这是必要的。

二、共同犯罪法庭调查的基础规则:隔离审查规则

共同犯罪并案审理程序中涉及多个被告人出庭接受法庭调查,为了防止串供,应当对被告人采用分别调查的方式,即隔离审查规则。隔离审查的含义是在共同犯罪中任何一名被告人的陈述不得让别的被告人知晓。在被告人不保持沉默的情形下,此规则有利于防止共同被告人之间相互交流陈述信息而发生可能改变陈述内容的现象,也就是通常人们所说的"串供",不利于对案件事实的查明。《德国刑事诉讼法典》中有类似规定,该法典第247条规定:"如果在被告人在场的情况下,共同被告人或证人在询问时将有说不出真

---

① 根据我们调查获取的信息,实践中大多数共同犯罪被告人是承认犯罪的,可以说几乎不存在法庭调查。少部分案件的被告人则是部分认罪、部分不认罪的,在这种情形下,不妨让认罪的被告人指证另一部分不认罪的被告人,再辅之以其他证据,法庭调查的过程往往也较为简单。

② 《刑事诉讼法》和有关司法解释规定的法庭调查程序总的来说比较宽泛,采用可以这样或可以那样的表述,给法庭调查提供了宽松的环境。当然,造成这种状况的原因主要是法学界对法庭调查规则科学性的探索不足而造成的规则缺失。

③ 法庭调查质证中自然引起的辩论反映了案件调查的规律,《刑事诉讼法》关于法庭调查和法庭辩论的明确划分本来就有改革的必要,这个问题将在后文进行专门讨论。

相之虞,法院可以命令被告人在此询问期间离开庭审。"①此外,在庭审中一般也不允许被告人互相提问,《德国刑事诉讼法典》第240条规定的提问权中,就明确规定不准许共同被告人直接向被告人提问。②在法庭调查中具体实施该规则,是指在现有技术条件下,需要在一名被告人陈述事实时将其他同案被告人带出法庭,这也是共同犯罪法庭调查比单人犯罪法庭调查更耗费审判时间的重要因素之一。由于串供消除了虚假口供直接的矛盾,甚至可能促使证明犯罪事实的证据链条增加合理怀疑从而直接威胁到事实的查明,加之多个被告人出现在同一法庭上极易互相影响,隔离审查措施往往成为共同犯罪法庭调查首先考虑的规则构成,并且由此影响其他规则的运行,隔离审查规则是共同犯罪法庭调查的基础性规则。

隔离审查规则当然也有例外,这些例外主要表现在以下几个方面。

(1)对质的例外。对质以双方面对面为必要条件,其实质是就矛盾的陈述者直接互相辩论。如果隔离,就无法实现对质。所以从理论上讲,当对质的必要性超过隔离的必要性时,对质就应该举行。《刑事诉讼法解释》中对此已有规定,对于共同犯罪案件中的被告人,庭审中的讯问应当分别进行,而在合议庭认为必要的时候,可以传唤共同被告人到庭对质。③

(2)无关事实例外。如果被告人陈述的内容与案件事实无关,即使被告人之间相互知道陈述内容,也不会发生串供,那么被告人之间可以不隔离,这样可以尽可能地提高审判效率。比如根据《刑事诉讼法》的规定,开庭阶段被告人回答审判长查明身份的问题,可以看作与案件无直接关联,或者无关案件事实。

(3)单独事实例外。如果被告人陈述的内容只涉及本人的事实,而并不直接涉及其他被告人的事实,也可以不隔离。如在前述万盛小区盗窃案中,第一被告人张宝发就现场提取的纽扣所作的陈述,就属于不直接涉及另外两

---

① 《德国刑事诉讼法典》,宗玉琨译,知识产权出版社2013年版,第198页。

② 《德国刑事诉讼法典》,宗玉琨译,知识产权出版社2013年版,第192页。

③ 《刑事诉讼法解释》第243条规定:"讯问同案审理的被告人,应当分别进行。"其第269条规定:"审理过程中,法庭认为有必要的,可以传唤同案被告人、分案审理的共同犯罪或者关联犯罪案件的被告人等到庭对质。"

名被告人的单独事实,可以不隔离。虽然被告人张宝发把纽扣掉落在现场也是整个犯罪事实的组成部分,但只有他一个人进入现场,并且把纽扣遗落在现场,另外两名被告人杨力明、范小强并不在场,当时也并不知情,即使他们听到张宝发关于纽扣的陈述,也不会发生串供。

(4)共同沉默的例外。任何人不得自证其罪,在法庭上,被告人应当享有沉默权,如果共同被告人全部保持沉默,也就不存在串供问题。在具体适用时,如果有部分被告人临时放弃沉默,应恢复适用隔离规则。

三、共同犯罪法庭调查的基本规则:整体调查规则

整体调查是相对于个别调查而言的。个别调查是指对各个共同犯罪人的犯罪事实进行个别调查;整体调查是指把共同犯罪人的犯罪事实作为一个整体进行调查,而不必按照人头分别调查每个人的事实。由于在共同犯罪案件中,无论犯罪主体有多少,行为都具有整体性,因此,对共同犯罪某项事实的整体调查,可以实现对所有主体相互关联行为的合并调查,从而收到一举数得的效果。

在具体的法庭调查中,所谓一举数得主要体现为,向所有被告人集中出示证据,有效避免单独出示证据造成的重复出示证据的现象。共同犯罪行为的共同性往往导致某项证据或几项证据同时涉及所有被告人或部分被告人,如果按照起诉排序的顺序对被告人依次单独出示证据,就会导致一项证据多次重复出示,严重影响诉讼效率。比如在前述万盛小区盗窃案中,除了现场提取的纽扣和从被告人张宝发住处查到的一件紧身上衣涉及被告人张宝发的个人证据信息之外,其他证据均属于共同证据,如:被害人就被盗情况所作的陈述,10月4日凌晨万盛小区大门口的监控录像,陆家桥小区门卫高在意的证言,10月6日上午三名被告人去首饰店和香烟店的监控录像,首饰店老板的证言,在首饰店搜查到的交易记录本,在杨力明住处搜查到的装有6条中华香烟的黑色皮包。如果依照指控排序进行调查,那么在调查张宝发时出示了上述证据之后,在调查杨力明、范小强时也应再行出示,所耗费的时间是集中出示所费时间的三倍。而事实上,法庭在审理该案时采用的正是这种整体调查方法,收到了良好效果。

整体调查的本质是不以人为标准确定调查方法,这样的话,即使是个别事实,也可以和其他整体事实一并予以调查,在这种情形下,依据前面的隔离审查单独事实例外规则,也无须将别的被告人带出法庭。比如在前述万盛小区盗窃案中法庭关于被告人张宝发纽扣和紧身上衣的调查,就是作为整体事实的一部分来调查的。

四、共同犯罪法庭调查的选择性规则

除了隔离审查、整体调查这些普遍性规则以外,根据不同案件审理的特殊情况,还有一些可在不同情形下选择适用的规则,适用这些选择性规则可达到提高效率,或增强法庭调查、探索真相的能力的效果。

(一)被告人集中质证规则

在法庭调查阶段,被告方有时也有出示证据的需要。如果一个案件中有多名被告人,而法官没有裁定分案审理的,则每一名被告人都有一次集中举证的机会。[①]对于被告方的集中举证,控方应当进行集中质证。

当然,在刑事诉讼中,控方承担证明指控成立的举证责任。控方出证、辩方质证是法庭调查的基本模式。辩方由辩护人和被告人组成,即使在被告人聘请辩护人的情况下,其仍然应当享有质证的权利。具体操作时,可先听取被告人的质疑,然后再听取辩护人的质疑。在公诉人出示每项证据后,及时听取被告人意见是理所应当的事情。如果在出示完所有证据后,再听取被告人意见,至少存在被告人可能因为遗忘前面出示的部分证据,而要求重新出示的弊端。

然而,在共同犯罪案件中,被告人涉及多人,如果每项证据都分别听取意见,那么为了遵守隔离审查要求,在听取任何一个被告人意见的时候,其他同案被告人都应当退庭,并且在听取第一个被告人的意见后,再听取任何一个别的被告人意见时,都应当把出示给第一个被告人的证据重复出示一遍。这样看来,有多少被告人就要重复出示多少遍,而这仅仅是出示一个证据需要

[①] 孙长永:《当事人主义刑事诉讼中的法庭调查程序评析》,《政治与法律》2003年第3期。

经历的步骤。如果有多个证据,每一个证据的质证都要经历相同的步骤,由此造成的"讼累"显而易见。比如,五名被告人有5项证据,则所有被告人总共需要退庭25次,公诉人出示证据的总次数也达25次,如果遇到10人以上的共同犯罪,其困难度可想而知。比如在前述万盛小区盗窃案中,公诉人出示的证据大致可以归纳为以下8项:①

(1)被害人王海玲对被盗情况的陈述;

(2)刑警队侦查员程小军对现场勘查所作的陈述,特别是关于现场提取的纽扣的陈述;

(3)10月4日凌晨,万盛小区大门口的监控录像;

(4)10月6日上午,三名被告人去首饰店、香烟店的监控录像;

(5)当庭出示的纽扣和紧身上衣;

(6)当庭出示的装有6条中华香烟的黑色皮包;

(7)当庭出示的在首饰店搜查到的交易记录本;

(8)首饰店店主出庭所作的陈述。

如果法庭在出示上述每一项证据后都要立即听取被告人意见,并遵守隔离审查规则,那么三名被告人总共需要退庭24次,证据的总共出示次数也达24次。所以,在本案中,法官采取被告人集中质证,集中听取被告人意见的方法,能在不损害真相探明的情形下大幅度地提高诉讼效率,应予以充分肯定。

为了避免出现较严重的拖累诉讼的现象,可以考虑在公诉人出示了全部证据后,再听取被告人的质证意见,这样的证据调查规则就是集中听取被告人质证意见的规则。

坚持被告人集中质证规则还附带如下优点:其一,可以凸显专业性质证和非专业性质证的分层,在被告人集中质证之前,由作为专业人员的公诉人和辩护律师进行质证,有利于尽可能地消除被告人的非专业性质证对专业性质证的影响及造成的一定程度的混乱,从而使法庭调查更富有逻辑性;其二,可以有效防止每一项证据单独出示,分别由多名被告人发表意见造成的过度

---

① 关于证据的数量问题,比如什么是一个证据,或者什么是一项证据,法律并未作出明确规定,证据的数量问题还是一个尚在探索中的问题。

拖延,从而影响证据的连贯性、紧凑性。

被告人集中质证规则的主要弊端是:在公诉人出示所有证据后,再集中听取被告人的意见,可能使部分被告人遗忘某个先前出示的证据。要解决此问题,可考虑:一是由公诉人或法官在集中听取被告人意见前,做归纳性提醒,也就是对所有证据进行一个简单概括;二是在被告人要求重新出示某一项证据时,应当重新出示。

被告人集中质证规则的选择性,主要指该规则一般适用于被告人人数较多、出示证据较多的场合,即复杂的共同犯罪案件。对于简单的共同犯罪案件,比如公诉人只出示一两项证据,被告人只有两人的,也可采用逐一出示的办法。

(二)对质规则

对质是指提供了相互矛盾证言的证人①之间互相质疑的一种特殊质证方式。《北京大学法学百科全书》关于对质的解释是:"司法人员就同一事实组织两个或两个以上已经被分别讯问过、而他们的陈述存在矛盾的人当面质询诘问的诉讼活动。对质是诉讼中的一种特殊讯问形式,是司法人员取得证据或检验证据的方法之一。对质一般在证人与证人之间、当事人与当事人之间、证人与当事人之间进行。"②《法学大辞典》将对质定义为:"两人或两人以上陈述同一案件事实有矛盾时,由他们在同一时间地点陈述,互相诘问、辩驳,以澄清事实的方法。通常在其他查核方法无法解决陈述案件事实中的矛盾的情形下采用,是侦查人员和审判人员查对核实证据、查明案件真相的手段之一。对质可以在证人和证人之间进行,也可以在被告人与被告人之间进行,还可以在证人和被告人之间进行。"③对质的目的主要有二:其一,通过相互质疑,凸显哪一方的证言更为真实,或更为虚假;其二,通过对质发现新证据。如果通过对质没有达成此目的,对质就是失败的,所以对质不能随便使用,在程序上,应由法官裁量是否举行。

---

① 这里的证人是指广义上的证人,既包括知道案件情况的普通人,也包括刑事被告人、被害人及鉴定人,即专家证人。
② 刘家兴:《北京大学法学百科全书》,北京大学出版社2001年版,第97页。
③ 曾庆敏:《法学大辞典》,上海辞书出版社1998年版,第413页。

在单人犯罪案件中,证人之间的对质自然存在,在共同犯罪案件中,由于涉及多个被告人,对质时应坚持以下规则。

1. 在被告人集中质证中一并解决规则

如前所述,被告人集中质证是防止拖延的必要措施,而对质是一种质证方式,应在被告人集中质证中一并解决。比如在前述万盛小区盗窃案中被告人张宝发与证人高在意的对质,以及被告人之间的相互对质,就是在集中质证之后,针对矛盾的陈述随即进行的对质。

2. "一对一"对质规则

该规则是指每一场对质只安排对立的两人进行,对质虽然是隔离审查的例外,但并不意味着任何一方的人数可以超过两人,理由是对质的任何一方人数超过两人的,都会形成最低三人的格局,而三人格局又会形成一种会议式的研讨格局,成员之间相互影响、相互启发的可能性较大,这种会议式研讨格局会使串供的可能性增大。比如,在前述万盛小区盗窃案中,公诉人安排三名被告人在一起对质,就他们进入首饰店的目的进行质问,本意是进一步揭露谎言,然而,实际状况是三名被告人中反应较快的杨力明首先说,事先三人没有商量,各干各的,另两名被告人受此启发后,随即表示同意被告人杨力明的说法。这样的对质不但没有达到当初的目的,还使三名被告人通过公开讨论取得了串供的效果。如果当初对三名被告人实行"一对一"质证,比如先由张宝发和范小强对质,然后再安排他们分别和杨力明对质,这样就会增加揭露谎言的可能性。"一对一"质证是为了尽可能地阻止因对质双方多人同时在庭而出现多数人质问少数人的力量不均衡的对质,尽可能地避免多数人有理、少数人理亏的心理效应,比如有两名被告人同时质问一名证人或同时质问一名同案人,就会发生这种力量不均衡的状况。

(三)认罪被告人优先作证规则

该规则的含义是如果在共同犯罪案件中出现部分认罪、部分不认罪的情形,公诉人出示证据时应当优先传唤认罪的被告人作证,这样可以大幅度加快审判速度,让认罪的被告人先全面作证,然后再一次性出示相应证据,这样可以使认罪被告人的证言和出示的每一个证据立即发生印证,从而减少控辩双方的争论。比如在前述万盛小区盗窃案中,假如范小强认罪,那么辩护人对盗窃物品盗窃数额、10月4日陆续走出大门的另外两人是谁、10月6日去首饰店的目的、黑色皮包中的中华香烟的来源、首饰店交易记录本等证据的质疑就会减少或消除。

五、关于共同犯罪法庭调查程序的立法建议

共同犯罪法庭调查除了应当遵守单人犯罪法庭调查的基本规则以外，《刑事诉讼法》还应规定以下规则。

1. 隔离审查规则

该规则的内涵可表述为：在法庭调查中，在任何一名被告人陈述时都应当把其他被告人带离法庭候审。但符合以下情形之一的不受此规则的限制：

（1）被告人所陈述的内容与案件事实无直接关联；

（2）被告人所陈述的内容虽然属于案件事实的组成部分，但系本人独立完成的，与其他共同犯罪嫌疑人无直接关联；

（3）共同犯罪嫌疑人需要互相对质；

（4）共同犯罪嫌疑人在庭审中全部保持沉默。

2. 整体调查规则

该规则的内涵可表述为：法庭对共同犯罪事实应合并调查，不受指控排序的限制。

3. 被告人集中质证规则

（1）当共同犯罪嫌疑人数在三人以上且公诉人出示证据在三项以上的共同犯罪事实调查时，可以在全体辩护律师对全部证据质证后由共同犯罪嫌疑人集中质证；

（2）集中质证的次序原则上按指控排序进行，必要时可由法官指定质证顺序；

（3）集中质证前，公诉人应对自己出示的全部证据向全体被告人进行总结性介绍。

4. 共同被告人对质规则

（1）法官可以依据控辩双方的申请或依职权决定对某一项事实举行共同被告人对质；

（2）共同被告人之间的对质应当在共同被告人集中质证结束后进行；

（3）共同被告人之间的每一场对质，人数应不超过二人。

5. 认罪被告人优先作证规则

（1）在共同犯罪部分被告人认罪时，公诉人举证时应当先传唤认罪被告人出庭作证；

（2）认罪被告人出庭作证时，其他被告人有权听取并质疑作证内容，以保证其他被告人的质证权。

第三节　共同犯罪法庭辩论程序

法庭辩论活动既是控方揭露犯罪、证实犯罪的活动，也是辩方据理反驳控诉、维护被告人合法权益的活动，它是法庭作出判决的基础之一。[①]共同犯罪法庭辩论程序是指法庭调查结束以后，就共同犯罪案件的定罪量刑事实、证据及法律适用等问题进行辩论的规则集合体，主要涉及多个被告人辩论次序的安排及辩论内容的展开，包括基本规则和具体规则。有关法庭辩论的次序问题，《刑事诉讼法解释》第281条规定，法庭辩论应当在审判长的主持下，按照下列顺序进行：（1）公诉人发言；（2）被害人及其诉讼代理人发言；（3）被告人自行辩护；（4）辩护人辩护；（5）控辩双方进行辩论。《刑事诉讼法》第198条规定了法庭辩论的内容："法庭审理过程中，对与定罪、量刑有关的事实、证据都应当进行调查、辩论。经审判长许可，公诉人、当事人和辩护人、诉讼代理人可以对证据和案件情况发表意见并且可以互相辩论。"共同犯罪法庭辩论程序应当遵循单人犯罪案件的法庭辩论模式，这是共同犯罪法庭辩论程序与单人犯罪法庭辩论程序的共性。但是，共同犯罪法庭辩论程序具有特殊性。由于共同犯罪涉及的被告人人数多且部分被告人可能要对同案犯的犯罪事实承担刑事责任，共同犯罪法庭辩论程序又有其复杂性。除了遵循《刑事诉讼解释》第281条和《刑事讼诉法》第198条之外，共同犯罪法庭辩论程序还包括多个被告人及其辩护人在法庭辩论阶段发言的先后顺序问题，以及各

---

① 　詹建红：《刑事诉讼法》，清华大学出版社2012年版，第279页。

被告人对不同事实和证据的辩论次序和辩方内部辩论规则。因此,共同犯罪法庭辩论程序基于诉讼经济的考虑,除了遵循现行立法上关于法庭辩论程序的规定外,还应当区别于单人犯罪的法庭辩论程序,构建特殊规则。比如在单人犯罪的法庭辩论程序中,并不涉及各被告人辩论次序的协调问题,被告人仅对自己的犯罪行为承担刑事责任。而在共同犯罪法庭辩论程序中,对案件的定性均需要听取所有被告方的意见。由于在单维度的空间内,法庭不可能同时听取所有被告人及其辩护人的发言,由此涉及各被告人及其辩护人的发言顺序。可见,《刑事诉讼法》及司法解释中有关法庭辩论程序主要适用于单人犯罪案件的法庭辩论,缺乏共同犯罪法庭辩论程序规则,应当在现行规范的基础上构建专门针对共同犯罪法庭辩论程序的适用规则。

探索共同犯罪法庭辩论程序主要应关注辩论效率的提升及实体公正的维护。首先,共同犯罪法庭辩论程序的首要价值是效率。迟来的正义非正义,效率是程序价值的应有之义,完善的程序可以有效地促进效率的提高,节约诉讼成本。共同犯罪法庭辩论程序是基于共同犯罪法庭辩论实践中面临的困境而构建的制度,其主要目的是避免辩论顺序和辩论层次的混乱,理顺多个被告人及多项罪名辩论的次序,规范法庭辩论秩序,进而减少诉讼拖延、程序倒流和重复辩论等弊端,提高共同犯罪案件的审判效率。其次,共同犯罪法庭辩论程序也兼具公正价值。审理共同犯罪案件在无法可依的情形下,辩论程序混乱,法庭辩论无限期拖延,法庭审判不能贯彻集中审理原则,共同犯罪案件的繁杂线索搅为一团,对无关紧要的事实纠缠不清,扰乱法官思维,难以保障裁判者形成完整的心证,导致共同犯罪法庭审判效率与公正价值俱损的局面。对此,应在规则的指导下就案件中存在争议的问题有条不紊地展开辩论,以规则的形式赋予各被告人及其辩护人充分发表意见的权利,使案件结果尽可能地接近事实真相,使法庭在规范的程序中能够对案件事实、证据及法律适用问题进行准确的把握,形成完整的心证,并在随后的判决中给予案件公正的回应。

一、共同犯罪法庭辩论程序的基本原则

(一)辩论内容遵循先定罪后量刑的推进模式

定罪和量刑目的各异,侧重点各不相同。前者解决被告人是否构成犯罪或者承担刑事责任的问题,后者解决承担刑事责任大小的问题。因此,对定罪量刑有关的事实和证据都应当给予充分的辩论。为了从规范上确立量刑辩论的地位,《刑事诉讼法解释》第283条规定:"对被告人认罪的案件,法庭辩论时,应当指引控辩双方主要围绕量刑和其他有争议的问题进行。对被告人不认罪或者辩护人作无罪辩护的案件,法庭辩论时,可以指引控辩双方先辩论定罪问题,后辩论量刑的其他问题。"定罪辩论和量刑辩论不分,将导致在法庭辩论中,除非被告人认罪,否则控辩双方会主要围绕定罪问题进行辩论,这直接削弱了量刑辩论的力量。定罪程序与量刑程序分离是学界目前关注的重点,此类文献也颇为丰富。[①]由于定罪和量刑具有不同的价值和意义,因此两者对证据能力及证明标准的要求也有所不同。

共同犯罪法庭辩论内容也应当遵循先定罪后量刑的推进模式。首先,对定罪事实、证据及法律适用问题进行辩论。法庭调查中固定的事实和证据是法庭审判的事实依据。经过法庭调查之后,控辩双方可以就存在争议的案件事实和证据相互辩论,法律适用问题也属于辩论的范围。经过定罪辩论,辩明了公诉人对案件的定性是否准确,是否存在违法阻却事由,明确了被告人是否构成犯罪及构成何种犯罪。对定罪问题无异议的被告人,等待与有罪的同案犯一起进入量刑辩论阶段。经过定罪辩论,有罪的被告人进行量刑辩论,无罪的被告人则无须进行量刑辩论。其次,对量刑有关的事实、证据及法律适用问题进行辩论。经过定罪辩论,认罪的被告人及辩论有罪的被告人应当进行关于量刑问题的辩论。《刑事诉讼法》特别规定,对与定罪量刑有关的事实、证据都应当进行辩论。这主要是针对司法实践中过分强调定罪辩论,

---

① 陈瑞华:《论量刑程序的独立性——一种以量刑控制为中心的程序理论》,《中国法学》2009年第1期;李玉萍:《构建我国相对独立的量刑程序的思考》,《人民司法》2009年第3期;江苏省南京市下关区人民法院课题组:《多方参与下的量刑程序独立化改革》,《法律适用》2012年第1期。

忽略量刑辩论的现状而提出的规范要求。在辩论阶段,控辩双方应先就案件的定罪事实及证据进行充分的辩论,随后对量刑事实和证据进行辩论。但无论是对有罪还是无罪的事实和证据、罪轻还是罪重的事实和证据,都应当进行充分辩论。值得一提的是,定罪要求准确,量刑要求适当,定罪问题一般适用严格证明,量刑问题只需进行自由证明,而且量刑问题的证明标准也可以低于定罪问题。因此,先辩定罪问题,再辩量刑问题,不仅符合先确定是否承担责任,进而确定责任大小的逻辑规律,也体现了两者在诉讼程序中的差异性。

(二)辩论次序以控方指控顺序为原则,法庭指定顺序为例外

法庭辩论开始,首先由公诉方就共同犯罪共同涉及的部分发表意见,随后由各共同犯罪辩护人推举辩护人代表就共同涉及的部分进行发言。该阶段结束后,各共同犯罪辩护人就共同犯罪被告人各自涉及的部分发言并辩论。由于共同犯罪案件涉及多个被告人,因此多个被告人法庭辩论次序的安排是共同犯罪法庭辩论程序中不可回避的问题。目前,司法实务中关于共同犯罪的审理程序中,控方一般会根据案件事实及各被告人在案件中所处的地位或作用对被告人进行排序。我们认为,控方的指控顺序有其内在的逻辑关系,另外,控方的指控在原则上为法官和辩方划定了审理和辩护的边界。为了有效推进辩论程序,应特别注意安排辩方针对公诉词的首轮发言顺序,在实践中可根据控方提出的指控次序安排各被告人及其辩护人的辩论顺序。

当然,依据公诉人指控的顺序展开辩论是原则。但是,有原则就有例外,当根据公诉人指控的顺序进行辩论难以让法庭辩论取得实质性进展时,可以赋予法官根据法庭审理顺利推进的需要指定法庭辩论优先次序的职权。在法庭辩论程序中,各被告方依据指控的顺序进行首轮发言后,如果指控顺序在先的被告人及其辩护人拒绝提供有助于案件事实查清的意见,反而纠缠于一些与案件事实关联不大的事实和证据,则法官可以在随后的法庭辩论中以提高诉讼效率和增强公正性为价值追求,灵活安排各被告方法庭辩论的次序。应当注意的是,诉讼程序中坚持无罪推定原则,法庭辩论程序也不例外。控辩双方在刑事诉讼程序中应当处于平等的地位,各被告人也都平等地享有获得公平审判的权利。法庭辩论的先后顺序并不意味着其实体或者程序利益的减损,因此,无论是先辩论还是后辩论,都应当给予各被告方进行辩论的机会,保障各被告人辩护权的平等行使。

(三)法官依职权全程指挥原则

当事人主义诉讼模式是诉讼程序改革的样板和目标。长久以来,由于法官在职权主义诉讼模式中具有较强职权、对庭审干预过多,受到了学术界的广泛批判。理想的诉讼模式要求法官在法庭审判程序中保持消极,以此达到中立的目的。但是,法官的消极中立应当是指法官在庭审中不负举证或证明责任,指挥庭审不能介入实质调查,并不代表法官要放弃对庭审的控制权。相较于单个被告人犯罪的庭审程序,共同犯罪案件因为被告人人数较多,从而更具复杂性。我国属于成文法国家,立法机关只能从业已存在的共同犯罪案件审理情形中进行抽象总结,最终形成规范。然而成文规范在具备明确性等优点的同时,也具有滞后性的弱点。"法律游离于现实,而现实远比法律丰富。"[①]共同犯罪法庭辩论程序中,法官应当指挥控辩双方就争议事实、证据和法律适用问题展开辩论,及时整理争点,依职权根据辩论情况安排被告人及其辩护人的辩论发言顺序和辩论内容。保障控辩双方对实质争议展开充分辩论,辩论以轮计算,保障有异议的被告人及其辩护人充分发言的权利,但法官应当阻止被告人及其辩护人发表与案件无关或者与己无关的辩论意见等。对于各被告方同时要求发言的申请,法官应当根据便于法庭辩论、考量发言人利害相关性的高低和发言的紧迫性等因素作出安排,防止各被告方同时发言,扰乱法庭秩序。扰乱法庭秩序的,法官有权根据相关规定进行处置。与此同时,在共同犯罪庭审程序中,对法官的素质特别是业务素质也有更高的要求。

二、共同犯罪法庭辩论程序的具体规则

共同犯罪法庭辩论的实际操作过程涉及争点顺序的具体安排及控辩双方发言的程序运作细节。这些具体规则主要包括以下几点。

---

① [日]棚濑孝雄:《纠纷的解决与审判制度》,王亚新译,中国政法大学出版社1994年版,第126页。

（一）整体发言与辩论优先规则

共同犯罪法庭辩论程序涉及多个共同被告人的定罪和量刑事实，均需要进行辩论。基于共同犯罪案件事实的牵连性，公诉人首先应当进行整体发言，根据法庭调查的情况先对涉及共同部分的事实和证据进行总结式发言，再针对个别被告人涉及的事实和证据进行发言。对于辩方而言，辩护人的发言除了涉及各被告人的部分事实和证据之外，还有针对共同犯罪共同部分的意见，因此，辩方可以推荐一名辩护人代表，针对共同犯罪案件共同的部分发表意见。各辩护人再针对各自代理的被告人涉及部分发言。在前述对万盛小区盗窃案进行审理的法庭辩论环节中，公诉人首先对三人实施共同盗窃行为有统一的、直接的证明价值的证据发表意见，随后再针对涉及三人各自的部分发言。公诉人总结以后，三名被告人的辩护人共同推举了张宝发的辩护人对公诉人的举证发表了三名辩护人都同意的总结性质疑。随后，杨力明的辩护人和范小强的辩护人各自发表了独立观点。

（二）先易后难规则

共同犯罪法庭辩论不仅涉及多个被告方，而且法庭辩论关注的辩论内容也随着被告人数的增加而更为复杂。因此，共同犯罪法庭辩论程序在为各被告人在法庭辩论中的发言顺序设定规则后，还应当对如何安排各被告方进行法庭辩论的内容进行规制。对此，我们认为在共同犯罪法庭辩论中，除了遵循前述基本规则之外，对定罪量刑辩论还应当遵循先易后难规则。此处的"易"是指经过法庭调查依旧有争议但争议不大，或者虽然争议较大但容易查清和辨明的事实、证据及法律适用问题。而剩下较为复杂的问题则属于此处的"难"。比如在定罪辩论中，被告人的主观心理状态就属于一时较难辨明的问题。而从实体法来看，通常情形下此罪与彼罪的分界点主要体现在主观方面，如故意杀人和过失致人死亡，其社会危害性和刑事责任的大小是不同的。而对被告人主观过错的认定一般都是依据案件其他外观事实和证据进行推论而得出，因此，被告人主观方面的辩论就应当安排在其他要件之后。又比如在量刑辩论中，无涉他人的量刑情节应当先辩论。如在诈骗案件中，公诉人指控甲、乙、丙三人均为主犯，且乙属于累犯，那么甲、乙、丙三名被告人的辩护人针对公诉人的指控可能分别提出三人在共同犯罪中起辅助作用，系从犯,且甲、丙的辩护人可能提出甲、丙具有立功或者自首等情节。此时,关于甲、乙、丙三人是否依据累犯、自首、立功情节的辩论具有独立性,主要在某一被告方与公诉人之间展开辩论,此类情节应当后辩论,而主、从犯的认定则涉及其他被告人刑事责任的大小等整体性问题,应当先辩论。此外,存在法定情节和酌定情节时,由于法定情节具有明确性,而酌定情节认定的主观随意性更大,因此,法定情节的辩论具有优先性。坚持先易后难规则,并不意味着共同犯罪法庭辩论程序回避难题,而是基于有利于提高法庭辩论的有效性,便于法官对案件形成完整的心证,进而作出公正判决的考虑。

(三)先重后轻规则

共同犯罪案件可能涉及较多犯罪事实,公诉指控可能涉及多项法定刑罚高低不等的罪名,即使是同一项罪名,也存在此罪与彼罪的争议,并且每个被告人的量刑情节也有轻有重。因此,共同犯罪法庭辩论内容在遵循先易后难规则的情形下,对涉及的多个"易"和多个"难"进行辩论时,还应当遵循先重后轻规则。此处的"重"就是多项罪名中的重罪、单项罪名中可能成立的重罪、定罪事实中成立犯罪的事实和量刑情节中从重处罚的情节;此处的"轻"则是指轻罪、违法阻却事由和量刑情节中从轻或者减轻处罚的情节。比如在对故意杀人罪进行辩论时,被告人的主观过错分为故意和过失,而故意又有直接故意和间接故意之分,因此对被告人的主观过错的辩论应当先辩是否存在故意,无故意则再辩是否存在过失。而对故意的辩论,应当先辩直接故意,再辩间接故意。如果有杀人的故意,成立故意杀人罪,则再辩是否存在正当防卫等违法阻却事由。而在量刑辩论方面,如果其中一个被告具有自首情节,又可能构成累犯,根据《刑法》第65条关于累犯的规定,除非被告人不满十八周岁,否则应当从重处罚,而根据《刑法》第67条和68条之规定,自首和立功可以从轻或者减轻处罚,甚至可以免除刑罚。因此,在涉及自首和累犯情节的辩论时,应当先就是否构成累犯条件辩论,随即再对是否满足自首条件进行辩论。之所以在先易后难规则下坚持先重后轻规则,主要原因在于多个易或者难的事实中,构成重罪或者从重处罚的辩论具有紧迫性,特别是量刑情节方面最为典型。对被告人进行量刑,首先综合判断被告人应当承担多重的刑事责任,其次就是否从轻、减轻或者免除刑事责任进行认定。因此,先重后轻规则符合人类认识和客观评价事物的逻辑规律。

（四）辩方内部辩论与控方整体回复相结合，控辩对抗的基本格局不打破规则

共同犯罪在诉讼外观上表现为一个整体利益集团，共同对抗控方的指控，但是其内部确有分歧存在。无论是对案件整体定性的认识还是刑事责任的分配，在辩论程序中，辩方之间很容易就某些问题相互辩论，辩护人互相之间的辩论已成为常态。[①]有文献认为，若共同被告人之间的利益存在冲突关系，整个法庭审判过程就如同共同被告人彼此之间的控诉和辩驳，而不是在公诉方和被告方之间展开，公诉方甚至如同隔岸观火，静看共同被告人彼此之间进行攻击和防御，控方不费吹灰之力而坐享渔人之利，对被告人防御非常不公平。[②]事实上，虽然共同犯罪案件的被告人相互之间有牵连关系，但是并不能代表他们的利益就是一致的，即使在合并审理的程序中，共同犯罪案件的当事人也是独立的，也就是说，控方对每个被告人的指控是独立的，[③]互相之间有争议属于正常。共同犯罪各被告人的辩护人相互辩论，不仅体现了辩护人的职责，也是查明案件事实、实现案件实体公正的需要。因此，我们认为，应当理性看待共同犯罪辩护人相互辩论的问题。对于一些细枝末节的问题和能够在庭前协调达成一致的问题，则没必要在审判程序中进行辩论；对于争议较大的问题，应当允许辩护人之间进行充分的辩论。从控辩审的结构上看，控辩平等，控辩双方应当针锋相对，而辩护方内部则不应当相互削弱，这是由控辩双方的法律地位和职能决定的。但是，从发现案件真实的角度来看，对案件的认识是一个不断接近的过程，只要辩方相互之间的辩论涉及案件的实质问题，虽然相互辩论消减了辩方的力量，但是对整个案件事实真相来说，仍是值得的。所以，从实体公正和程序公正平衡的角度来看，应当允许各被告人及其辩护人之间相互辩论，尽可能地接近案件真实。此外，辩护人

---

① 陈忠槐：《关于共同犯罪辩护的几个问题》，《中国律师》1994年第5期。

② Robert O. Dawson. "Joint Trials of Defendants in Criminal Cases: An Analysis of Efficiencies and Prejudices." *Michigan Law Review*, 1979(77), pp. 1379—1455.

③ 在共同犯罪的情况下，被告人行为之间虽然互有牵连，但仍应视为数个案件。参见陈瑞华：《刑事诉讼的前沿问题研究（第四版）》，中国人民大学出版社2013年版，第91页。

之间相互辩论,并不意味着公诉人可以"作壁上观"。公诉人应当针对辩护人争论的问题,作出整体性的回应和总结。各辩护人可以针对公诉人的总结和回应,展开新的辩论,直到实质意见基本一致。辩方内部辩论与诉讼程序中控辩对抗的基本格局并不冲突。控辩双方进行有效的对抗,才能充分暴露矛盾,从而有利于法官形成确信。控辩对抗,要求辩方仅就控方的指控发表意见,不得对未指控或者无争议的事实和证据发表意见。在法庭辩论程序中,控辩双方充分对抗,从控辩不同的角度对案件发表看法,才能进一步揭露案件事实,尽可能地接近事实真相。

另外需要强调的是,被告人对于无涉本人利益的争点应无权参与辩论,其辩护人当然也无权发表意见。控辩双方充分对抗的内在动因就在于各自对利益的最大争取。法庭辩论阶段是法庭审判中控辩双方就争议问题依法发表观点的关键阶段。控辩双方之所以有利益冲突,是因为控方的指控目的在于追究犯罪、维护社会公益,而此目的的实现又涉及被告人是否承担刑事责任或者承担刑事责任大小的问题,这与被告人的人身自由及财产利益息息相关。从辩护权的性质来看,各被告人及其辩护人均有平等的机会参与法庭辩论。然而,这并不意味着各被告人及其辩护人对所有问题都要发表辩论意见。涉及当事方自身利益的事实和证据,当事方最具有发言权,其他当事方对不涉及自身利益的指控应当保持沉默。如公诉人仅就甲是否构成累犯与甲的辩护人进行辩论,此时,乙及丙的辩护人不应对甲是否构成累犯发表意见。原因在于:其一,甲是否构成累犯仅涉及甲本人的量刑轻重问题,公诉人与甲方应当进行充分辩论,使法庭对甲是否构成累犯作出认定;其二,甲是否为累犯并不影响共同犯罪案件的定性问题,以及甲的累犯情节是否成立并不影响乙、丙的刑事责任承担和轻重,与乙、丙无法律上的利害关系。因此,共同犯罪法庭辩论程序中,各被告方应当仅就对本案定性及本人量刑都有实质影响的事实、证据及法律适用问题展开辩论,与案件定性无关,或者不涉及本人量刑的问题,则无权发表辩论意见。

三、共同犯罪法庭辩论程序的立法建议

从立法上确立共同犯罪法庭辩论规则,除首先明确共同犯罪法庭辩论应

遵循单人犯罪法庭辩论基本规则外,可进行以下设计。

第一,确立共同犯罪法庭辩论的整体运作秩序。

(1)明确规定法官在实质辩论开始前应先宣布争点辩论顺序。

(2)确立约束法官确定争点辩论顺序的实体规则,这些实体规则的内容按照本书前面的论述,依顺序包括先易后难规则和先重后轻规则。为了使辩论更具有操作性,建议对先易后难、先重后轻的含义作出立法界定,主要可采用列举的方式予以限定。

第二,就每一个争点的辩论顺序而言,法律宜对以下程序作出规定。

(1)辩论程序开始前,法官应提醒,基于共同犯罪案件的牵连性,公诉人和辩护人应当先就案件整体事实进行辩论,随后再针对各个被告人独立部分进行辩论。

(2)公诉人发言后,法官应公开征询要求发言的辩方人数,可要求用举手的方法表示。

(3)如果有两个以上被告人或者他的辩护人要求发言时,由法官指定发言顺序。如果要求发言的被告人或辩护人与争点无直接利益关系时,由法官予以制止或公开宣布排除发言机会。法官指定发言顺序应遵循的实体规则是依指控顺序排序,只有在认为打破此顺序更有利于辩明争点时,才可以打破指控顺序。

(4)在所有允许发言的被告人或辩护人全部发言完毕后,法官如认为观点存在冲突有必要继续辩论时,法官应宣布开始辩方内部辩论。内部辩论如发生两个以上被告人或辩护人同时要求发言时,可由法官直接指定。法官认为内部辩论已全部阐明观点时宣布内部辩论结束。

(5)在辩方内部辩论结束后,法官应宣布公诉人有权对全部内部辩论作出整体回复。

(6)在公诉人作出整体回复后,法官如认为有必要继续征求辩方对整体回复的意见时,按前面确立的规则继续进行即可。

(7)应当允许辩方推举辩护人代表,就共同犯罪案件中的共同部分及各辩护人均无争议的部分进行发言和辩论,其他辩护人再对各个被告人独立部分进行发言和辩论。

第四节　庭审程序的现代化与共同犯罪庭审程序的调整

一、共同犯罪庭审程序发展的基础:庭审纵向结构的现代化

(一)我国刑事庭审纵向运作的现实困境

刑事诉讼横向构造上强调控辩平等与法官中立固然非常重要,也应该成为刑事审判程序改革的核心,但反映刑事审判先后顺序的纵向构造也因直接涉及效率提升而成为实现刑事诉讼结构现代化的一个十分重要的问题。[①]我国刑事庭审目前面临的困境为其提供了注解。我国目前的刑事庭审大约存在以下几个比较突出的问题:一是在法庭辩论以后才发现犯罪构成的基本事实尚没有查清而需要恢复法庭调查,这种现象比较严重地影响了审判效率的提升。对此人们不禁要问:为什么在法庭调查的时候不能确保把犯罪构成的基本事实全部查清后再开始法庭辩论,而非要留下事实隐患就开始了法庭辩论? 二是在法庭调查的时候控辩双方对某一证据发生争论的时候,法官往往会予以制止,并会指示他们在法庭辩论的时候再辩论。对此人们也不禁要问:为什么在法庭调查的时候不允许及时发表意见,而非要等到法庭辩论的时候再进行辩论? 往往在真正到法庭辩论的时候由于相隔时间较长会产生对某些事实记忆上的模糊。三是辩护律师在法庭调查时主张被告人犯罪基本事实不成立从而主张无罪,而在法庭辩论的时候当审判长要求他发表量刑意见时往往会拒绝发表量刑意见,理由是主张被告人无罪又发表量刑意见时自我否定、自相矛盾。但是如果辩护人真不发表量刑意见又因明显对自己不

---

① 长期以来,我国理论界关于刑事审判改革的讨论主要集中在刑事审判的横向结构上,即在审判中立及检察机关和被告人两造平等的基本框架下分析宏观规则和微观规则。这些讨论无疑对于完善我国刑事审判结构、实现刑事司法公正具有基础理论价值。然而对刑事审判纵向结构,即按时间序列形成的审判分层结构的具体推进规则的研究还不充分。相关性探讨目前主要集中在量刑独立程序的研究。经过检索,相关文献较为丰富。然而,此类文献主要限于庭审纵向构造的宏观设计,缺乏对整体程序具体运作过程的考虑。构建独立量刑程序的代表性文章包括陈卫东:《论隔离式量刑程序改革——基于芜湖模式的分析》,《法学家》2010年第2期;陈瑞华:《量刑程序改革的模式选择》,《法学研究》2010年第1期;左卫民:《中国量刑程序改革:误区与正道》,《法学研究》2010年第4期;岳悍惟、李希瑶:《论我国独立量刑程序的构建》,《河北法学》2011年第2期;等等。

利而心有不甘。四是法庭调查的时候，犯罪嫌疑人犯罪构成的事实已经查清，但由于涉及量刑各方面的事实甚至是细枝末节事实没有查明，而导致构成犯罪的事实迟迟不能下结论而造成整个审判时间的拖延。产生上述问题的主要原因是我国刑事审判之庭审先进行法庭调查后进行法庭辩论的基本程序格局①不尽合理所致。无论是法庭调查还是法庭辩论都不能从逻辑上区分先定罪后量刑的纵向运作的自然程序要求。第一，如果把法庭调查程序改为定罪程序，至少在理论上能确保一心一意查明并确定犯罪构成基本事实，也就不会发生法庭辩论中恢复法庭调查的现象；如果把法庭辩论改为量刑程序，那么在定罪程序中犯罪构成要件事实已经查清时就不可能在法庭辩论中违反逻辑地再调查要件事实。第二，在定罪程序中自然包括允许控辩双方对事实进行辩论，不会发生法庭调查时不让辩论、非要到法庭辩论时集中辩论的奇怪现象。第三，在定罪程序中已经解决了被告人有没有罪的问题，在以后的程序中不允许就被告人是否构成犯罪再发生争论，这样，在辩护人主张被告人无罪的情况下要求他在量刑程序中发表意见也就不会出现左右为难的情况。第四，定罪程序只解决定罪问题，自然不会发生目前法庭调查中定罪事实与量刑事实"一锅烩"的证明标准上的一刀切现象。在量刑程序中以较低的证明标准调查量刑事实，而在定罪程序中集中火力调查要件事实，这恰恰体现了"该严则严，该宽则宽"的原则，有利于防止司法资源的浪费。《刑事诉讼法解释》第276条规定："法庭审理过程中，对与量刑有关的事实、证据，应当进行调查。"其第278条规定："对被告人认罪的案件，在确认被告人了解起诉书指控的犯罪事实和罪名，自愿认罪且知悉认罪的法律后果后，法庭调

---

① 《刑事诉讼法》对法庭调查和法庭辩论的规定较为简单，从其立法精神考虑，法庭调查和法庭辩论属于两个独立的庭审阶段。依据《刑事诉讼法》第190条规定开庭之后就开始进入法庭调查和法庭辩论，第190条至197条是对法庭调查的规定，第198条则规定了法庭辩论。而《刑事诉讼法解释》关于"公诉案件第一审普通程序"的规定中，对法庭调查和法庭辩论的区分更为明确。其第240条规定："审判长宣布法庭调查开始后，应当先由公诉人宣读起诉书……有附带民事诉讼的，公诉人宣读起诉书后，由附带民事诉讼原告人或者其法定代理人、诉讼代理人宣读附带民事起诉状。"其第280条规定："合议庭认为案件事实已经调查清楚的，应当由审判长宣布法庭调查结束，开始就定罪、量刑的事实、证据和适用法律等问题进行法庭辩论。"在刑事审判实践中，庭审基本上依据该规定，遵循先法庭调查、再进行法庭辩论的基本步骤。

查可以主要围绕量刑和其他有争议的问题进行。对被告人不认罪或者辩护人作无罪辩护的案件,法庭调查应当在查明定罪事实的基础上,查明有关量刑事实。"可以看出,该解释的目的是确立量刑程序的独立性,强调量刑程序的重要性,但其未能有效地划分定罪量刑程序,定罪事实和量刑事实的调查仍然是混合在一起的,没有层次划分和层次之间中间判决的设计。虽然该解释具有一定的进步意义,但其尚未设计出庭审纵向结构的完整规则。

(二)刑事庭审纵向结构的宏观划分

先定罪后量刑是刑事审判法庭审理的自然运作方式,刑事庭审纵向结构的宏观划分正是根据这一自然运作方式来确定的,那就是先设计定罪程序后设计量刑程序。严格设计定罪程序和量刑程序,并确定不定罪就不能量刑的基本原则,对于确保刑事庭审的有效运行,防止因程序颠倒而造成对犯罪事实的重复调查具有直接的意义。

在定罪程序中,法官主要处理与定罪相关的证据的调查和辩论,在听取控辩双方意见后确定犯罪构成要件事实及罪名是否成立。在定罪事实调查阶段,举证责任由检察院承担。法官需要综合判断检察机关提交的证明犯罪事实的证据是否符合设立犯罪的证明标准。在罪名确定阶段,主要是通过解读法律条款来确定犯罪事实是否符合犯罪构成要件。刑事审判程序与犯罪嫌疑人、被告人的基本人权密切相关,而刑事定罪程序则是刑事审判程序中最重要的部分。同时,定罪程序也应该是最严格和最合理的程序,因为它遵循严格的程序与证据规则并采用最高证明标准。简而言之,定罪程序是进入量刑过程的前提和基础,起着决定性的作用。

量刑程序作为刑事审判纵向结构的重要组成部分,是规制有关合理确定刑事责任的调查与辩论及裁决的一套程序规则。定罪确定之后,法院审判的核心是如何作出刑事责任判决问题。在被告供认的情况下,法院只需确认被告对认罪的后果有清楚的了解,供认是自愿的,就可以直接进入量刑程序。相对而言,定罪程序应该比量刑程序严格。然而,在审判过程中,控辩双方关于量刑的争议往往不亚于对定罪的争议。因此,量刑程序的作用不容忽视。英美法系国家采用了定罪量刑和分离判决制度,定罪判决由陪审团审判确定,涉及法律适用的判决由法官审查。因此,一项审判会有两项裁决:一项是陪审团作出的判决,另一项是法官作出的判决。在量刑程序的设计上,英美法系主要采用量刑听证程序,[①]这基本上是基于量刑问题的特点。判决程序不需要严格的定罪程序。例如,在定罪程序中,被告不承担基于无罪推定原则的举证责任。有学者指出,在独立量刑程序中应运用自由证明的证明方法,并适用高度盖然性的证明标准。[②]

通过以上分析刑事审判垂直结构两个主要组成部分的基本含义,可以看出定罪程序和量刑程序存在不同的需要解决的问题。其关注的焦点也不同,不应该在同一个程序中结合使用。《刑事诉讼法》第198条第(1)款规定了有关定罪和量刑的一般问题:"法庭审理过程中,对与定罪、量刑有关的事实、证据都应当进行调查、辩论。"但是,对于如何调查和辩论这些问题并没有明确的定义。实际上,根据《刑事诉讼法》的规定,定罪程序与量刑程序是合二为一的,二者都适用同样的程序规则和证据规则。定罪程序与量刑程序的分离主要是指量刑程序的独立性。重新设计我国量刑程序规则十分必要。需要指出的是,定罪和量刑程序的分开运作将不可避免地导致刑事审判中的调查程序和辩论程序的多次启用;而且由于诉讼时间较长,给当事人带来更多的心理压力。从形式上看,刑事审判的纵向结构安排确实延长了审判时间,特别是在增加阶段性裁决后。然而定罪量刑程序的分离并不代表诉讼费用的必然增加,要从整个诉讼程序的角度评估诉讼费用,考虑总体成本,包括第一次和第二次审判和审判监督程序。即使从第一审判程序的角度来看,完全分开定罪和判决程序并不一定会增加程序的成本。首先,定罪和量刑程序的分离使法院能够在第一次定罪后按照逻辑顺序审查案件的事实和法律的适用范围,以避免程序上的混乱和效率低下。其次,增加关于定罪事实是否成立、量刑调查是否明确的阶段性判决程序,使其他可能涉及的争议问题在第一审程序中得到最优解决,即审判程序依逻辑顺序充分听取了各方的意见,这在很大程度上保证了判决的真实性和判决的恰当性。如果纠纷得到解决、人权得到保护,就不需要从公益的角度或从私人利益的角度重新开始救济过程,减

---

① [美]爱伦·豪切斯泰勒·斯戴丽、南希·弗兰克:《美国刑事法院诉讼程序》,陈卫东、徐美君译,中国人民大学出版社2002年版,第567—572页。

② 樊崇义:《量刑程序与证据》,《南都学坛》2009年第4期。

少了上诉的可能。最后,定罪和量刑程序的分离为刑事案件审判的繁简分流奠定了程序基础。如果法官认为被告在定罪程序中已经被证明是无辜的,则不需要进入量刑程序并直接作出无罪判决;如果是简易程序或被告人的供述,则无须经过定罪程序。法官在清楚了解认罪自愿性后可以直接启动量刑程序。这与当前定罪量刑混合相比,明显更有利于合理配置司法资源。

(三)刑事庭审纵向结构的微观分段

在把刑事案件庭审的纵向结构划分为定罪程序和量刑程序的基础上,想要使得刑事案件的法庭审理能够有序进行,还必须分别对定罪程序和量刑程序的内在机制加以完善,也就是在微观层面上细致地加以规定,简单来说即微观分段。

定罪程序的主要功能是确定犯罪事实成立与否并在此基础上认定罪名。故而定罪程序的微观分段主要是犯罪事实的调查、辩论与被告人罪名的认定,即定罪程序分为两个阶段。第一,调查犯罪事实,并由控辩双方进行辩论。依照《刑事诉讼法》的相关规定,法庭调查阶段主要是由控辩双方提出证明犯罪事实成立与否的证据,并且对证据进行质证,另外还有专门的法庭辩论环节。笔者的观点是,举证和质证的环节实质上同样属于辩论的范畴,故而清晰地界定调查和辩论的边界实际上并不必要,可以单独对每项犯罪事实开展调查、辩论,确定犯罪事实存在与否和被告人有没有实施被指控的犯罪行为。定罪阶段完结之时,控辩双方应当采用结案陈词或最后陈述的形式对犯罪事实及相关证据予以总结,阐明各自的主张和理由。倘若在法庭调查程序中也调查与量刑有关的事实和证据,会导致被告人在是否构成犯罪尚未确定的情况下被量刑,这种做法实质上违反无罪推定原则。不管为何在实际的案件审判过程中同时在法庭调查阶段调查定罪事实和量刑事实,这种直接违反法庭审判基本原则的做法都是不可取的。故而,在定罪阶段调查量刑事实应当属于特殊的例外情形,必须具有特定的必要性,除此以外的量刑问题不应当在定罪程序中进行。第二,确定被告人的罪名。公诉机关向法院提起公诉时不仅仅列出犯罪事实,而且会指控被告人涉嫌的具体罪名。概括而言,辩方对此会采取无罪、认罪同时对所涉罪名无异议、认罪但是不认可所涉罪名三种做法。在辩方采取第一种或第三种做法的情况下,认定犯罪事实成立与否之后,需要就罪名的确定进行单独的辩论,也就是在定罪程序中设计专门的罪名确定阶段。罪名的认定要以前一阶段确定的犯罪事实为前提和基础,牵涉到法律依据问题。比如侵占罪和盗窃罪的客观方面皆为非法占有他人财物,这两种犯罪行为最重要的区别为取得他人财物是否采用秘密的方式,取得财物的过程中转移占有与否。虽然从理论上来看,二者很容易辨别,然而具体到个案中,取得他人财物的方式是否属于秘密的、是否转移占有等问题的确定都非常复杂,容易引起控辩双方的争议,必须在个案中根据案情进行分析。故而,先行确定罪名一方面便于在量刑程序集中力量解决量刑问题;另一方面也能够使得罪刑相适应,确保量刑的合理性。控辩双方针对罪名的辩论主要是围绕法律适用和证据的认定进行。除此以外,对被告人罪名的确定关系到刑种、刑期及刑罚执行方式等的确定,故而必须在进入量刑程序之前先行解决所有可能影响罪名的案件事实和证据的调查及辩论。

量刑程序属于罪名确定之后的阶段,总体而言,完善的量刑程序可以分为调查量刑事实、确定刑种和认定被告人应当承担的具体刑事责任等内容。量刑事实的调查是量刑程序的第一个环节,主要是确定量刑事实。量刑程序之始,如果被害人和辩方对公诉机关提出的量刑建议没有异议,法官可以根据公诉机关的量刑建议进行量刑;如果被害人和辩方对量刑建议存在异议,认为量刑事实的认定有争议的,法官应当组织控辩双方对量刑事实进行调查和辩论。但是应当注意的是,量刑事实的调查和定罪事实的调查存在区别,在之前的定罪程序中被告人被确定有罪,之后在量刑程序中无罪推定原则已经失去适用的基础,故而被告人也负有举证责任,这同时证明量刑事实成立的标准也需要相应降低。量刑事实根据其法律性质可以分为法定量刑事实和酌定量刑事实。法官对于后者享有自由裁量权,因此法官应当先组织控辩双方对法定量刑事实举证、质证和辩论,然后再调查认定酌定量刑事实。量刑程序完结之后,法官应对量刑事实是否清楚作出中间判决。量刑辩论是量刑程序的第二个环节,主要是确定对被告人处以何种刑罚和具体承担的刑事责任。法官在之前的审判过程中认定的犯罪事实和罪名及有关的量刑事实是控辩双方进行刑种和刑罚期限辩论的主要基础。控辩双方及被害人据此就刑种和刑期等问题提出己方的主张和理由,相互辩论。应当注意的是,在量刑程序的辩论环节,除控辩双方能够举出新的证据或新的事实之外,控辩双方不得对量刑辩论之前的定罪程序和量刑程序的量刑事实调查环节中法官已经认定的事实和证据提出反对意见。除以上内容外,还应当设计恢复案件事实调查的程序。案件审判进行到量刑辩论环节后,倘若控方或辩方举出新的事实或证据,且可能对被告人的定罪量刑造成影响的,法官应当恢复法庭调查程序以确定相关事实,这种做法符合定罪程序和量刑程序相互分离的原则。之所以如此,有以下原因:第一,控方或辩方提出的新的证据可能影响案件的审理,可能对案件审判的公正性造成威胁;第二,降低总体诉讼成本,恢复法庭调查程序从表面上看增加控辩双方的"讼累"和司法资源的支出,但是考虑到它使得法官听取控辩双方对新的事实或证据的意见,降低控辩双方上诉或申诉的可能性,从整体衡量而言可以降低诉讼成本。但是应当注意的是,必须对"新"事实和"新"证据的认定作出清晰的界定,宜限定为新发现的证据,不能包括控辩双方在法庭调查程序之后举出的过去自己刻意藏匿起来的所谓新证据。[1]

(四)刑事庭审纵向结构的裁决机制

如何保障刑事庭审纵向结构的有序分层?这可能需要通过裁决机制来建立。从理论上看,此裁决机制可以被归结于以阶段性判决为标志的程序运作过程。一般来说,阶段性判决类似于法官的释明权,[2]有广义和狭义之分。广义的阶段性判决包括审前程序和审判程序中的相关裁定,例如在审前关于管辖、回避等问题作出的裁决就属于中间裁决;而狭义的中间判决,则是指审判过程中的裁决。而在本书中,我们所说的阶段性判决,是指法官在庭审过程中所作的判决,即狭义上的阶段性判决。如果我们从实体和程序的角度分析,实体判决和程序判决共同构成了阶段性判决,实体的阶段性判决主要针对能直接影响案件性质问题,如对犯罪事实究竟是否发生的裁定,以及具体适用何种罪名的裁定;而任何可能影响诉讼进程的裁决,不言而喻,都被划分到了程序性的阶段性判决中,例如,对是否中止审理,对事实调查的恢复与

---

[1] 控辩双方在法庭调查程序之后举出的过去自己刻意藏匿起来的所谓新证据,依证据开示理论,原则上不具有证据能力。

[2] 释明权或阐明权应该是一个比阶段性判决更为宽泛的概念,比如在本书所讲的阶段性判决之前会存在较多关于案件实体或程序的小释明。

否,是否休庭等就属于程序性阶段性判决。

在典型的公诉案件①中,法院初审程序纵向结构裁决机制的基础规则主要包括以下几点:(1)建立刑事审判中间判决制度。我国《刑事诉讼法》中规定的裁定和决定本质上应属于中间判决制度,就刑事庭审程序而言,建议刑事庭审中的实体性和程序性裁决可以以裁定的形式作出,鉴于庭审程序的完整性和连续性,实体性和程序性的裁定不允许控辩双方申请复议,也不允许提起上诉,相关异议可以作为对最终判决提出上诉的理由之一。(2)明确规定前一层次的庭审未进行完全便不能进入下一层次,或未经前一层次的庭审程序则后一层次庭审程序无效。此即裁决机制的不可逆规则,具体是指,犯罪构成事实与罪名不确定就不能开始量刑程序,而量刑事实未判决就不能进行确定刑事责任的辩论。(3)确定法庭评议规则。法庭评议是阶段性判决的核心,由合议庭负责评议(当事人认罪的简易程序实行独任审判的除外),即使是阶段性判决,也需要通过非公开评议的方式来作出。确定评议地点的原则是能当庭处理就不要拖到庭下以提高审判效率。如果当庭无法处理,例如疑难、复杂的案件需要更多时间和精力来分析的,可以在宣布休庭后在法院专门的评议室进行评议。

法院初审程序纵向结构裁决机制的具体运作规则包括以下几种情形。

(1)在对定罪事实进行调查和辩论之后,对犯罪成立与否作出阶段性判决。

定罪程序是审判中的一项至关重要的阶段,当下的司法审判实践,无论犯罪的事实和证据是否被法庭认可,究竟哪些事实和证据被采纳、被认同,抑或是被直接排除,法官在整个过程中都没有作出决定,而是合并不同阶段,统一作出最终判决。无论对于控方,还是辩方,都只能通过终局判决来知悉证据是否被法官采信,案件事实是否成立。其中隐含的缺陷包括审判在接近尾声时才发现事实尚未调查清楚而导致回过头来再调查事实,以及不分事实重要性上的区别而适用同样的证明标准导致资源浪费等情形。同时也可以看

① 指不包括简易程序案件和自诉案件。前者法庭调查简化或省略而不具有典型性,后者部分案件适用简易程序,部分较为复杂的自诉案件因其事实部分多表现为量刑事实争议而定罪事实相对清楚,也不太典型。当然,简易程序案件和自诉案件庭审纵向分层也应依典型公诉案件纵向分层的设计理念而进行规则设计。

到,审判时间较长时,在最后判决时法官对犯罪事实、证据的记忆可能产生模糊。所以,针对定罪事实的调查和辩论一旦完毕,法官要在第一时间对案情作出判断,认定事实。在这样的前提下,接下来的罪名辩论、量刑辩论和法庭评议,法官便可以以中间判决为依据,避免重复证明,减少案外因素对本案造成的干扰,使得司法公正得到切实的保障。定罪分段推进程序主要包括以下几点:①法院开庭后,法官应当宣布开始定罪程序或定罪调查,这可以进一步释明为仅对定罪的事实进行调查,不对量刑的事实进行调查。②在对证明犯罪构成要件事实的证据举证质证后,法官应当宣布由控辩双方对被告人的犯罪事实进行总结性辩论。③在双方的辩论结束后,法庭认为构成犯罪的,法官应宣布控辩双方对被告人构成何种犯罪进行辩论,明确罪名。④在双方辩论结束后,法官应听取被告人就定罪问题的最终陈述,随后法官宣布休庭评议。⑤在评议结束后,如果合议庭认为对被告人的指控成立,应宣布犯罪事实成立和确认罪名的阶段性判决;如果合议庭认为犯罪事实不存在的,应作出宣告无罪的判决,庭审随即结束。需要强调的还有,假设被告人开始拒绝承认自己有罪,但经过法庭调查和辩论,被告人突然变卦,开始承认自己的罪行但是对检方指控罪名有不同看法,在这种情况下,法庭必须先作出定罪事实成立的中间判决,然后对到底适用何种罪名进行辩论,并作出中间判决。如果从一开始,被告人便直接认罪,但是对所触犯罪名持有异议,当事人双方可以对异议的事实进行辩论,并单独对罪名作出中间判决。如果出现被告人对指控的犯罪事实没有任何意见的情况,法庭应确认,被告人是否了解了指控事实和指控的罪名,法庭是否告知被告人认罪答辩的法律后果。在一切都告知完毕的情况下,如果被告人依旧作认罪答辩,法庭可以宣布进入量刑程序。

(2)在犯罪构成事实及罪名的阶段性判决之后作出确定量刑事实的阶段性判决。

通过对被告人的定罪事实进行调查和辩论,认定被告人构成犯罪后,才开始讨论被告具体适用何种刑罚,即进入刑事审判阶段纵向结构分层的量刑程序。对量刑事实的调查,是探讨适用此罪彼罪和刑罚幅度的先行条件。量刑分段推进程序包括以下几点。①法官应当在作出有罪判决后宣布进入量刑程序。②在量刑程序开始后,法官应宣布双方阐述量刑建议和依据,并遵循先检察机关后被告人的顺序。③在控辩双方完整地阐述其建议后,法官认为量刑事实存在争议时,应宣布开始量刑事实调查,并依次对争议的事实进行调查,调查应遵循先重后轻的原则,即先调查不利于被告人的事实,然后调查有利于被告人的事实。如果有许多不利或有利于被告人的事实,应该先调查对量刑有较大影响的事实,后调查对量刑影响较小的事实。对量刑事实的证明标准应当与定罪的证明标准不同,建议对有利于被告人的量刑事实适用较低的证明标准,达到优势证据标准即可,这主要是受到刑事诉讼有利被告原则的影响。对不利于被告人的量刑事实证明标准也应相对低于"无合理怀疑"的证明标准,但应高于有利于被告人的量刑事实的证明标准,可以适用高度盖然性证明标准。适用此证明标准的主要原因是定罪事实比量刑事实更重,二者不必等同。④在每项量刑事实调查完毕后,法官应就事实是否成立进行辩论。⑤在每项量刑事实调查结束后,法官应宣布该量刑事实是否成立的中间判决。为了节省时间,量刑事实的裁决可以当庭合议并当庭宣布。需要休庭的,合议庭可以宣布休庭,集中在一次会议上评议量刑事实,避免因为多次休庭造成诉讼程序的拖延。需要特别强调的是,如果在定罪阶段已经顺便查明了量刑事实,那么法官可宣布量刑事实不再辩论并直接作出确认判决。在定罪阶段已经顺便查明了量刑事实的情形在司法实践中比较多见,比如在审理财产性犯罪时已经顺便查明了全部数额而不需要区分定罪数额和量刑数额;在审理共同犯罪案件时已经顺便查明了认定主犯、从犯所需要的具体作案分工事实,而不需要等到量刑事实调查阶段再调查宣布。一般而言,真正需要在量刑事实调查阶段调查的事实是指自首、累犯等与指控犯罪事实无直接关联的事实。另外,在定罪阶段顺便查明量刑事实还有一大好处,即用定罪事实的证明标准调查了量刑事实,亦可将其比喻为量刑事实搭了定罪事实的便车,这样会使量刑事实更为确定无疑。当然这样的好处是以"顺便"为前提的,如果不能"顺便"而硬把无直接关联的量刑事实放在定罪事实里调查则会降低诉讼效率。⑥如果在量刑事实调查时出现涉及定罪的新证据(指控辩双方新发现的证据)时,法官可以在遵循证据开示规则的前提下宣布恢复定罪调查。

(3)在量刑事实判决后作出量刑阶段性判决[①]。

量刑阶段性判决具体操作程序包括以下几点：①法官宣布开始量刑辩论，控辩双方围绕应处以什么样的处罚和处罚的幅度进行辩论。辩论应在法官主持下以言辞形式一轮轮地进行，以确保双方有平等的辩论机会。②在量刑辩论结束后，法庭还应听取被告人对量刑问题的最后陈述，随后法官应宣布休庭合议。法庭可以采用当庭宣判或定期宣判的方式确定被告人的刑事责任。

二、共同犯罪庭审程序的远景规划

正如前文所述，我国现行庭审程序对法庭调查和法庭辩论的划分存在显而易见的局限。因此，应当进行现代化庭审程序构建。在刑事案件中，应当将定罪程序和量刑程序分离，实现刑事庭审程序现代化。作为基础的庭审程序现代化发展，对共同犯罪庭审程序也具有较大影响。基于定罪和量刑程序的分离，共同犯罪庭审程序中的一些规则依然具有普遍适用性，比如整体调查规则、认罪被告人优先作证规则、集中质证规则等，但对一些规则要进行调整，以适应庭审现代化的需要。

(一)定罪程序不适用无关事实不隔离规则，无关共同犯罪案件共同部分的事实应当庭前解决

即使庭审分为定罪程序和量刑程序两个程序组件，在共同犯罪的定罪要件事实和量刑要件事实的举证、质证过程中，也存在串供的可能，因此，应当坚持隔离审查规则。而在法庭调查和法庭辩论的传统庭审模式中，对于无关事实的调查一般在法庭调查开始前进行，在法庭调查中涉及案件共同事实的部分应当遵守隔离审查规则。在定罪量刑分离的庭审结构中，应当完善庭前确认被告人身份等信息的程序，集中审理开始前，法官宣读庭前确认的相关情况后即进入集中审理程序，以提高共同犯罪案件庭审程序的效率。

---

① 量刑阶段性判决实为刑事判决的最后一环，也可称为"最后的阶段性判决"。

(二)庭审中某些规则的适用阶段有所变化,某些术语称谓应当改变

如不宜使用法庭调查和法庭辩论指称庭审中的独立阶段,而是代之以定罪程序和量刑程序。在定罪程序中,经过定罪事实调查之后,应当给予辩方总结陈词的机会,分担现行立法确立的被告人最后陈述环节的功能。在量刑程序中,对于涉及共同犯罪共同部分的定罪和量刑问题,应当推举辩护人代表结合全案证据首先进行概括性发言,而后各辩护人再进行发言。而在法庭调查和法庭辩论二分的庭审结构中,推举辩护人代表发言主要适用于法庭辩论阶段。因此,在共同犯罪现代化庭审模式下,不宜再使用法庭辩论环节中采用推举辩护人代表发言的表述,而代之以在定罪程序或量刑程序中应当采用推举辩护人代表进行发言的规则之表述。

(三)共同犯罪庭审程序建立法官中间判决程序

在庭审程序分为定罪程序和量刑程序之后,两段程序之间应当进行有效衔接,以此避免法庭调查和法庭辩论之划分造成的混乱和局限,有效提高庭审效率。在定罪程序之后,控辩双方进行整体总结,公诉人先总结证据证明力,辩护人可进行总结性质疑。随即,法庭应当作出指控的事实是否成立的判决,即中间判决。法官根据定罪程序中对定罪事实的查明,在共同犯罪案件中,一般会作出三种类型的中间判决:一是控方指控成立,共同被告人均有罪判决,则全案应当进入量刑程序;二是控方指控不成立,法庭认定全部被告人均无罪,则全案无须进入量刑程序,庭审程序即告结束;三是法庭认定控方的部分指控成立、部分不成立,即认定部分被告人有罪、部分被告人无罪,则判决无罪的被告人不必进入量刑程序,有罪的被告人应当进入量刑程序。在第二种和第三种情形下,中间判决程序有效阻截了无罪被告人进入量刑程序,避免了无罪当事人的"讼累"。因此,通过中间判决程序,控制案件是否进入量刑程序及进入量刑程序的范围。

(四)定罪事实调查附带量刑事实调查

基于法庭审理的逻辑,定罪事实的调查和量刑事实的调查应当分别进行。然而,在某些例外情形下,可以在定罪事实调查程序中附带量刑事实的调查。比如在共同犯罪案件的定罪事实调查阶段,首先要调查共同犯罪的定罪事实是否存在及是否清楚,主要围绕定罪的要件事实开展调查。而共同犯

罪的内部具有分工,因此在此阶段也要调查各被告人是否参与了共同犯罪,以及各被告人在共同犯罪案件中所起的作用是什么,而参与的程度或者在犯罪案件中所起的作用大小属于量刑调查的核心。因此,在定罪调查中,既然已经调查其是否参与共同犯罪案件,则可以更进一步附带调查其在共同犯罪案件中所起作用大小的事实,而无须在专门的量刑调查程序中再对该问题进行重复调查。

(五)共同犯罪量刑程序中的规则调整

首先,量刑程序中不适用整体调查规则。量刑问题涉及每个人刑事责任的承担问题,因此,量刑程序中很少涉及整体性问题,在专门的量刑程序中,对量刑事实的调查应当个别进行,不适用整体调查规则,即量刑事实调查坚持个别调查规则。其次,量刑程序采用自由证明方式,适用较低的证明标准。量刑问题相较于定罪问题较易查明,法官自由裁量的空间较大,更应当坚持有利于被告人原则,法定量刑情节自不必说,酌定量刑情节应当尽可能地作出有利于被告人的认定。在量刑程序中,一般适用相较于定罪程序较低的证明标准,采用自由证明方式,在定罪程序中不得采用的证据,在量刑程序中并非一概继续排除。在定罪程序中适用的对质规则等严格证明方式不宜在量刑程序中适用。此外,在共同犯罪量刑程序中依然坚持隔离审查规则。为了防止在量刑程序中各被告人之间互相影响和串供,进而避免在上诉审程序中因被告人之间的串供而翻供,无论是在定罪程序还是量刑程序中均应当坚持隔离审查规则。

(六)合议庭评议规则

合议庭评议是庭审的一个重要阶段,评议是合议庭组成人员在已进行的法庭审理活动基础上,对案件事实、证据和法律适用进行讨论、分析、判断并依法对案件作出裁判的诉讼活动。[①]在定罪程序和量刑程序分离的庭审纵向分段结构中,评议规则应当分为定罪评议规则和量刑评议规则两类。合议庭在对共同犯罪各被告人是否有罪的问题进行评议时,应当根据被告人人数逐

---

① 陈光中:《刑事诉讼法(第五版)》,北京大学出版社、高等教育出版社2013年版,第345页。

一进行评议,逐个认定共同犯罪被告人是否有罪,这与法庭调查中的整体调查规则有别;而对于量刑事实的认定和评议,则应当综合考量各共同被告人的情节,采用整体评议规则,明晰各被告人在共同犯罪案件中的地位和作用,分清主犯、从犯。

第四章

共同犯罪救济审程序

刑事案件的救济审程序旨在为裁判的直接利益承受方提供异议表达进而处理异议、纠正错误的机会,以此避免和纠正初审中存在的误判,达到维护当事人权利的目的,这是保障人权和实现司法公正诉讼价值的进一步体现。共同犯罪救济审程序是刑事诉讼救济审程序中不可或缺的部分,在集团犯罪和团伙犯罪案件数量不断增加的背景下,作为共同犯罪诉讼程序的重要部分,共同犯罪救济审程序理应受到重视。共同犯罪的救济审程序可以参照单人犯罪的一般救济审程序展开,主要以审级制度保障救济途径实现。然而共同犯罪救济审程序基于共同犯罪案件的特殊性而属于刑事诉讼救济审程序的特殊情形,也有其特殊内涵和价值。对于共同犯罪救济审程序的讨论,主要分为一般救济审程序即上诉审程序,具有我国特色的救济审制度即死刑复核程序及特殊救济审程序即审判监督程序三大类。

第一节　共同犯罪上诉审程序

一、共同犯罪上诉审程序的内涵

上诉审是上诉权人针对原审未生效裁判要求上级法院进行纠错和权利救济的程序。上诉审程序在我国集中指第二审程序,是第二审人民法院根据上诉人的上诉或者人民检察院的抗诉,就第一审人民法院尚未发生法律效力的判决或裁定认定的事实和适用的法律进行审理时所应当遵循的步骤和方式、方法。①关于上诉审程序,主要有续审说、复审说和事后审三种。续审说

---

①　陈光中:《刑事诉讼法(第四版)》,北京大学出版社、高等教育出版社2012年版,第338页。

是指上诉审应当对原审案件继续审理,以对原审已经查明的案件事实和法律适用问题进行更加深入的审。而复审说则需要对上诉的案件重新调查证据、重新进行事实认定、重新适用法律。事后审则以原审为审理对象进行审判,评判原审是否适当,是针对原审程序的审查。根据审理内容不同,又分为法律审和事实审,主要体现为审级制度的安排,即不同审级审理的重点不同。一般而言,第一审主要是以事实审为主,而上诉审则重点审查法律适用问题。部分国家和地区实行三审终审制,如德国的刑事诉讼即确立了三审终审制,德国刑事诉讼中的上诉审包括第二审和第三审,第二审不仅审理事实问题,也对法律问题进行审查,第三审则是法律审,仅针对法律问题进行审理。我国实行两审终审制,不区分法律审与事实审,二审坚持全面审查原则,二审审查范围不仅不限于当事人提起的事实认定争议和法律适用问题,对于未提出上诉的部分也应当进行审查。针对我国两审终审制中存在的问题,已有学者提出构建三审终审制的观点,[1]从目前的司法运作成效来看,在单人犯罪案件中,我国第二审审判基本可以发挥对案件的救济功能。

共同犯罪上诉审救济程序是指在一审裁判未生效的情形下,共同犯罪案件的被告人依法为自己的利益提出上诉,或公诉人以被告人利益提出抗诉,法庭对共同犯罪案件进行救济审理过程中所应当遵守的审理规则,是共同犯罪案件的一般救济审程序。共同犯罪案件上诉审程序在具体的庭审程序规则适用层面,可以参考第一审庭审规则。然而,上诉审程序的设置毕竟有别于一审程序,共同犯罪案件的特殊性也使上诉审程序面临一些有别于单人犯罪案件上诉审程序的问题。因此,共同犯罪上诉审程序的研究主要关注共同犯罪案件在上诉审程序中所应当注意的问题。

我国实行两审终审制,无论是法律适用问题,还是事实认定存在争议,都是启动第二审程序的事由。共同犯罪第二审程序是司法实践中不可回避的程序,如今犯罪的集团化和团伙化趋势有所加强,而随着公民法治意识的觉醒,共同犯罪各被告人对自身利益的救济意愿也非常迫切,所以国家应当在立法层面给予当事人寻求救济的程序保障。经过检索,我国法律中关于共同

---

① 谢佑平:《刑事救济程序研究》,中国人民大学出版社 2007 年版,第 151—156 页。

犯罪第二审程序的规范条文并不多,且仅有的零星规定也主要以司法解释和司法解释性文件为主,效力较低。可见,我国目前关于共同犯罪第二审程序的关注还处于实践摸索阶段。具体而言,我国共同犯罪第二审程序呈现出以下几个特点。

1. 坚持全面审查、一并处理原则

全面审查原则是职权主义诉讼模式下救济审程序的必然选择。职权主义诉讼模式中,法官主动调查证据,查明案件事实,控辩双方只是配合提出有利于被告或者不利于被告的证据,事实认定的决定权属于职业法官。因此,对控辩双方主张的审判范围限制较松。全面审查原则在共同犯罪二审程序中主要表现为部分共同被告人上诉时的全面审查和上诉人死亡的全面审查。《刑事诉讼法》第233条规定:"第二审人民法院应当就第一审判决认定的事实和适用法律进行全面审查,不受上诉或者抗诉范围的限制。共同犯罪的案件只有部分被告人上诉的,应当对全案进行审查,一并处理。"《刑事诉讼法解释》第388条规定:"第二审人民法院审理上诉、抗诉案件,应当就第一审判决、裁定认定的事实和适用法律进行全面审查,不受上诉、抗诉范围的限制。"其第389条规定:"共同犯罪案件,只有部分被告人提出上诉,或者自诉人只对部分被告人的判决提出上诉,或者人民检察院只对部分被告人的判决提出抗诉的,第二审人民法院应当对全案进行审查,一并处理。"对于上诉的被告人死亡的共同犯罪案件,也采用全面审查原则。《刑事诉讼法解释》第390条规定:"共同犯罪案件,上诉的被告人死亡,其他被告人未上诉的,第二审人民法院应当对死亡的被告人终止审理;但有证据证明被告人无罪,经缺席审理确认无罪的,应当判决宣告被告人无罪。具有前款规定的情形,第二审人民法院仍应对全案进行审查,对其他同案被告人作出判决、裁定。"这是对《最高人民法院关于人民法院审判严重刑事犯罪案件中具体应用法律的若干问题的答

复（三）》这一司法解释性质文件相关精神的吸收。①全面审查原则体现了我国刑事诉讼二审程序坚持"实事求是，有错必纠"的理念。对于上诉或抗诉的案件，通过对全部事实和证据进行重新评判，可以促进二审程序中的裁判者对案件事实的认定尽可能接近客观真实。在我国，由于不少被告人文化水平较低并欠缺法律知识，加上律师辩护率也不高，被告人常常难以发现一审裁判的问题，难以准确地提出上诉的理由。所以，二审法院对案件进行全面审查，有助于发现一审裁判在事实认定和法律适用上存在的问题，弥补当事人自我救济能力的不足。②全面审查原则体现了我国刑事诉讼的实事求是原则和对人民负责的精神，对于保证完成二审程序的任务，具有重要意义。③

然而，全面审查原则也有其缺陷。全面审查原则主要有两层含义：一是无论当事人基于何种缘由提出上诉，二审法院都不受该上诉缘由和范围的限制，应当就原审的事实认定和法律适用问题进行全面审查；二是在共同犯罪案件中，只有部分被告人上诉，或自诉人只对部分被告人提出上诉，或检察院只对部分被告人提出抗诉，二审法院也应当对全案进行审查，一并处理。关于全面审查原则的缺陷，我国学者早有论述，全面审查原则与司法审判的被动性、裁判者中立性、现代司法真实观及程序的安定性均有冲突。④类似缺陷也存在于共同犯罪案件的二审程序中，且全面审查原则在共同犯罪案件的二

---

① 《最高人民法院关于人民法院审判严重刑事犯罪案件中具体应用法律的若干问题的答复（三）》（法（研）字〔1985〕第18号，现已失效）："问：在人民法院一审或者二审过程中，被告人死亡的案件，应如何处理？在共同犯罪案件中，有一个被告人在审理过程中死亡，如果是上诉人死亡，其他被告人没有上诉，应如何处理？（安徽、北京、上海、宁夏、新疆、铁路）答：刑事案件被告人在法院审理过程中死亡，人民法院应当依照刑事诉讼法第十一条的规定，以裁定宣告对本案终止审理。如果根据已有的证据材料，能够确认被告人无罪的，应判决宣告无罪。如果确能认定被告人有罪的，应根据刑事诉讼法第十一条的规定，不再追究刑事责任。对于同违法犯罪无关的财物，已被扣押的应予发还；同违法犯罪有关的财物，可以依照刑法第六十条的规定处理。在法院审理共同犯罪（包括集团犯罪）案件的过程中，如有一被告人死亡，应对死亡的被告人宣告终止审理，对该案其他被告人仍应继续进行审理；如果上诉案件已经移送第二审人民法院后，上诉人死亡，其他被告人没有上诉，第二审人民法院仍应当就第一审判决认定的事实和适用法律进行全面审查，对已死亡的上诉人宣告终止审理，对其他同案犯作出判决或裁定。"

② 陈光中、曾新华：《刑事诉讼法再修改视野下的二审程序改革》，《中国法学》2011年第5期。

③ 陈兴良：《共同犯罪论（第二版）》，中国人民大学出版社2006年版，第490页。

④ 陈卫东：《刑事二审开庭程序研究》，中国政法大学出版社2008年版，第152—156页。

审程序中也有其特殊的缺陷。首先,全面审查原则与上诉不加刑原则更难协调。为了保障被告人的上诉权,设定了上诉不加刑原则,当上诉的部分被告人事实认定准确,法律适用正确,但未上诉的部分被告人事实认定错误,法律适用不当的,在上诉不加刑原则下,也不能基于部分被告人的上诉而直接给予未上诉被告人加重处罚。在全面审查原则下,很难与上诉不加刑原则进行协调。其次,全面审查原则不利于同案犯被告人人权的保障。在上诉的部分被告人申请撤诉后,二审法院认为其申请撤诉的理由得当,是否应当准许其撤诉,撤诉后案件是否还需继续进行审理,特别是在发现原审对案件事实认定和法律适用存在偏差之时如何处理。[①]单人犯罪案件中,全面审查原则的主要缺陷在于对诉讼效率的拖延;而在共同犯罪案件中,则使其他被告人处于随时被重新追诉的不稳定状态。全面审查原则给共同犯罪第二审的司法实践带来了一系列难题和困扰。

2. 坚持开庭审理原则,不开庭为例外

法庭审理案件的形式主要包括开庭审理、书面审理和讯问审理。开庭审理即控辩双方均应到庭,庭审具有完整的构造和程序,具备亲历性、对审性、参与性等特征;书面审理则是指以阅卷的形式进行审理,主要是审查原审制作的案卷和证据材料,进而作出救济审的裁判;而讯问审理就是法庭除了阅卷之外,还应当讯问有关当事人,听取控方和辩护人的意见。《刑事诉讼法》规定了二审开庭审理的条件,其第234条第(1)款规定,第二审人民法院对于下列案件,应当组成合议庭,开庭审理:(1)被告人、自诉人及其法定代理人对第一审认定的事实、证据提出异议,可能影响定罪量刑的上诉案件;(2)被告人被判处死刑的上诉案件;(3)人民检察院抗诉的案件;(4)其他应当开庭审理的案件。《刑事诉讼法解释》第393条第(2)款补充规定:"被判处死刑的被告人没有上诉,同案的其他被告人上诉的案件,第二审人民法院应当开庭审理。"对于死刑案件的二审,最高人民法院、最高人民检察院、公安部、司法部出台的《关于进一步严格依法办案确保办理死刑案件质量的意见》第37条规定:

---

① 杨小雄:《共同犯罪部分被告人撤诉时二审如何处理》,中国法院网,最后访问时间:2016年1月2日,http://sxfy.chinacourt.org/public/detail.php? id=1612。

"审理死刑第二审案件,应当依照法律和有关规定实行开庭审理。"而对于不开庭的,《刑事诉讼法》第234条第(2)款规定:"第二审人民法院决定不开庭审理的,应当讯问被告人,听取其他当事人、辩护人、诉讼代理人的意见。"而实证调查显示,抗诉案件开庭审理的规定在实践中得到了落实,而上诉案件"以开庭审理为原则,以不开庭审理为例外"的规定没有得到真正贯彻。即使在某些发达地区,上诉案件开庭率最高时也不过10%左右。[①]可见,上诉案件的开庭率很低,通过审判程序救济当事人权益的规定并未落实。特别是对检察院抗诉的案件,立法明确规定应当开庭,则造成控辩双方在第二审程序中的不平等。

3. 确立上诉不加刑原则

上诉不加刑原则集中体现了上诉审的救济性,《刑事诉讼法》第237条第(1)款规定:"第二审人民法院审理被告人或者他的法定代理人、辩护人、近亲属上诉的案件,不得加重被告人的刑罚。第二审人民法院发回原审人民法院重新审判的案件,除有新的犯罪事实,人民检察院补充起诉的以外,原审人民法院也不得加重被告人的刑罚。"对于共同犯罪而言,《刑事诉讼法解释》第401条就规定了同案审理的案件,只有部分被告人上诉的,既不得加重上诉人的刑罚,也不得加重其他同案被告人的刑罚。其第402条明确规定:"人民检察院只对部分被告人的判决提出抗诉,或者自诉人只对部分被告人的判决提出上诉的,第二审人民法院不得对其他同案被告人加重刑罚。"可以看出,共同犯罪上诉审程序中已经确立了上诉不加刑原则,这一原则为被告人上诉提供了有效保障。然而,一些现实的制度却有碍上诉不加刑原则的实现。首先,我国立法明确了二审发回重审制度,适用范围较广,通过二审发回重审,可规避上诉不加刑原则。《刑事诉讼法》规定,事实不清楚或者证据不足的,可以发回原审人民法院重新审判。司法实践中确有通过发回重审或者在再审中加重被告人刑罚的变通做法,进而回避上诉不加刑原则。针对司法实践中通过发回重审来规避上诉不加刑原则的问题,2012年修订的《刑事诉讼法》规

---

① 陈光中、曾新华:《刑事诉讼法再修改视野下的二审程序改革》,《中国法学》2011年第5期。

定了发回重审的案件也应当受到上诉不加刑原则的限制,除非有新的犯罪事实,人民检察院补充起诉为例外。其次,检察官的抗诉范围过大。上诉不加刑原则主要针对被告方的上诉,并不包括公诉方的抗诉。对于检察院抗诉或者自诉人提出上诉的案件则不受上诉不加刑原则的限制。在我国,公诉机关有权对案件进行抗诉,抗诉事由等同于被告人的上诉事由。公诉机关提起不利于被告人的抗诉时,将导致二审救济功能下降,上诉不加刑原则形同虚设。

此外,立法对上诉的事由规定比较模糊。《刑事诉讼法》第 227 条规定,被告人、自诉人和他们的法定代理人提出上诉的理由是"不服"地方各级人民法院第一审的判决、裁定。因此,从文义上而言,只要对一审裁判不服,在上诉期内即可提出上诉。我国也赋予检察院抗诉的权力,《刑事诉讼法》第 228 条规定:"地方各级人民检察院认为本级人民法院第一审的判决、裁定确有错误的时候,应当向上一级人民法院提出抗诉。"因此,抗诉的理由为第一审裁判确有错误,而对于何谓"确有错误",在法律上却没有明确的界定。由此可见,我国对上诉事由规定得过于宽泛,上诉启动较为容易。虽然对被告人的上诉权保障大有裨益,但却极易导致对二审程序的滥用,以及浪费司法资源。立法一方面未细化上诉事由,另一面也没有特别规定共同犯罪上诉程序的启动。特别是根据全面审查原则,在共同犯罪案件中,任何一个上诉主体提出上诉,都将导致对全案的上诉,二审程序事实上是在重复一审的功能,囿于改判率等现实利益的掣肘,上诉审不仅无法达到应有的救济功能,还导致其他未提出上诉的被告人处于随时面临改判的可能,在程序上无法获得安定性。

二、共同犯罪上诉审程序的功能及原则

共同犯罪上诉审程序具有刑事上诉审程序的普遍功能,在探讨共同犯罪上诉审程序的功能时,需要对上诉审程序普遍功能进行引申诠释。

1. 共同犯罪上诉审程序有助于实现司法公正

公正是司法的生命力,设计诉讼制度主要围绕尽可能地实现司法公正的根本目标。共同犯罪上诉审程序也是实现共同犯罪案件司法公正的重要制度保障。刑事审判作为一种不完善的正义,即便法律被仔细地遵循,过程被

公正恰当地引导,还是有可能达到错误的结果。[①]诉讼程序因为由具有主观能动性但认识能力存在局限的主体参与其中,存在偏差和错误的盖然性无法避免。刑事诉讼上诉审程序的主要功能在于通过科学程序设置纠正原审未生效裁判中存在的有害错误,尽量降低错误结果的风险。从认识论角度来看,由于认识能力所限,诉讼程序对案件事实的认定难免会存在偏差,而对案件多一次程序救济,就越能接近案件的客观真实,因此,上诉审程序的理论价值在于上诉审会比原审对案件事实的认定更为准确。无论这一目标是否仅是立法者的一厢情愿,上诉审的确体现了对原审的监督,对原审裁判增加了审查机制,是刑事诉讼程序追求司法公正的体现。由于共同犯罪涉及人数较多,因此,共同犯罪上诉审程序对司法公正的追求要比单人犯罪案件的上诉审对司法公正的追求更进一步。共同犯罪上诉审程序不仅要实现全案整体上的司法公正,还应确保每个共同被告人在上诉审程序中得到公正的对待和处理,让共同犯罪案件的各被告人均感受到司法公正。

2. 共同犯罪上诉审程序能够保障共同被告人人权

人权保障是刑事诉讼的普遍价值,刑事上诉审程序可以给被告人提供程序救济以实现人权保障价值。共同犯罪案件各被告人经过第一审审判,若对原审关于案件事实认定和法律适用存在异议,则需要一个特定的场所和程序保障其异议的表达和听取。因此,刑事上诉审程序的设置可以为当事人提供进一步表达说理的场所和程序,是国家保障当事人诉讼救济权的体现。以我国为例,统计显示,我国"1998 年至 2009 年 12 年间,全国法院刑事二审结案1096248 件,其中抗诉案件 36221 件,仅占二审案件的 3.3%;抗诉案件年均只有 3018 件,每个检察院提出抗诉不及 1 件"[②]。由此可以初步判断,我国刑事上诉审启动主要以当事人上诉为主,这至少从程序上已经实现救济当事人权利的作用。上诉审程序的设置一方面可以消除当事人对裁判的不满情绪(即使经过上诉审程序审理维持原审判决),从当事人的角度来看,经历救济程序的审理,体现了国家对其案件的足够重视,即使维持原判,也有助于提高当事

---

① [美]约翰·罗尔斯:《正义论》,何怀宏、何包钢、廖申白译,中国社会科学出版社2003 年版,第 86 页。

② 刘计划:《检察机关刑事审判监督职能解构》,《中国法学》2012 年第 5 期。

人对裁判结果的认同度;另一方面也确保了当事人寻求救济的权利,案件经过上诉审查,增加了一道案件审理程序,基于认识的不断深入,可以使法律事实尽可能地接近案件事实真相。共同犯罪案件上诉审程序的设置,通过给共同犯罪各被告人提供救济机会,事实上起到规制国家追诉权的作用,确保共同犯罪中的每个被告人的人权避免被国家追诉权随意侵害,上诉审程序的救济性得到进一步彰显。实践中,上诉审程序的确在纠正法律适用错误及一审程序错误方面起到了维护被告人人权的作用,上诉不加刑等原则也为当事人无负担地行使上诉权发挥了重要的保障功能。在共同犯罪案件中,被告人权利在一审程序中基本可以得到保障,但存在个别被告人的权利在一审程序中未被良好保障的风险。因此,从人权保障的角度出发,即使仅有一个被告人的权利或一个人的部分权利未得到良好的保障,也应当设置专门的救济途径为其提供救济,以保障共同犯罪案件的每个被告人的救济性权利。

3. 共同犯罪上诉审程序有利于法律的准确适用

在刑事一审过程中,由于既要对案件事实问题进行认定,又要适用法律,因此,案件第一审审理程序最为完整,也最为关键。但第一审法院一般都是基层法院,案件数量较多,主要问题集中体现为案多人少的矛盾。基于这些现实,特别是对复杂案件,无论是对实体法的适用,还是对程序的遵守,都存在进一步审查的必要。上诉审可以针对原审裁判中存在的问题,进行具有针对性的审理。这既可以保障法律的准确适用,也有利于维护国家法律适用的统一性。然而,在共同犯罪案件中,存在部分被告人对于一审法院的法律适用问题并无异议的情形,上诉审应当仅对法律适用问题存在异议的部分被告人进行救济。在审理有争议的法律适用问题过程中,若原审对未上诉的部分被告人适用法律亦有错误,基于法律适用的统一性,在不损及未上诉被告人利益的前提下应当予以纠正,以此通过共同犯罪上诉审程序实现法律适用的准确性。

上诉审程序顾名思义就是为被告人提供权利救济的程序,作为一般的救济审程序,应当遵循特定的规则以确保上诉审功能的实现。与此相适应,在规则之上首先应当坚持一些特有的原则。

(1)有利于被告人原则。法治发达国家普遍确立了救济审有利于被告人原则。从启动程序而言,应当坚持一事不再理原则。对于一事不再理原则,德国赫尔曼教授认为,"不论是有罪还是无罪判决,作出产生法律效力的判决后不允许对同一行为再启动新的程序。此原则的出发点,是国家的处罚权已经耗尽"。[①]可见,一事不再理原则是对国家公权力的限制,要求国家慎重行使处罚权。公民个体相较于强有力的国家公权力机关,处于天然的弱势地位,因对裁判不服,则应有权启动救济审程序。救济审程序应当充分体现有利于被告人原则。如《法国刑事诉讼法典》第572条关于对无罪的上诉之规定:"对重罪法院做出的宣告无罪的判决,仅得唯一以法律之利益,向最高司法法院提起上诉,且不损害经宣告无罪的当事人的利益。"[②]因此,上诉审程序的启动应当针对控方设定一事不再理原则的限制,而对于被告人的上诉权则应进行有效保障,确立诸如上诉不加刑原则等。从结果上看,有利于被告人原则主要体现为上诉不加刑原则,在日本和我国台湾地区,其又称为"禁止利益变更原则"。在共同犯罪案件的上诉审程序中,只有部分被告人上诉的,上诉审法院对上诉的部分被告人适用上诉不加刑原则,该原则还应适用于未上诉的共同被告人。未上诉的共同被告人不应因为其他同案被告人的上诉而导致不利后果。同样,检察机关仅对部分被告人提出抗诉的,因抗诉而导致的不利后果也不应及于未被抗诉的共同被告人。因此,在上诉审程序中,无论是从启动程序的条件设置来看,还是从裁判的结果而言,都应当坚持有利于被告人原则。

(2)开庭审理原则。上诉审应当坚持开庭审理原则,上诉审法院开庭审理属于当事人上诉权的内涵之一。开庭审理的价值主要体现在以下几个方面:第一,落实控辩平等,只有在开庭程序中,处于天然劣势地位的被告方才有机会把对原审裁判的异议充分表达出来。开庭审理可以为控辩双方平等对抗提供特定的场域。第二,体现司法权与行政权的区别。司法权更加关注公正,重视对人权的保障和通过司法程序解决纠纷。上诉审程序在性质上属于诉讼程序,审理程序中存在控、辩、审三方的基本构造,只有在控辩双方平

---

① [德]赫尔曼:《〈德国刑事诉讼法典〉中译本引言》,《德国刑事诉讼法典》,李昌珂译,中国政法大学出版社1995年版,第14页。

② 《法国刑事诉讼法典》,罗结珍译,中国法制出版社2006年版,第357页。

等对抗,法院中立裁判的结构中,才能确保依据证据认定案件事实,作出不偏不倚的裁判。书面审理类似于行政管理程序,具有行政权的性质,行政权更关注效率,一般采用行政审批的方式作出决策。我国实行两审终审制,作为上诉审程序的第二审程序是当事人通过审级制度进行救济的关键程序,不开庭审理则是对当事人上诉权的限制;此外,我国二审本质上是对案件的重新审理,二审对事实问题和法律问题都可以进行审理,属于复审制,因此二审要解决对证据的调查和事实的认定问题,就都应当通过开庭审理的方式进行,才能充分实现救济审功能,且让当事人认可司法裁判的公信力。而无论是复审制还是续审制,在共同犯罪上诉审程序中,往往涉及多个原审被告人上诉的情形,在开庭审理程序中,控辩双方积极对抗,才能使法庭准确把握上诉争议焦点。法庭围绕争点展开审理,让各上诉人方在法庭上充分表达异议。控辩双方充分辩论,不仅可以实现司法公正,也可以提高审判效率,节约司法资源。

(3)上诉续审原则。上诉审程序重在救济,案件经过一审审理之后,被告人认为原审审理存在程序瑕疵、事实认定错误、法律适用不当等情形时,可以依据法律所赋予的司法救济权依法提起上诉,寻求进一步的救济。既然上诉审是基于被告人的救济权而启动的,在被告人放弃其救济权行使的情形下,则应当尊重被告人的程序选择权。因此,在刑事案件上诉审程序中,应当坚持有限审查原则,采用续审制。一些国家早已采用有限审查原则,如《德国刑事诉讼法典》第327条规定:"法院只能对原判决的被要求撤销、变更的那部分进行审查。"其第352条第(1)款规定:"上诉法院只是根据所提出的上诉申请进行审查,如果上诉是依据程序上的错误时,只审查提出上诉申请时所说明的事实。"①在共同犯罪案件中,全面审查原则涉及对未提起上诉的被告人上诉选择权的侵害,应当以有限审查为原则。首先,对于共同犯罪案件多个被告人仅有部分被告人上诉要求启动上诉审的,仅就提起上诉的部分被告人所涉及的案件进行审理,其他未上诉的部分被告人则不再主动进行审理,除非案件需要,该部分被告人可以出庭接受调查;其次,部分被告人仅就原审中的

---

① 《德国刑事诉讼法典》,李昌珂译,中国政法大学出版社1995年版,第123页。

部分问题提出异议,上诉审应当仅就该部分异议进行审理,除非案件的其他部分存在明显不利于被告人的,否则,不应对未上诉的部分进行审理。这一方面可以体现上诉审救济的针对性,进而有别于案件的第一审,另一方面也可以提高诉讼效率,减轻被告人"讼累",避免被告人因裁判的不稳定性而遭受身心煎熬。

三、共同犯罪上诉审平衡刑事责任的基本规则

共同犯罪上诉审程序特殊之处在于存在共同被告人全部上诉、共同被告人部分上诉而部分不上诉,以及部分以对事实认定有异议为由上诉而部分以适用法律错误为由进行上诉等情形。上诉审主要以救济为主要功能,基于共同犯罪人数的复数性,部分被告人的上诉必然影响其他被告人的利益,因此,共同犯罪上诉审首先涉及的问题便是各同案被告人刑事责任的协调,应当遵守以平衡刑事责任为核心的基本规则。

1. 部分被告人上诉则全案判决不生效规则

共同犯罪上诉审中,部分被告人上诉而部分被告人不上诉的,上诉自然导致上诉涉及的部分裁判暂不生效,而为了能够平衡共同被告人的刑事责任,未上诉的部分也应当暂缓生效。因为未上诉的部分判决若先行生效,则案件经过上诉审理认为应作出有利于未上诉部分被告人的裁判,此时基于生效裁判的终局性便无法对未上诉部分被告人的裁判作出改变。《刑事诉讼法》和《刑事诉讼法解释》均确立了全面审查原则,共同犯罪上诉审程序中为了落实全面审查原则,部分上诉引起全案一审裁判均不生效是逻辑必然,司法实践中也如此运作,但该规则立法和司法解释均无明文规定,导致实务中依据《刑事诉讼法解释》第399条第(1)款的规定对共同犯罪上诉部分进行重点审查时,对于其他未上诉的部分涉及的裁判如何处理主要依据对相关法条的综合理解。[1]从共同犯罪上诉审可以平衡刑事责任的角度而言,无论是坚持现

① 王祥国:《对共同犯罪案件判决和裁定生效时间的探讨》,最高人民法院网,最后访问时间:2017年6月30日,http://www.hicourt.gov.cn/theory/artilce_list.asp?id=5301;《刑事共同犯罪案件一审判决后,部分被告人上诉,案件生效时间问题》,新浪博客,最后访问时间:2017年7月22日,http://blog.sina.com.cn/s/blog_62c848000102ve5n.html.

行立法确立的全面审查原则还是重点审查原则,以及未来应当确立的有限审查原则,法律都应当明确规定:共同犯罪部分被告人上诉的,上诉审期间原审对于全案的裁判均不生效。此规则的确立可以使上诉审根据审理结果对未上诉人的原审裁判作出改变,可见,部分被告人上诉则原审裁判均不生效规则是共同犯罪上诉审程序平衡刑事责任的前提。

2. 上诉利益同案被告人共享规则

上诉利益共享即部分被告人上诉所引起的有利裁判应当及于其他被告人。在共同犯罪案件中,部分被告人上诉而部分被告人不上诉的,上诉审经过审理认为应作出有利于未上诉共同被告人的裁判的,可以对其他未上诉人进行改判。被告人具有平等的上诉权,因此,共同犯罪部分被告人的上诉权行使就可以启动上诉审程序。针对当事人依法提起的上诉,上诉审法院应当对原审裁判进行审理而对当事人进行诉讼程序上的救济。为确保法官中立裁判,不告不理原则是裁判者所应当遵守的基本原则。在共同犯罪案件中,部分被告人上诉的,上诉审应当仅针对提起上诉的部分进行审查。上诉审经过审理,认为原审裁判准确,当事人所提异议并不成立的,应维持原判决;否则,应当在上诉不加刑原则的指引下进行改判。为了充分实现司法程序的人权保障价值和上诉审程序的救济功能,上诉审经过审理认为原审判决确有不当,除了应当作出有利于部分上诉被告人的裁判,也应当对未上诉部分被告人进行改判,作出有利判决。未上诉的共同被告人是否出席上诉审庭审应当视庭审需要而定,但参加庭审与否并不影响其对上诉审有利裁判结果的获得,不应因其未参与庭审而使其处于不利地位。因此,在共同犯罪程序中,上诉的部分共同被告人与未上诉的共同被告人之间的关系可以简单描述为"有福应当同享,有难未必同当"。虽然我国法律和司法解释已经确立了上诉不加刑原则,比如《刑事诉讼法解释》第401条第(1)款第(1)项规定:"同案审理的案件,只有部分被告人上诉的,既不得加重上诉人的刑罚,也不得加重其他同案被告人的刑罚。"其第402条规定:"人民检察院只对部分被告人的判决提出抗诉,或者自诉人只对部分被告人的判决提出上诉的,第二审人民法院不得对其他同案被告人加重刑罚。"但对未上诉部分或未被抗诉的被告人可否作出有利的改判,立法并没有明确的规定。其他国家对此已有立法规定,比如《日本刑事诉讼法》第401条规定:"在为被告人的利益而撤销原判决的场合,如果撤销的理由为提起控诉案件的共同被告人所共同具有时,也应该对该共同被告人撤销原判决。"①这条规定明确了救济审程序中对原判决的撤销效力及于所有共同被告人,无论该部分被告人是否也提起上诉。而《德国刑事诉讼法典》在共同犯罪救济审程序中确立了上诉不可分原则,属于异曲同工,该法第357条规定:"由于适用《刑法》有误,所以对被告人有利地撤销原判决的时候,如果原判决的被声明不服部分还涉及其他未提出上诉的被告人的,则上诉裁判效力及于全部共同被判决人。"②对此,我国相关法律也应当明确规定上诉利益共同被告共享规则。

3. 对部分被告人抗诉引起的量刑变化不应打破主从犯认定体系规则

根据避免双重危险原则,应当限制公权力对当事人的重复追诉,除非上诉人基于救济目的提起上诉启动上诉审程序,国家公权力机关一般无权启动上诉审程序。但我国法律规定,公诉机关的抗诉也是启动二审的方式之一,我国立法赋予公诉机关查明案件事实真相的职能,针对原审中事实认定、法律适用或程序运作中的错误,可以向人民法院抗诉,以纠正错误。《刑事诉讼法》规定,被抗诉的被告不受上诉不加刑原则的约束,未被抗诉的部分被告依然适用上诉不加刑原则。因此,在公权力机关抗诉权存在的情形下,就涉及共同犯罪上诉审程序中主从犯量刑体系问题。在共同犯罪案件中,法庭应当根据认定的案件事实进行裁判,在具体量刑上主要根据主从犯的地位综合考量,一般对主犯的量刑要重于从犯的量刑。若公诉机关对共同犯罪部分从犯提出抗诉,并且提出了加重该部分从犯刑罚的量刑建议,二审法院如果采纳该量刑建议,则对被抗诉的从犯所判处的刑罚要重于原审对主犯所判处的刑罚。对此,二审法院不应当采纳该量刑建议。比如在原审裁判中,共同被告某甲、某乙被认定为主犯,判处有期徒刑十年,共犯某丙被认定为从犯,判处有期徒刑八年。公诉机关对某丙提出抗诉,认为对其量刑太轻,建议量刑十二年,二审法院经审理认为原审对某丙的量刑的确过轻,但在不改变某丙从

---

① 《日本刑事诉讼法》,宋英辉译,中国政法大学出版社2000年版,第89页。
② 《德国刑事诉讼法典》,李昌珂译,中国政法大学出版社1995年版,第130页。

犯地位的情形下,不宜直接改判某丙有期徒刑十二年。从逻辑上而言,共同犯罪案件中对从犯的量刑要轻于主犯,更不能重于主犯,检察院对部分被告抗诉的案件中,二审对共同犯罪同案被告人的量刑不应突破主从犯认定框架及其刑事责任划分的规则。

4. 案件事实认定争议的上诉区别对待规则

部分被告人对原审认定事实存在异议而提出上诉,上诉经审理认为原审对该部分被告人的事实认定确有错误,若该事实仅仅是涉及上诉人部分的事实,无关其他被告人,则可直接对该事实重新认定。若对上诉部分被告人事实的重新认定会影响其他未上诉的被告人的事实认定,则应当根据刑事责任平衡和有利于被告原则,分两种情形进行处理。其一,该部分事实的重新认定产生的结果有利于其他未上诉被告人的,则该事实认定的结果应当惠及其他人。比如二审认为原审中对其他未上诉被告人量刑过重的,二审应当直接改判,判处较轻的刑罚。其二,对上诉部分的事实认定不利于其他未上诉被告人的,仅对上诉部分的被告人作出改变,其他被告人维持原状。经过二审认定的事实不利于全案的,也仅对上诉人作出处理即可,而不能殃及其他人,使未上诉的被告人处于不利地位。当然,根据上诉不加刑原则,对上诉部分被告人的裁判也不应使其处于更加不利的地位。《俄罗斯联邦刑事诉讼法典(新版)》第360条第(2)款规定:"按照第一上诉程序或第二上诉程序审理刑事案件的法院,在检查法院裁判是否合法、是否根据充分和是否公正时,仅针对法院裁判中被提出上诉和抗诉的部分。如果在审理刑事案件时确定了涉及该案中其他被判刑人或被宣告无罪人的利益的情况而对之并未提出上诉或抗诉,则刑事案件也要针对这些人的情况进行审查。在这种情况下,不允许恶化他们的状况。"[①]控方可以为了当事人利益上诉,体现检察官的客观义务,但始终不可损及被告人的利益。比如,在一起三人盗窃案中,原审认定某甲为主犯,某乙和某丙为从犯,并据此科以刑罚。一审宣判后,某甲认为对其主犯的事实认定存在错误,当庭表示上诉,并在上诉期内提交上诉状。经过

---

① 《俄罗斯联邦刑事诉讼法典(新版)》,黄道秀译,中国人民公安大学出版社2006年版,第294页。

二审审理,认为某甲属于主犯的事实认定的确有误,某甲应为从犯,并对某甲以从犯进行量刑。这就导致此共同犯罪案件中无主犯情形的出现。从共同犯罪主从犯认定体系考虑,共同犯罪案件中可以全部为主犯,但不应全部为从犯。之所以经过上诉审出现共同犯罪中无主犯的情形,主要是由上诉审乃救济审的性质决定的,也集中体现了有利于被告原则,是刑事诉讼程序保障人权的重要体现。同时,上诉审对案件事实的认定而导致共同被告中仅有从犯的情形集中体现了程序的独立价值。虽然程序意义上的事实认定应当无限接近于客观真实,但应容忍程序真实与实体真实之间的差距,诸如上诉不加刑原则与罪责刑相适应原则之间产生的冲突,体现了司法与立法之间的张力。

四、共同犯罪上诉审的程序运作

上诉审程序是从审级制度上给予被告人提供救济的重要制度。无论是单人犯罪案件,还是共同犯罪案件,经过第一审审理之后,当事人无论是对原审裁判的事实认定还是对法律适用存在争议,都可以行使上诉权寻求上诉审救济。上诉审程序中有别于一审程序,并且共同犯罪上诉审程序有其特殊性。共同犯罪上诉审应坚持合并审理规则,①除了适用基本的上诉审规则之外,还应遵守特定的上诉审程序规则。

1. 不上诉被告人应以证人的身份出庭作证规则

在共同犯罪案件第一审程序中,认罪的部分被告人在法庭调查中应当优先调查,以提供相关的证据信息,这样可以有效提升法庭调查的效率。共同犯罪案件经过第一审程序,各共同被告人均有平等的上诉权,共同被告人对原审裁判的事实认定以及法律适用问题均可提出异议,提起上诉。对原审裁

---

① 共同犯罪案件中,不同的被告人基于不同的上诉事由分别向法院提起上诉,二审法院应当采用合并审理的方式。当然,二审合并审理并不能与全面审查原则相混淆。本质上,各共同被告人的诉讼具有独立性,共同犯罪诉讼之所以能够合并审理,就是因为共同犯罪各被告人的诉讼具有关联性。合并审理的前提是诉的存在,而全面审查原则是法院主动启动一个诉讼进行审理,因此共同犯罪二审合并审理与二审的全面审查原则有实质区别。在部分被告人上诉而部分被告人未上诉的情形下,二审合并审理仅适用于提出上诉的部分被告人,而未提起上诉的被告人则不应当被卷入新的诉讼。

判有异议并提出上诉的被告人,在上诉审程序中应当以上诉人的身份参与庭审。在部分共同被告人对一审裁判无异议不上诉的情形下,该部分未上诉的共同被告人可以不参与庭审。但根据上诉审庭审需要,该部分未上诉的共同被告人在必要的时候应当出庭接受调查,而且该部分被告出庭应承担证人角色。共同被告人是共同犯罪事实的参与者,对共同犯罪的相关事实具有最为直接的感知,未上诉的共同被告人出庭作证便于解决争点问题。被告人选择不上诉,表明该部分被告人认可了第一审程序中认定的案件事实,理论上就其所知晓的案件事实提供证言并无障碍。未上诉共同被告人就其所知晓的案件事实提供的证言具有证据能力,而该证言证明力的大小,主要通过上诉审庭审质证由裁判者判断。

2. 合理安排发言顺序规则

在共同犯罪各被告人全部上诉或多个被告人上诉时,上诉审开庭审理程序中如何安排各上诉人进行发言应有规则可遵循。在第一审程序中,对案件的审理应当坚持以争点解决为主线,法官应当根据查明案件事实的逻辑顺序自由安排争点顺序,被告人在庭审中的发言顺序根据主要争点进行安排。基于上诉人的上诉事由,上诉审程序中亦有争点的突出,因此,法官首先应当对争议焦点进行整理,以争点解决的逻辑顺序安排上诉人发言。原则上应当坚持由简到难、由浅入深的顺序,即首先应当安排争议不大或者争议较易解决的上诉人发言,以此循序渐进,逐一安排上诉人发言。在部分被告人就事实问题提起上诉、部分被告人就法律问题提出上诉的情形下,法官应释明事实争点和法律争点,以先事实争点、后法律适用争点为原则,安排对事实认定存在争议的部分被告人先发言,然后再听取对法律适用存在争议的部分被告人的意见。所有上诉人均以事实认定错误为由上诉的,法庭应当根据先定罪事实、后量刑事实的顺序安排上诉人发言。此外,在上诉审理过程中,不同被告人及其辩护人应当具有平等的发言机会。

3. 共同上诉人撤诉规则

在撤诉的问题上,《刑事诉讼法》中并无专门针对是否允许共同被告人在

上诉期间撤诉的规定,仅有检察院撤回抗诉的规定。①《刑事诉讼法解释》第
383条规定了被告人撤诉规则,上诉期内上诉人要求撤诉的,法院应当准许;②
而上诉期满后要求撤诉的,法院应在审查的基础上进行不同的处理。被判处
死刑立即执行的被告人不准许在第二审开庭后宣告裁判前申请撤回上诉,即
使提出撤诉,上诉审程序依然继续运行,③无论是《刑事诉讼法》还是相关司法
解释,对于共同犯罪案件的被告人的撤诉问题并无特别规定。撤诉属于当事
人的一项权利,控方在一审程序中也可以撤回公诉,在自诉案件中,当事人也
可以撤回起诉。共同犯罪上诉审中的撤诉与一审程序中的撤诉存在的区别
在于诉的分割问题。上诉和撤诉均属于被告人上诉权的范畴,在共同犯罪案
件中,部分被告人要求撤诉的,等同于该部分被告人要放弃上诉权,法庭经过
审查认为符合条件的,确属上诉权人自由意志支配的,应当允许撤诉。撤诉
的部分被告人可不再以上诉人身份参与庭审,但根据前文所述之刑事责任平
衡规则,撤诉后原裁判应暂不生效,除非有超期羁押等情况可将撤诉人及未
上诉人先行释放,未撤诉的部分应当按照二审程序继续审理。

4. 上诉期间防止共同犯罪被告人超期羁押规则

共同犯罪案件中各共同犯罪人在犯罪中的地位和作用不同,因此承担的
刑事责任也有区别。由于上诉审理周期的影响,较易出现上诉审理期间部分
上诉或未上诉共同被告人羁押期限已满的情形,甚至羁押天数已完全可以折
抵原审裁判判处的刑期期限。羁押是对被告人人身自由的限制,目的是保障
案件诉讼程序顺利进行。从人权保障和羁押的目的而言,应避免超期羁押的
现象,共同犯罪案件上诉审期间被羁押的共同被告人在羁押期限届满时不存
在继续羁押必要的,应当解除对被告人的羁押措施。虽然共同犯罪案件中各

---

① 《刑事诉讼法》第232条第(2)款规定:"上级人民检察院如果认为抗诉不当,可以
向同级人民法院撤回抗诉,并且通知下级人民检察院。"

② 《刑事诉讼法解释》第383条第(1)款规定:"上诉人在上诉期限内要求撤回上诉
的,人民法院应当准许。"

③ 《刑事诉讼法解释》第383条第(2)款、第(3)款规定:"上诉人在上诉期满后要求撤
回上诉的,第二审人民法院经审查,认为原判认定事实和适用法律正确,量刑适当的,应当
裁定准许;认为原判确有错误的,应当不予准许,继续按照上诉案件审理。被判处死刑立
即执行的被告人提出上诉,在第二审开庭后宣告裁判前申请撤回上诉的,应当不予准许,
继续按照上诉案件审理。"

被告人的犯罪行为彼此具有牵连,但此牵连性并不是放纵对被告人超期羁押的理由,并且各被告人最终承担的刑事责任特别是刑罚的执行具有独立性。被告处于超期羁押的状态下,因涉及国家赔偿等因素,上诉审法院在作出判决时就会面临压力,往往要考虑上诉人或未上诉人的羁押期限进行量刑,不利于上诉审救济功能的实现。《刑事诉讼法》第98条规定,超期羁押应当释放,或变更强制措施,①《刑事诉讼法解释》第169条、第170条也有变更强制措施或者予以释放的规定,但法律和司法解释并无针对共同犯罪案件因部分被告人上诉而导致的共同被告超期羁押或者羁押已到原审对其判处的刑期期限时如何处理的规定。立法应当确立上诉期间防止共同犯罪被告人超期羁押规则,明确规定共同犯罪案件经过一审审理之后,因部分被告人上诉而导致判决暂缓生效时,无论是提起上诉的被告人,还是未上诉部分的被告人,其羁押期限已经届满,或者羁押期限已到原审对其判处的刑期期限时,均应释放或者变更强制措施。根据上诉审的救济性质,未上诉部分的被告人应当释放,而上诉的部分被告人可视上诉审理需要采用监视居住或者取保候审。

五、上诉审程序正当化与共同犯罪上诉审程序的调整

随着单人犯罪上诉审程序的正当化改革,共同犯罪上诉审程序也必将受到影响并应作出相应调整。这方面主要需关注以下问题。

1. 取消公诉机关的抗诉权

上诉审应当由当事人启动,控方不应启动上诉审。公民相较于强有力的国家公权力机关,处于天然的弱势地位,若对未生效裁判不服,应有权启动救济审程序寻求救济。在美国,如果初审被判处有罪,被告人可以上诉到高一级的法院,但是如果被告人被宣布无罪释放,政府就不得提出上诉,除非该无罪释放的判决是基于法律适用错误而不是有罪或无辜。上诉法院不会审查更多的证据,通常也不会重新评议初审中的呈堂证供。它们的职责通常是决

---

① 《刑事诉讼法》第98条规定:"犯罪嫌疑人、被告人被羁押的案件,不能在本法规定的侦查羁押、审查起诉、一审、二审期限内办结的,对犯罪嫌疑人、被告人应当予以释放;需要继续查证、审理的,对犯罪嫌疑人、被告人可以取保候审或者监视居住。"

定在审理和量刑阶段是否存在适用法律错误。①《法国刑事诉讼法典》第572条对无罪的上诉作出规定:"对重罪法院作出的宣告无罪的判决,仅得唯一以法律之利益,向最高司法法院提起上诉,且不损害经宣告无罪的当事人的利益。"②从审级制度的功能而言,一审应当是国家实现追诉权和刑罚权的主要诉讼阶段,上诉审的主要功能在于给予当事人救济。公权力对犯罪的追诉权在一审程序中已经行使完毕,不宜再进行抗诉。因此,确立严格的一事不再理原则,取消公诉机关的抗诉权,具有理论依据和实践经验支撑。未来共同犯罪案件中上诉审程序的启动权完全由同案被告人享有,与抗诉有关的规则应当废止。

2. 建立有限审查原则

既然上诉审是被告人的救济审,在被告人放弃其救济权的情形下,则应当尊重被告人的程序选择权。因此,在刑事案件上诉审程序中,应当坚持有限审查原则。一些国家早已采用有限审查原则,如《德国刑事诉讼法典》第327条规定:"法院只能对原判决的被要求撤销、变更的那部分进行审查。"其第352条第(1)款规定:"上诉法院只是根据所提出的上诉申请进行审查,如果上诉是依据程序上的错误时,只审查提出上诉申请时所说明的事实。"③我国二审程序实行全面审查原则,在审判力量极其有限的情况下导致二审法院超负荷审理上诉案件,影响案件审理质量,而且在共同犯罪案件中,全面审查原则涉及对未提起上诉的被告人上诉选择权的侵害。当事人完整的上诉权应当包括上诉权和不上诉权,上诉审全面审查原则使"上诉"与"未上诉"并无区别。为了体现共同犯罪案件中上诉审程序对同案被告人权利的救济功能,落实同案被告人的上诉权,同时节约司法资源,应当改革我国共同犯罪上诉审程序中的全面审查原则,建立有限审查原则。首先,共同犯罪案件同案多个被告人中仅有部分被告人提出上诉要求启动上诉审的,法院应仅就提起上诉的部分被告人所涉及的案件进行审理,对于没有上诉的被告人,如无讯问和

---

① [美]罗纳尔多·V.戴尔卡门:《美国刑事诉讼——法律和实践(第6版)》,张鸿巍等译,武汉大学出版社2006年版,第10页。

② 《法国刑事诉讼法典》,罗结珍译,中国法制出版社2006年版,第357页。

③ 《德国刑事诉讼法典》,李昌珂译,中国政法大学出版社1995年版,第123页。

质证的必要,便可不再传唤;对于没有被判处死刑的其他被告人的罪行,事实清楚的,可以不在庭审时审理。除非审理案件需要,法院可传唤未上诉部分被告人以证人身份出庭作证。其次,部分被告人仅就原审中的部分问题提出异议,上诉审应当仅就该部分异议进行审理,除非案件的其他部分存在明显不利于被告人的证据,否则,不应对未上诉的部分进行审理。确立有限审查原则之后,依然坚持部分被告上诉则全案判决不生效规则和利益共享规则,并不会使其他未上诉被告人的利益受损。

3. 借鉴三审终审制

上诉审具有纠错和救济等功能,为了充分实现上诉审的功能,我国应当建立三审终审制,其中第一审和第二审主要为事实审,第三审为法律审。我国并未引入陪审团制度,一审对事实的认定并不具有终局性,应当允许对一审事实认定部分进行上诉。但考虑到一审程序对查明案件事实的重要性,为了提高当事人对一审事实认定的认同,立法应重点完善第一审程序,构建以一审庭审为中心的事实认定机制。[①]第二审之审理,其距离犯罪时间与场所均较第一审为远,其获得之诉讼资料未必较第一审为优。加之,证据易因时间之经过失其真实性。使为重复之调查,徒增程序繁杂,证据纷乱,影响证明力之判断。乃复审制度是否良善,在证据制度上不无商量余地。[②]第二审应当具有事实审和法律审的双重功能,若对原审事实认定问题有异议的,可以通过二审请求上级法院审理,二审法院应当对有异议的事实问题进行审理,即二审应当采用续审制而非复审制。同时,第二审也可以就法律适用争议进行审理。第三审则是法律审,主要确保法律适用的统一性,对事实争议不予受理。若当事人对二审法律适用问题依然有异议,便可申请启动第三审程序,纠正原审在法律适用层面的错误。三审终审制也是发展趋势,如德国和我国台湾地区就实行三审终审制。德国的刑事诉讼即确立了三审终审制,德国刑事诉讼中的上诉审包括第二审和第三审,第二审不仅审理事实问题,也对法律问题进行审查;第三审是法律审,仅针对法律问题进行审理。我国台

---

① 龙宗智:《论建立以一审庭审为中心的事实认定机制》,《中国法学》2010年第2期。
② 陈朴生:《刑事证据法》,三民书局1979年版,第62页。

湾地区也实行三审终审制,类似于德国法之规定。在确立三审终审制之后,共同犯罪同案被告人部分对事实认定有争议、部分对法律适用有异议的,全案均应当由第二审法院审理,而仅对法律适用存在异议的,可以考虑直接由第三审法院进行审理。三审终审制建立后,第二审和第三审均为上诉审,第二审程序因涉及事实审和法律审双重任务,在审理共同犯罪上诉案件时可适用本书所确立的相关规则;第三审属于法律审,不适用与事实调查有关的上诉审规则,但仍需遵守平衡共同被告刑事责任的基本规则和上诉审的程序规则。

4. 确立全面开庭审理规则

开庭审理是法庭审判的基本方式,与之相对应的是书面审查方式。在行政决策程序中,为了提高效率,决策者往往通过审查书面材料,直接作出决定。《刑事诉讼法》规定上诉审以开庭审理为原则、不开庭为例外,[①]因此书面审查方式也是我国上诉审庭审方式之一,其在效率方面的价值不可小觑,司法实践中二审开庭率低属于突出问题。[②]庭审程序有别于行政程序,更应强调公正价值。庭审通过开庭的方式进行运作,可以落实直接言词原则,给予当事人直接陈述事实和对证据进行充分质证的机会,实现正当程序吸收当事人不满的功能。此外,也有助于确保裁判者的亲历性,进而促使法官形成恰当的心证。共同犯罪由于涉及人数较多,案件经过第一审普通程序审理之后,被告人依然提出上诉的,表明对原审裁判结果存在争议,且涉及其他被告人刑事责任平衡问题,更何况书面审查依然需要讯问同案被告人。我们认为,无论是从庭审程序的正当性而言还是从上诉审程序的人权保障功能出发,共同犯罪上诉审都应当遵循开庭审理的方式。当然,从兼顾效率的角度而言,对于争议不大的案件可以采取简化的开庭方式。

---

① 《刑事诉讼法》第234条规定,第二审人民法院对于下列案件,应当组成合议庭,开庭审理:(1)被告人、自诉人及其法定代理人对第一审认定的事实、证据提出异议,可能影响定罪量刑的上诉案件;(2)被告人被判处死刑的上诉案件;(3)人民检察院抗诉的案件;(4)其他应当开庭审理的案件。第二审人民法院决定不开庭审理的,应当讯问被告人,听取其他当事人、辩护人、诉讼代理人的意见。第二审人民法院开庭审理上诉、抗诉案件,可以到案件发生地或者原审人民法院所在地进行。

② 白国华:《刑事二审开庭率低的深层因素分析》,《理论探索》2016年第5期。

第二节　共同犯罪死刑复核程序

一、共同犯罪死刑复核程序的界定

死刑以剥夺人的生命权为目的,世界各国刑事法对死刑的适用问题都持慎重态度,主要体现在:一方面,通过立法限制死刑,比如减少适用死刑的罪名,甚至通过立法废除死刑,禁止死刑的适用;另一方面,在保留死刑的国家,死刑案件所适用的诉讼程序是最完整、最典型也是最严格的程序,比如死刑案件审理采用强制辩护规则,适用最严格的证据规则及最高的证明标准等。我国在立法上保留死刑,但对死刑适用采用严格控制的政策,立法上消减死刑适用范围,在诉讼程序中主要体现为涉及死刑的案件在第二审程序中应当开庭审理,并且针对死刑案件建立了特别救济程序,即具有中国特色的死刑复核程序。

死刑复核程序是指人民法院对判处死刑的案件进行复审核准所遵循的特别审判程序。[①]我国的死刑复核程序,本质上乃死刑案件的终审程序。普通刑事案件坚持两审终审制,经过第一审程序,在上诉或抗诉的情形下可启动第二审程序,第二审程序作出的裁定和判决即为生效裁判。但死刑案件经过第一审之后,除了可以通过第二审进行救济外,还应当经过死刑复核程序。只有经过死刑复核程序,该判决才最终发生法律效力。因此,死刑复核程序可以视为我国两审终审制的例外。[②]我国的死刑核准权经历了由最高人民法院享有到下放给高级人民法院,再由最高人民法院收回的过程。《刑事诉讼法》第246条规定死刑由最高人民法院核准。对于死刑复核程序的性质,学界主要有"行政审批说""特别程序说"和"审判程序说"三种论断。"行政审批说"认为,死刑复核程序重在"核"而不在"审",是一种行政审批程序。"特别程序说"认为,死刑复核程序是对死刑判决和裁定进行审查核准的程序,是刑事诉

[①]　陈光中:《刑事诉讼法(第五版)》,北京大学出版社、高等教育出版社2013年版,第376页。

[②]　张军、郝银钟:《刑事诉讼庭审程序专题研究》,中国人民大学出版社2005年版,第225页。

讼的特殊制度。"审判程序说"认为,死刑复核程序既处理程序问题又处理实体问题,从程序的正当性出发,应具有司法程序的基本特性,对死刑复核程序进行诉讼化改造。[①]我们认为,将死刑复核程序定位为刑事审判的特别程序较为恰当,"行政审批说"不符合死刑复核程序的司法属性,死刑复核亦由中立的司法机关进行,不同于行政机关的审批程序,现有立法对死刑复核程序的改造也有摒弃"行政审批说"的趋势。而一旦要把死刑复核程序等同于常规性的审判程序,也不符合我国的司法实际,我国目前并未设立三审终审制度,在死刑复核程序中,法院的消极被动性有所降低。相较于常规性的审判程序,我国的死刑复核程序是自行启动程序,即使被判处死刑的被告人未提出救济审的要求,死刑判决也必须经过死刑复核程序。共同犯罪死刑复核程序,涉及同案犯判处死刑的和未判处死刑的如何处理的问题,相较于单人犯罪的死刑案件复核程序,不仅面临对被复核被告人涉及的案件事实和法律适用的复核,还要考虑同案犯在死刑复核程序中的地位和权利维护问题,以此实现死刑复核的准确性,以防错杀。因此,共同犯罪死刑复核程序具有专门研究的必要。

死刑复核程序体现了防止错杀、少杀慎杀的态度,是对判处死刑被告人人身权利的重要保障程序,涉及死刑的共同犯罪案件适用死刑复核程序也具有类似价值,也有其独特意义。

1. 防止共同被告人刑事责任分配不当,减少死刑适用错误

死刑是对人生命的合法剥夺,一旦出现错误,就会对一个国家的司法制度造成严重的负面影响,引起舆论对司法程序的广泛质疑。而即便如此,被错杀的公民也无法起死回生,因此,死刑适用错误所造成的代价是昂贵的。在共同犯罪案件中,由于共同被告人在犯罪过程中的作用不同而应当承担不同的刑事责任,如何区分共犯在案件中的地位和作用,对各个共同被告人准确适用法律,真正实现罪责刑相适应原则,相较于单人犯罪案件而言难度较大。特别是典型的共同犯罪属于有组织的犯罪,部分被告人基于犯罪集团内部压力和其他因素,在诉讼程序中也存在共同被告人之间顶罪的风险,因此

---

① 陈卫东:《关于完善死刑复核程序的几点意见》,《环球法律评论》2006年第5期。

容易出现共同被告人刑事责任认定不准确或者刑事责任分配不平衡等难题。特别是涉及部分被告人被判处死刑的共同犯罪,该部分被告人的死刑适用是否准确,不仅关涉共同犯罪案件本身事实认定和法律适用的准确性问题,也涉及每个被告人特别是被判处死刑的部分被告人是否通过司法程序获得了公平对待。死刑复核程序作为死刑案件的救济审程序,对死刑案件多了一道司法程序的审查;死刑立即执行的犯罪案件,由最高人民法院复核,避免死刑适用的随意性,体现了死刑适用的严肃性。共同犯罪的死刑案件所适用的死刑复核程序,不仅要体现对单人犯罪被判处死刑的救济价值,实现减少死刑适用错误、避免错杀的功能,更加强调共同犯罪案件中对死刑案件各被告人犯罪地位和所应当承担的刑事责任的审查,关注死刑在共同被告人中适用的准确性,避免刑事责任分配不当。

2. 通过司法程序控制死刑的适用

关于死刑的存废问题,学术界争论由来已久,无论未来是否要彻底废除死刑,当下控制和限制死刑的适用已是司法界和学术界的普遍共识。限制适用死刑的方式有多种,如从立法上逐步废除死刑,减少死刑。但是对于一个保留死刑的国家而言,通过程序控制死刑的适用是最优选择。"与死刑的立法控制相比,死刑的司法控制更具有现实可操作性和灵活性。"[1]美国部分保留死刑的州对死刑的适用就设定了充分的救济程序,比如在加州,案件在定罪量刑程序之后,被判处死刑的被告人可以向加州最高法院自动提出上诉。如果加州最高法院批准了死刑判决,那么该被告人可以向加州最高法院申请人身保护令,而加州最高法院的决定还可以申请美国联邦最高法院加以审查。[2]因此,死刑审判除了遵循一般案件所应当适用的审判规则外,还应当有其特殊规则,比如适用严格证明,适用死刑应达到的最高证明标准。具有我国特色的死刑复核程序是针对死刑案件设定的特殊救济程序,在死刑案件经过普通审理程序审结之后,为死刑案件提供进一步救济程序,从而尽可能地减少死刑的适用。共同犯罪案件中对刑事责任的分配主要依据被告人在共

---

[1]　赵秉志:《死刑司法控制论及其替代措施》,法律出版社2008年版,"前言"第5页。

[2]　李立丰:《民意与司法——多元维度下的美国死刑及其适用程序》,中国政法大学出版社2013年版,第115页。

同犯罪中的地位和作用,特别是对于主犯而言,一般应当对全案罪行或者其参与的全部犯罪承担刑事责任。因此在诉讼中除了对犯罪行为与犯罪结果直接的因果关系进行判断之外,还要区分主从犯,因而要比单人犯罪案件的审理难度更大。此外,对主犯责任的认定也考虑到共同犯罪的危害性及打击犯罪的刑事政策,但当代司法程序更加注重对被告人人权的保障,因此,在涉及部分被告人被判处死刑的共同犯罪案件中,死刑复核程序对限制死刑、实现司法公正和落实人权保障就显得尤为重要。

作为我国所特有的一种救济程序,死刑复核程序在我国已有较为完备的立法和长时间的实践。然而,共同犯罪案件死刑复核程序在立法和司法实践中都面临困境。

1.《刑事诉讼法》关于共同犯罪死刑复核程序的规定阙如

《刑事诉讼法》关于死刑复核程序的规定仅有6个条文,并未提及共同犯罪案件的死刑复核问题。共同犯罪死刑复核程序的适用主要依据单人犯罪被判处死刑的规定,然而共同犯罪与单人犯罪案件存在区别,在死刑复核程序的适用上必然面临特殊问题,这就导致于法无据。比如共同犯罪案件中存在两名以上被判处死刑的被告人,经过死刑复核程序,法院认为部分被告人的死刑裁判认定事实不清、证据不足的,以及认为部分被告人的死刑裁判认定事实正确,但依法不应当判处死刑的,处理方式则主要依据最高人民法院于2007年2月27日颁布的《关于复核死刑案件若干问题的规定》的司法解释。共同犯罪死刑复核程序规则立法过于简陋,当司法实践中面临程序适用的困境后,再向最高人民法院请示,最高人民法院再以司法解释的形式进行指导,不仅诉讼效率低下,而且裁判的公信力也会因此受到质疑,不应成为常态。虽然立法具有一定的滞后性,但立法者基于理性应当对可能预测到的情形确立规则。《刑事诉讼法解释》对共同犯罪死刑复核的问题虽然已有涉及,但还有进一步完善的空间。

2. 共同被告人的权益并未获得有效保障

(1)共同犯罪死刑复核程序未能充分体现直接言词原则。《刑事诉讼法》第251条规定:"最高人民法院复核死刑案件,应当讯问被告人,辩护律师提出要求的,应当听取辩护律师的意见。在复核死刑案件过程中,最高人民检察院可以向最高人民法院提出意见。最高人民法院应当将死刑复核结果通报最高人民检察院。"《刑事诉讼法解释》第423条第(2)款规定:"高级人民法院复核死刑案件,应当讯问被告人。"可见,讯问被告人是死刑复核程序的必要环节。而共同犯罪案件中,有多个被告人,此处的被告人是指被判处死刑的被告人还是包括其他未被判处死刑的共同犯罪人,立法上并未明确。此外,复核的程序缺乏诉讼程序的交涉性,讯问被告人为法院单方行为,缺乏诉讼构造,对案件的审查以书面审核为准,缺少言词辩论环节,使被告人对指控的辩护意见难以有效表达。死刑案件书面审理,一审、二审法院为了案件不被最高人民法院推翻,重视证据的书面表达,追求证据的印证模式,限制了法官自由心证的范围。

(2)全面审查执行不到位。《刑事诉讼法解释》第427条规定,复核死刑、死刑缓期执行案件,应当全面审查。其第426条规定:"报请复核死刑、死刑缓期执行的报告,应当写明案由、简要案情、审理过程和判决结果。案件综合报告应当包括以下内容……(六)需要说明的问题。包括共同犯罪案件中另案处理的同案犯的处理情况,案件有无重大社会影响,以及当事人的反应等情况。"因此,在死刑复核程序中,也应当遵守全面审查原则。死刑复核程序中涉及对全案事实、法律适用、案件审理程序的审查,而对共同犯罪案件事实的调查应当讯问各共同犯罪人。特别是共同犯罪案件进入死刑复核程序后,同案犯对主犯的死刑认定有影响时,可以询问其他未被判处死刑的同案犯被告及其辩护人。其实,《刑事诉讼法解释》对此留有余地,其第512条规定:"同案审理的案件中,部分被告人被判处死刑,对未被判处死刑的同案被告人需要羁押执行刑罚的,应当根据前条规定及时交付执行。但是,该同案被告人参与实施有关死刑之罪的,应当在复核讯问被判处死刑的被告人后交付执行。"之所以这样规定,就是便于对未判处死刑的被告人进行讯问。比如在共同故意杀人案件中,被告人甲、乙、丙同时持刀刺死被害人,第一审和第二审法院都认定甲应当对致命伤负责,并据此判处甲死刑立即执行。对此,甲不认可。对致命伤的认定在死刑复核程序中仍然存在争议,最高人民法院不仅应当讯问被告人甲,而且有必要讯问被告人乙和丙。而在有的共同犯罪案件的死刑复核程序中,仅涉及法律适用问题或者案件事实较为简单,对此,则无必要讯问被判处死刑被告人之外的同案其他被告人。然而,由于没有明确规定讯问同案犯被告人的程序,死刑复核主要侧重于书面审查,此外,在复核程序中法官是否亲自讯问同案犯被告人并无具体程序保障。

(3)死刑复核程序辩护的有效性不足。《刑事诉讼法》已经确立死刑案件属于强制辩护的适用范围,当事人未聘请律师辩护的,司法机关应当为其指定辩护人。《刑事诉讼法》第251条规定,在死刑复核程序中,辩护律师提出要求的,死刑复核法官应当听取辩护律师的意见。然而,这种听取意见方式类似于下级对上级的汇报,缺乏司法程序保障辩护律师意见在对死刑复核程序中起到实质作用。死刑复核程序中辩护的有效性存疑,委托辩护作用并不能凸显。

(4)存在发回重审问题。《刑事诉讼法》第250条规定:"最高人民法院复核死刑案件,应当作出核准或者不核准死刑的裁定。对于不核准死刑的,最高人民法院可以发回重新审判或者予以改判。"因此,除了核准之外的死刑案件,不核准的情形下,除了认为法律适用错误而把死刑改判为非死刑的案件之外,其余事实和证据问题存疑的,一般采用发回重审的方式。然而发回重审一是增加诉讼成本,二是不利于被告人权利的保障,死刑复核程序中应当坚持疑罪从轻,至少不应再判死刑。

事实上,我国死刑复核程序的主要缺陷在于其具有较强的行政特点,司法性不强,应当对死刑复核程序进行审判实质化改造,使其成为死刑案件名副其实的救济审程序。

二、共同犯罪死刑复核程序的原则

《刑事诉讼法》明确规定,死刑案件只有经过死刑复核程序,其判决方可生效。因而,无论是单人犯罪被判处死刑,还是共同犯罪案件中涉及死刑判决,死刑复核程序都是必经程序,且意义重大。对此,死刑复核程序应遵守如下基本原则。

1. 直接言词原则

死刑复核程序是死刑案件的最后一道司法程序,死刑被核准之后,死刑被告人即面临被执行,虽然该程序的启动具有自发性,但该程序应当定位为审判程序。①因此,法官在复核程序中应当亲自听取控辩双方对死刑判决的意见,体现程序的亲历性、对审性、参与性。从被告人的角度而言,共同犯罪人数较多,各被告人可能存在顶罪或者推诿的可能,再加上刑讯逼供、违法证据等复杂情形,书面审理及法官单方面调查很难发挥通过司法程序控制死刑的作用。特别是死刑复核程序作为控制死刑的最后一道门槛,当事人面临死刑的考验,救济的愿望和必要最为迫切。直接言词的方式有助于准确认定事实和适用法律,进而提高死刑复核的准确性和效率。对此,死刑复核程序首先应当开庭进行,法官应听取控辩双方的言词意见,并允许控辩双方对存在争议的问题进行辩论。在具体复核程序的运作方面,首先应当由控方对死刑判决的理由要点进行概括,随后由被判处死刑的被告人及其辩护人针对控方的概括进行言词反驳。如有多名死刑被告人,其反驳顺序根据控方发言提及的顺序进行,如有必要,法官可以调整被告人发言顺序,但应当保证发言机会平等,不可随意打断或剥夺发言机会。之后,法官应当针对疑点讯问被告人,重点应当审查是否存在刑讯逼供、判处死刑的被告人在共同犯罪中的作用,以及是否遗漏影响量刑的情节。在有必要的情形下,应当强制证人出庭陈述证言;未被判处死刑的共同被告人申请出庭或被复核的被告人提出申请的,同案犯应当出庭陈述并接受询问。通过开庭审理的方式进行复核主要有两方面好处:一是体现死刑复核程序的司法程序性质,体现了通过正当程序实现司法公正和通过程序控制死刑的功能;二是减轻最高人民法院承受的压力。目前,我国的死刑核准权属于最高人民法院,被告人是否执行死刑,最高人民法院承担了关键角色。而一旦已经核准执行的死刑案件出现"被害人复活"的情形,最高人民法院就极有可能处于风口浪尖,特别是通过书面审查的方式进行死刑复核,一方面核准失误的可能性会增加;另一方面错案之后,对最高人民法院死刑复核程序正当性的质疑也会很大。对此,我们建议《刑事诉讼法》应当明确共同犯罪案件死刑复核程序讯问被告人的情形,《刑事诉讼

---

① 陈光中教授主编的刑事诉讼法教材中对此定位为属于"审判程序",参见陈光中:《刑事诉讼法(第五版)》,北京大学出版社、高等教育出版社2013年版,第376页。此外,陈卫东教授也持此观点,参见陈卫东:《关于完善死刑复核程序的几点意见》,《环球法律评论》2006年第5期。

法》第251条的规定可修改为："最高人民法院复核死刑案件,应当讯问被判处死刑的被告人,属于共同犯罪案件的,有必要讯问其他被告人的,也应当讯问其他被告人……"此外,还应当认真听取辩护律师的意见,2014年12月由最高人民法院颁布的《关于办理死刑复核案件听取辩护律师意见的办法》,是死刑复核程序中重视辩护律师意见的重要司法解释。听取辩护律师的意见,对于案件的复核可以起到兼听则明的作用,然而这种聆听属于法官与辩方之间的交流,并不具备诉讼的构造,因此辩护人的意见在多大程度上能够对死刑复核起到实质影响则难以衡量。既然死刑复核作为死刑案件的司法救济程序,就应当区别于行政审批制,体现司法权运行的"等腰三角结构"。建议死刑复核程序中,继续坚持控、辩、审三方构造,主要以判处死刑的被告人为辩方,其他同案被告可配合出庭接受讯问。当然,基于司法成本的考虑,巡回法庭模式和远程审判的模式可以为死刑复核程序提供借鉴。

2. 有重点的全面审查原则

首先,死刑复核程序应当重点审理涉及死刑被告人的部分,但基于共同犯罪各被告人之间的牵连性,对刑事责任的分配存疑的,死刑复核程序也应当传唤其他未被判处死刑的同案犯到庭接受调查。其次,死刑复核程序属于自行启动程序,具有复核权的法院应当对死刑案件的事实认定、法律适用和程序问题进行审理。原审的程序问题,对事实的认定和法律适用对于死刑判决都有影响,任何一方面存在瑕疵,都将影响死刑复核的结果。因此,最高人民法院在对共同犯罪案件的死刑复核程序中,应当坚持全面审查原则,体现一定的主动性,但应当在规则约束下进行,平衡程序的安定性与死刑案件的救济价值,避免损害未判处死刑部分被告人的合法权益。①

3. 有效辩护原则

死刑涉及对被告人生命的剥夺,对辩护律师的要求应当高于一般案件。在共同犯罪案件中,由于被告人人数较多,庭审不仅涉及对案件事实的查清

---

① 《刑事诉讼法解释》中相关规定已体现类似精神,比如其第425条第(2)款规定,报请复核死刑、死刑缓期执行案件时,同案审理的案件应当报送全案案卷、证据。其第426条明确规定,报请复核的报告中应当包括共同犯罪案件中另案处理的同案犯的定罪量刑情况、案件有无重大社会影响,以及当事人的反应等情况。

和依法追究法律责任,还要对各被告人的法律责任进行区分,对控辩双方的专业技能要求更高。为了增强死刑复核程序中辩护的有效性,应采取以下措施:(1)应完善共同犯罪死刑案件强制辩护制度。所有可能被判处死刑的案件,无论是单人犯罪案件还是共同犯罪案件,在被告人未委托辩护人的情形下,应当为其指定辩护人。(2)为指定辩护律师设定准入机制。事实上,我国已经开始重视死刑案件指定辩护人的资格问题,2008年5月由最高人民法院、司法部颁布的《关于充分保障律师依法履行辩护职责确保死刑案件办理质量的若干规定》第4条规定:"被指定担任死刑案件辩护人的律师,不得将案件转由律师助理办理;有正当理由不能接受指派的,经法律援助机构同意,由法律援助机构另行指派其他律师办理。"其明确了承担死刑案件法律援助的律师资格。死刑涉及对被告人生命的剥夺,对辩护律师的要求应当高于一般案件。因此,为了充分实现有效辩护,使共同犯罪死刑案件的复核程序真正实现最后一道司法救济程序的功能,应当要求辩护律师或指定的辩护律师具有至少五年的刑事案件辩护经验。(3)重视辩护律师的意见。在死刑复核程序中应当听取辩护律师的意见,使辩护律师意见能够对死刑复核起实质作用,应当完善听取辩护律师意见的程序。

三、共同犯罪死刑复核程序的基本规则

1. 死刑案件自动上诉规则

死刑案件涉及被告人的生命,关系重大,应当慎重,用尽程序救济,方可作出死刑判决。《日本刑事诉讼法》第360条之二规定,对判处死刑的判决之上诉,不得放弃。[①]在国外,死刑案件审理周期很长,甚至判决终止之时被告人可能已经年老体衰,病死于监狱之中。确立死刑案件自动上诉制度,即被告人一审被判处死刑的,无论当事人是否提起上诉,案件都应当自动进入二审程序;共同犯罪案件中,无论其他未被判处死刑的被告人是否上诉,部分被判处死刑的被告人都适用自动上诉制度。死刑案件经过二审程序审理,维持一审死刑判决的,则进入死刑复核程序。二审认为一审死刑判决不当的,则应

---

① 《日本刑事诉讼法》,宋英辉译,中国政法大学出版社2000年版,第82页。

当改判或依据原审程序瑕疵原因发回重审。根据共同犯罪的特殊性,共同犯罪中包括部分被判处死刑的被告人在内的被告人均不上诉,较易出现死刑复核程序与审判监督程序如何协调的问题。在共同犯罪案件中,部分未被判处死刑的被告人涉案判决已经生效,而死刑判决处于死刑复核程序中,此时,部分生效裁判根据审判监督程序认为应当发回重审,而死刑复核部分也认为存在发回重审的事由,发回重审后应当采用何种程序审理存在争议。对此,最高人民法院研究室《关于以死缓复核、审判监督程序发回重审的共同犯罪案件应适用哪种程序重审问题的答复》提出:"对共同犯罪的案件,一审判处主犯死刑缓期二年执行,判处从犯无期徒刑以下的其他刑罚,判决后,在法定期限内被告人均不上诉,人民检察院也不抗诉的,对被判处无期徒刑以下其他刑罚的被告人的判决即发生法律效力;对被判处死刑缓期二年执行的被告人的判决则应连同全案移送高级人民法院复核。高级人民法院复核后认为全案量刑畸轻,适用法律不当的,应当对全案中的主犯和其他案犯分别以死刑复核程序和审判监督程序,同时撤销原判,发回原审人民法院重新审判。对于发回重审的案件,原审人民法院应当适用审判监督程序,另行组成合议庭进行审判,所作的判决,可以上诉、抗诉。"我们认为,共同犯罪各被告人之间具有牵连性,而死刑案件又必须经过死刑复核程序,为了体现对共同犯罪死刑案件的特殊救济,应当建立共同犯罪死刑案件自动上诉制度。根据前述共同犯罪上诉审程序的规则,部分被告上诉则全案判决不生效,死刑复核程序虽然特殊,但在我国亦属于死刑案件正常救济程序,不同于审判监督程序,因此,处于二审程序及死刑复核程序中的共同犯罪案件,全案判决均可暂不生效,以此避免共同犯罪案件审理程序的混乱。

而在共同犯罪判处死刑被告人未提出上诉而部分非判处死刑的被告人提出上诉的情况下,也存在程序适用的难题。共同犯罪被告人属于复数,因此全案被告人是否全部上诉并不确定。《刑事诉讼法》规定第二审程序应当采用全面审查原则,因此,无论是否上诉,都应受到二审程序的审查。而在前文关于共同犯罪第二审程序的研究中,对全面审查原则存在的缺陷已有论述。从理论上而言,共同犯罪死刑部分的被告人不上诉的,该部分应当进入死刑复核程序,而其他上诉的部分则应当进入二审程序的救济。这就存在一案适用两种救济程序的情形。为了保障被判处死刑的被告人的合法权益,应当采用死刑案件自动上诉制度,无论其他被告人是否上诉,被告人被判处死刑的部分案件都应当经过第二审程序的审理,然后再根据第二审审理结果来确定是否进入死刑复核程序。

2. 死刑复核程序不设审理期限规则

期限有助于提升效率,但死刑复核程序体现了对生命价值的尊重,不应当设定审理期限。关于死刑复核程序的期限问题,无论是单个被告人犯罪案件还是共同犯罪案件,立法中并没有明确。陈卫东教授认为,一般而言,诉讼案件不应该设定期限,因为作为立法者无法预测个案会有什么样复杂的因素,应去查证哪些细节或者说这个案件最终需要多少时间。案件与案件之间是不一样的,笼统地、机械地规定一个期限,不符合诉讼规律。[1]的确,案件具有差异化,对诉讼期限进行统一划分并不利于案件的公正审理。集中审理原则是一项普遍的诉讼原则,要求对案件进行不间断的审理,但集中审理与设定诉讼期限并无必然联系,而立法试图以设置审判期限来达到集中审理的目的。因此,至少在死刑复核程序中不设定期限是合理的。死刑复核程序不设置期限,可以落实死刑复核的直接言词原则和全面审查原则,避免基于期限的压力而在死刑复核问题上草率决断。特别是在共同犯罪死刑复核程序中,同案犯在逃可能影响死刑判决的,则不应核准死刑判决,或应当在同案犯归案后再进行死刑复核。在共同犯罪死刑案件中,如存在同案犯在逃的,造成共同犯罪被告人量刑失衡的可能性会增加,而死刑案件错误的代价过高,不应受制于期限的压力而核准死刑判决。

3. 共同犯罪死刑复核审理后的处理规则

在共同犯罪死刑复核程序中,只有一个被告人被判处死刑的,可以参照单人犯罪案件的死刑复核程序进行复核,但应当审查该被告人在死刑案件中的作用,以确定判处死刑的必要性。而存在两个以上被判处死刑的被告人时,复核结果应当有三种:一是全部核准适用死刑,随后即执行死刑;二是全部不予核准,应撤销原死刑判决,发回重审;三是只核准部分被告人的死刑判

---

① 陈卫东:《关于完善死刑复核程序的几点意见》,《环球法律评论》2006年第5期。

决,而不核准另外部分的死刑判决。对此,2012年最高人民法院《关于适用〈中华人民共和国刑事诉讼法〉的解释》(以下简称"2012年《刑事诉讼法解释》")第352条规定:"对有两名以上被告人被判处死刑的案件,最高人民法院复核后,认为其中部分被告人的死刑判决、裁定事实不清、证据不足的,应当对全案裁定不予核准,并撤销原判,发回重新审判;认为其中部分被告人的死刑判决、裁定认定事实正确,但依法不应当判处死刑的,可以改判,并对其他应当判处死刑的被告人作出核准死刑的判决。"我们认为,最高人民法院死刑复核程序对事实问题、证据问题和法律适用问题均有权审查。对不存在事实争议,证据确实充分,死刑判决达到排除合理怀疑证明标准的部分被告人,应当核准死刑判决;对事实和证据存疑的,案件已经经过一审或者二审程序的审理,最高人民法院应当有权根据已经查明的事实,依据在案证据进行改判,而无须发回重审。对于法律适用不当的,最高人民法院当然有权直接进行改判。

此外,从长远来看,死刑复核程序所体现的通过程序控制死刑的理念应当坚持并深化,进而要对我国的死刑复核程序进行诉讼化改造,应当建立死刑案件实质上的三审终审制。立法上,死刑复核程序属于特殊的救济审程序,是死刑案件必经的审判程序。然而,我国死刑复核程序基于其行政色彩偏浓的特殊性,难以发挥司法审判的作用。最为有效的改革方式就是废除我国现有的死刑复核程序,进行审判程序的改造,把死刑复核程序改造为死刑案件第三审程序,以充分实现通过司法程序控制死刑的目的。当然,基于我国两审终审的现实和再审申诉案件数量,学界早有全面建立三审终审的呼声。但从我国司法现状出发,若认为全面建立三审终审的时机尚不成熟,则可以通过死刑案件三审终审为试点,逐步扩大三审终审案件的适用范围。

第三节　共同犯罪再审程序

一、共同犯罪再审程序概述

再审程序是指经法定条件启动,对已经发生法律效力的判决和裁定进行重新审判的特别救济审程序。如果说二审程序属于救济审程序的一般程序,那么再审程序则被称为"非常救济程序"。我国台湾地区的非常救济程序分为再审和非常上诉,前者针对认定事实之违误,后者针对适用法律之违误。[①]再审程序在我国即指审判监督程序,主要是考虑到检察机关的法律监督职能和我国法院有权主动启动再审程序的现实。再审程序主要体现了有错必纠和实事求是的司法理念,是追求实体公正价值在诉讼程序中的典型表现。刑事再审程序属于诉讼效率与公正价值平衡、程序安定与实体公正平衡的结果。对已经生效的裁判再次进行审理的事项应当由法律明确规定,除非有特殊情形,否则不应当启动再审程序。这也是再审程序作为特殊救济程序的应有之义。比如在一起盗窃案件中,甲、乙、丙三人共同盗窃,原审判决已经生效,但后有新证据显示作为胁从犯的丙乃是帮丁顶罪,丙因丁未兑现当初承诺而反悔,要求再审。就共同盗窃一案,丙应该判无罪,因此丙可以提起再审的申诉。法律不冤枉无辜,有新的证据出现,证明原审生效判决对案件事实的认定和法律适用存在错误,导致无辜者被追究刑事责任或者虽有罪被科以过重的刑罚,都可以申请再审。

从法理上看,法院对案件的裁判一旦发生效力之后,已具备既判力,不可任意翻案,对原审案件一般不得再次审理,否则违背一事不再理和禁止重复追诉原则,若裁判的稳定性无法保障,司法公信力将大打折扣。然而,作为司法裁判官的人并非圣贤,受制于认知条件和人类认知能力的局限性及认知主体本身的欲望等因素,以及案件审理过程中受到的各种案外因素的干预,难免影响法官中立裁判,裁判存在偏差的风险,错判在司法实践中很难完全避免。无论是单人犯罪案件,还是共同犯罪案件,都出现过生效裁判因证据存疑或亡者归来等原因翻案的情形。对部分原本可以避免的生效裁判,若不予纠正,则有碍司法公正的实现,从长远来看,也会减损司法公信力。特别是死刑案件被告人已经被执行死刑,若案件最终却被证实为错案,则由此造成的后果相当严重,从程序救济的角度而言,应当给予救济。因此,在司法判决的终局性和公正性之间必须进行平衡,为了裁判的公正性,对生效判决的案件在出现错误时进行重新审理应当允许。域外刑事诉讼法中对此基本都有相

---

① 林钰雄:《刑事诉讼法(下册)》,中国人民大学出版社2005年版,第314页。

关程序的规定,如《日本刑事诉讼法》确立的非常上告程序和再审程序、德国刑事诉讼中的再审程序、美国的刑事案件定罪后人身保护令救济程序等。

我国建立再审程序作为特殊的救济审程序,集中体现了对司法规律的科学认知,也是诉讼制度体现人权保障价值的关键之一。共同犯罪作为一种特殊的形态,其在我国刑事再审程序的适用上却无特别之处,各共同被告人确有救济的正当事由时,主要参照《刑事诉讼法》关于再审的普遍性规定进行救济。其具体呈现出以下几个特点。

1. 立法关于共同犯罪再审程序的规定较少,在实务中参照一般刑事案件的再审程序对待共同犯罪案件的再审问题

关于再审的理念,《刑事诉讼法》长期坚持"实事求是,有错必纠"的原则,同时,也有依法纠错的理念与之抗衡,但司法实践中,依法纠错的原则并没有在全国法院系统内得到普遍认同,在地方法院的话语系统中占据正统地位的依然是"实事求是,有错必纠"的传统理念。[1]从立法上看,只要有新证据、新事实证明原审裁判错误,就应当通过审判监督程序进行纠错。基于我国再审启动主体中包括法院,上下级法院虽然从权属上没有行政隶属关系,但存在上级法院对下级法院的考核等现实监管关系,因此,再审纠错的成效并不显著。

2. 法院和检察院属于启动再审程序的主体,共同犯罪各被告人仅有申诉权

被告人作为案件裁判结果的承受者,应当享有寻求救济的权利。然而,《刑事诉讼法》第252条规定:"当事人及其法定代理人、近亲属,对已经发生法律效力的判决、裁定,可以向人民法院或者人民检察院提出申诉,但是不能停止判决、裁定的执行。"可见,在我国,当事人并不能直接启动再审程序。而根据《刑事诉讼法》第254条的规定,人民法院和检察院发现生效裁判确有错误的,则可以启动再审程序。我国台湾地区声请再审权人分为受判决人之利益声请再审者,主要有:管辖法院之检察官;受判决人;受判决人之法定代理人或配偶;受判决人已死亡者,其配偶、直系血亲、三亲等内之旁系血亲,二亲等

---

① 李训虎:《刑事再审程序改革检讨》,《政法论坛》2014年第3期。

内之姻亲或家长、家属。为受判决人之不利益声请再审,主要有管辖法院之检察官和自诉人。①法院属于再审的启动,在控方未抗诉,当事人未申诉的情形下,再审程序也可以由法院主动起诉。启动较为随意,导致司法权威和诉讼效率低下,司法成本过高。

3. 同案犯可不出庭,但未明确有限审查原则

《刑事诉讼法解释》第468条规定:"开庭审理的再审案件,再审决定书或者抗诉书只针对部分原审被告人,其他同案原审被告人不出庭不影响审理的,可以不出庭参加诉讼。"由此可见,再审开庭的情况下,可以允许部分未涉及的被告人不出庭,然而,当该部分被告人涉及案件审理的情况下,却依然要牵扯到再审程序中。同时,其第465条规定,依照审判监督程序重新审判的案件,人民法院应当重点针对申诉、抗诉和决定再审的理由进行审理。必要时,应当对原判决、裁定认定的事实、证据和适用法律进行全面审查。该条规定以重点审查为原则,但并无有关"必要"的界定,因此,未明确有限审查的原则,导致在司法实践再审适用全面审查原则的盖然性较高。其一方面不利于再审救济功能的发挥,影响原本未寻求救济被告人的权益;另一方面也不利于司法资源的节约,易导致司法效率低下。

4. 确立了再审启动期限和审理期限

针对随意启动再审存在的问题,司法解释为申诉人的再审申诉设定了期限。《最高人民法院关于规范人民法院再审立案的若干意见(试行)》②第10条规定,人民法院对刑事案件的申诉人在刑罚执行完毕后两年内提出的申诉,应当受理。超过两年提出申诉,具有下列情形之一的,应当受理:(1)可能对原审被告人宣告无罪的;(2)原审被告人在本条规定的期限内向人民法院提出申诉,人民法院未受理的;(3)属于疑难、复杂、重大案件的。不符合前款规定的,人民法院不予受理。然而,司法解释并未区别有利于被告人和不利于被告人的情形,例外情形中仅有可能有罪宣告无罪的一种有利于被告人的情形,远远不能满足再审救济功能的发挥。再审期限的设定应当基于有利于被

---

① 林钰雄:《刑事诉讼法(下册)》,中国人民大学出版社2005年版,第328页。
② 最高人民法院法发〔2002〕13号,2002年11月1日起生效,现行有效。

告人和不利于被告人区别对待,对有利于被告人的再审不应当设置期限,而对于不利于被告人的再审则应当设置期限。《俄罗斯联邦刑事诉讼法典(新版)》第414条规定:"1.因新的情况或新发现的情况有利被判刑人而再审有罪判决的,没有期限的限制。2.为了给被判刑人平反,被判刑人死亡不妨碍因新的情况或新发现的情况而恢复刑事案件诉讼。3.只有在《俄罗斯联邦刑事诉讼法典》第78条规定的追究刑事责任的时效期内,并且必须是在自发现新情况之日起的1年内,才允许再审无罪判决或者关于终止刑事案件的裁定或裁决,或者以量刑过轻或必须对被判刑人适用关于更重犯罪行为的刑事法律为由而再审作出有罪判决。"①可见,《俄罗斯联邦刑事诉讼法典(新版)》中即有此区分,从凸显再审救济性的角度而言,我国对此可予以借鉴。

《刑事诉讼法》对再审的审理期限亦有规定。《刑事诉讼法》第258条第(1)款规定:"人民法院按照审判监督程序重新审判的案件,应当在作出提审、再审决定之日起三个月以内审结,需要延长期限的,不得超过六个月。"基于再审程序的特征,立法对再审的审理期限作了与一审和二审不同的规定。然而,再审程序主要目的在于纠错,基于不同的再审理由,特别是共同犯罪案件,涉及事实复杂,再审法院审理的周期必然有差异,单纯规定再审审理期限,给再审法院形成压力,并不利于再审纠错和救济功能的发挥。因此,建议再审程序应当淡化审理期限的要求,再审法院应当及时启动案件再审程序,集中审理再审案件,而不必考虑再审审理期限问题。与再审审理期限密切相关的问题是发回重审问题。与二审程序类似,再审程序中,关于发回原审法院重审的缺陷已经越发明显,不仅耗时耗力,增加当事人的"讼累",也为法院之间互相推诿提供了途径。再审案件从司法资源节约、审理结果的救济性等价值出发,应当由上级法院对再审案件提审,并采用一审终审制。

5. 司法解释已确立再审不加刑原则,但再审不加刑保障措施缺乏

《刑事诉讼法》并未明确规定再审不加刑原则,但《刑事诉讼法解释》第468条规定:"开庭审理再审案件,再审决定书或者抗诉书只针对部分原审被

---

① 《俄罗斯联邦刑事诉讼法典(新版)》,黄道秀译,中国人民公安大学出版社2006年版,第333页。

告人,其他同案原审被告人不出庭不影响审理的,可以不出庭参加诉讼。"且
第469条规定:"除人民检察院抗诉的以外,再审一般不得加重原审被告人的
刑罚。再审决定书或者抗诉书只针对部分原审被告人的,不得加重其他同案
原审被告人的刑罚。"可见,基于再审程序的救济性,我国司法解释中已经确
立了再审不加刑原则。在共同犯罪的再审案件中,再审决定书或者抗诉书只
针对部分原审被告人的,那么其他同案原审被告人的刑罚便不得加重。然
而,由于我国允许对被告人有利和不利的事由都可以启动再审,检察机关又
具有客观公正义务及维护国家法律适用统一的职责。因此,当检察机关以被
告人利益进行抗诉后,若法院经审理查明原审共同犯罪部分被抗诉人的量刑
畸轻,应当给予较重的刑罚,则法院径行作出不利于被抗诉人的判决,符合检
察院抗诉不适用再审不加刑的规定,依法有据,但显然有违检察院抗诉之目
的。此外,除了检察院可以抗诉启动再审程序外,人民法院也可以决定启动
再审。人民法院决定启动再审,则意味着其原审裁判存在错误,这种自我纠
错的机制存在天然缺陷。由此可见,目前我国司法解释中确立的再审不加刑
原则缺乏保障措施,在司法实务中运行的效果堪忧。再审不加刑原则的弱
化,导致司法实践中存在通过再审程序规避上诉不加刑原则的情形,而且《刑
事诉讼法解释》也赋予了再审程序此项功能,比如其第401条规定:"原判判处
的刑罚不当、应当适用附加刑而没有适用的,不得直接加重刑罚、适用附加
刑……原判判处的刑罚畸轻,必须依法改判的,应当在第二审判决、裁定生效
后,依照审判监督程序重新审判。"

二、共同犯罪再审程序的意义及原则

共同犯罪再审程序具有重要意义。再审程序设立的目的在于纠正已经
生效的但确有错误的裁判,其一般功能在于纠正错案。如果说基于审级制度
的安排使第一审是刑事案件的必经程序,而为保障当事人的上诉权,第二审
程序作为一般救济审程序,启动条件也不应当设立得过于严苛,应尽可能维
护当事人的诉权,以通过审级制度实现当事人权利救济之目的,实现司法公
正,体现司法公信力。那么再审程序就属于普通诉讼程序外的特殊救济程
序,针对法院已经生效的裁判,只有出现特殊情形,若不纠正则有违司法公信

力和不利于被告人人权的保障时,才可以依法启动再审,以纠正冤假错案。

共同犯罪再审程序的特殊性在于共同被告人人数较多,因此,如何对原审错误进行评判、如何协调同案犯再审程序的适用、审理再审案件后对各被告人的处理等一些问题,需要在共同犯罪案件的再审程序中进行专门讨论。

1. 再审程序集中彰显了特殊的程序救济功能

生效裁判具有终局性,而再审给予当事人挑战司法终局性的权利,目的在于纠正生效裁判中的错误,实现司法公正,进而救济当事人的实体和程序权利。本质上,再审程序是裁判的终局性与实体公正之间的程序平衡。再审程序主要就是为当事人提供特殊的程序救济,并不是对所有已决案件都可以申请再审。一般要求有新的证据出现,而对新证据的判断应当严格对待,同时,对于满足新证据条件的,还应当审查是否具有启动再审的必要。以我国为例,能够进入再审的案件数量比较少,据统计,2012 年只有 2816 件再审案件,只占当年全部一审案件总数的 0.28%,亦只占二审案件总数的 2.59%。[①]可见,再审程序的特殊救济性主要体现在再审的启动条件设置层面,以及再审案件数量不多这一特征上,严格遵循对确有错误的,才进行再审救济的原则。

2. 冤假错案的纠正机制

基于诉讼本身的特点,冤假错案很难完全避免。学界对正当程序的探索,并以此构建和完善诉讼制度,旨在防止冤假错案的发生。普通的诉讼程序,如典型的第一审和二审程序,主要是从预防的层面避免冤假错案的发生。而对于生效裁判,因新的证据出现足以引起原裁判可能属于冤假错案的合理怀疑之时,应当给予救济途径,设定冤假错案的事后救济机制。再审程序设定了启动标准,具有完善的再审规则体系,目的就是为承担纠正冤假错案这一功能而设定科学的司法救济程序。从我国来看,新近发现的冤案都是通过再审程序进行平反昭雪的。

3. 维护法律的统一适用

再审程序之功能除了对事实问题进行纠正之外,还有一项重要的功能就

---

① 李训虎:《刑事再审程序改革检讨》,《政法论坛》2014 年第 3 期。

是维护法律适用的统一性。由于不同的法官对法律理解存在差异,案件事实与案件事实之间亦有不同,因此,当裁判者将抽象的规范适用于具体的案件事实时,具有很强的主观性。这就导致法官在适用法律的过程中出现不统一的现象。为了维护法律适用的统一性,公诉机关可以仅基于法律适用统一的再审理由申请启动再审,但此种再审不应当使共同犯罪案件中的各被告人处于相比原审生效判决更不利的地位。对此,比如韩国就有非常上告程序,当检察总长发现对案件的审判违反了国家法令时,有权向大法院进行非常上告,以寻求纠正。

再审程序意义重大,是共同犯罪救济审程序不可缺少的部分。在共同犯罪案件原审判决存在错误需要纠正时,如何为共同被告人提供程序救济,实现再审程序的价值,应当坚持以下几个原则。

1. 有害错误启动原则

再审程序并非常态的诉讼程序,无害错误无须启动审判监督程序。如果再审程序的启动过于随意,则必然导致审级功能的弱化,并且有损司法权威。无论案件结果是否公正,案件经过一审、二审之后,部分当事人基于某种原因还会继续申请再审,希望经过再审程序审理。因此,为了维护司法裁判的稳定性,避免案件出现久拖不决的情形,再审的启动应当以有害错误为原则,若申诉理由经过初步审查并未引起对原审裁判公正造成实质性改变的合理怀疑,特别是原审并未出现无罪判有罪或轻罪判重罪的情形,则不应随意启动再审程序。除了确有错误的之外,部分案件的当事人提出申诉的目的在于拖延时间,以避免当事人被送入监狱执行。对基于此类目的而提起的再审申请,则不得启动再审程序。共同犯罪案件中的有害错误事由主要包括两方面:一是对单个被告人有害,如无罪判有罪,或量刑过重;二是对全案存在有害错误,比如影响全案定性的,或影响同案其他被告人的定性或量刑。

2. 有限审查原则

在诉讼程序中,一事不再理是基本原则,而不告不理也是体现法官中立角色的重要保障,对于生效裁判一般不得随意推翻,而再审则构成一事不再理原则的例外。但为了尊重生效裁判的效力和司法权威,对生效裁判未提出审查申请的,则不应进行再次审理。允许对有罪的案件启动再审,无罪释放的再审被告人不应当被再次追诉,使其处于比原先裁判更加不利的地位。这是再审有利于被告人原则的体现,也是有限审查原则的应有之义。在共同犯罪案件中,部分被告人申请再审而部分被告人未申请再审的,再审审理一般不应涉及未申请再审的被告人。而有限审查原则的结果就是再审不仅不能作出不利于申请再审的被告人的裁判,也不能作出不利于未申请再审的被告人的裁判。同时,对于部分原审被告人在再审期间要求撤回再审申请的,法院应当尊重当事人的再审申请权,准予撤回,继续审理未撤回的部分。对于提起再审的或者在再审期间,部分被告人死亡的,已有证据证明无罪的,应当宣告无罪,否则不应当对该被告人启动再审程序,或者终止该部分被告人的再审程序。

3. 再审一审终审原则

再审程序的开启应当由申请方承担符合再审事由的举证责任,如新的证据和事实,否则,应当严格限制再审程序的启动。法院审查后认为应当再审的,经过审理查明再审事由成立,原审裁判确有错的,应当进行改判。对于无罪判为有罪的,应当改判为无罪;再审程序中也应当坚持无罪推定原则,对于事实不清、证据不足而申请再审的,对于再审查明原审裁判所依据的事实并未查明、证据的确欠缺、案件事实的认定存在合理怀疑的,应当直接改判为无罪,而无须再发回重审。对于再审作出的裁判,除非有特殊情形,否则不应当重新启动再审程序,应当遵循再审一审终审原则,而与再审一审终审相匹配的制度是再审案件应当由原审生效裁判的上级法院审理。在共同犯罪案件中,基于二审程序有限审查原则,共同犯罪案件的再审程序中往往会涉及经过二审审理的生效裁判,也有未经上诉而生效的一审裁判。此时,部分被告人基于一审有效裁判要求再审,而部分被告人则基于二审有效裁判请求启动再审,再审程序应适用一审还是二审程序或者分别依据一审和二审审理,在有限审查原则下往往是司法实践中的难题,再审一审终审原则及其配套程序即可有效解决该困境。再审一审终审主要考虑程序的救济性和诉讼认知规律,防止诉权被滥用。从诉讼认识论角度而言,虽然对案件的重复审理有助于对案件事实的认识不断深化,但基于诉讼案件事实的特征,很难说后一次审判对事实的认定就一定比前一次审判对事实的认定更准确。再审的启动可以针对有害错误进行必要的救济,但不宜对某个案件进行无限制的再审。

三、共同犯罪再审程序的规则构成

(一)再审程序启动规则

1. 再审程序启动主体应为共同犯罪各被告人和检察院

再审对象是法院作出的已生效裁判,基于法院的中立性,自己不能做自己案件的法官,在诉讼中法院应当坚持不告不理原则。为避免违背诉讼规律,法院则不应当具有启动再审程序的资格。再审程序的启动主体应包括检察院和当事人。检察院属于法律监督机关,具备保障国家法律统一实施的职能,对于适用法律存在错误的生效裁判有权进行抗诉,要求法院纠正。共同犯罪各被告人属于案件利害相关方,无论是主犯还是从犯都应当具有平等地申请再审的权利,并且应保障被告方再审启动权与检察机关的再审抗诉权具有法律效果上的平等性,法院对被告人的再审申请和检察院的抗诉应当同等重视。

2. 对再审启动的事由应当进行严格控制

应设定有害错误作为启动再审程序的必要条件。再审毕竟是对原审生效裁判的审查,应当严格适用。根据禁止双重危险原则,任何人在经过审判程序被认定有罪或无罪之后,即不得再基于同一事实再进行审判。在实体事由方面,一般认为有新的证据和事实才能启动再审。关于新证据的理解,应当重点把握该证据对案件结果的影响,一般并不要求该证据的出现必然可以证明原审裁判错误,只需引起对原审裁判公正性的合理怀疑即可。新证据必须是新出现的证据,"如果可以将前审判决采用过的证据作为再审理由提出,以推翻前审结论,就等于对已审查过的证据进行二次判断,暗含之意就是:前审法官对证据进行判断的能力低于再审法官,这在理论上难以成立"①。再审是诉讼效率、司法公信力和司法公正权衡的结果。除非有新证据或新事实出现,不启动再审会导致司法不公,否则就不应启动再审程序。刑事审判程序的重点是构建完善的一审程序,在一审程序中,对案件的事实和法律适用问

---

① 韩阳:《刑事再审理由探析》,《法学研究》2005年第3期。

题应当进行公正的审判,对于部分当事人不服的案件,可以通过上诉审程序给予解决,根据审级制度的安排,被告人的权益在上诉审程序中已经得到充分救济。因此,能够进入再审程序的案件属于少数。《法国刑事诉讼法典》对申请再审的事由之规定可以参考,该法典第622条规定:"下列情况,为利于经认定犯有重罪或轻罪的任何人,对最终确定的刑事判决,得申请再审。1.在杀人案件定罪科刑之后,所提出的证据表明有足够的线索认定所谓的杀人案的受害人仍然活着;2.在对重罪或轻罪定罪科刑之后,又因同一犯罪事实对另一被告人作出了新的判决,两次定罪科刑不能吻合,两者之间的相互矛盾构成这一或那一被判刑人无罪的证据;3.出庭作证的证人之一,在其作证的案件定罪科刑以后,因对被告人提供伪证而受到追诉并被判处刑罚,因做伪证受到有罪判决的证人,在重新审理活动中不得再行听取其证言;4.在案件定罪科刑以后,发生或发现法院在审理案件时不曾了解的新的事实或材料,足以对被判刑人是否有罪产生疑问。"[1]此外,基于程序正当的独立价值,有违程序正当的情形也是启动再审程序的合理事由,"参与形成判决的人员在案件审理过程中有违背其本质上的义务的行为,并且已经查证属实"[2]。无论是实体错误还是程序错误,均可提起再审,但实体错误的纠正应当有利于被告人,部分程序问题或者基于当事人的原因导致的程序问题,可以适当允许启动不利于被告人的再审程序。

(二)再审并案审理为原则,分案审理为例外规则

类似于第二审程序,共同犯罪人数较多且事实牵连,并案审理不仅高效,也有利于权利的救济。对于刑事再审程序,一般不设启动的期限,无论何时发现实质性错误,都可以启动再审程序。基于此,在共同犯罪案件中,部分被告人发现涉及其部分的新的事实和证据申请再审,法院经审查认为确有再审的必要,则应当对该部分被告人提出的再审事由进行审查,与此同时,其他部分被告人也提请再审,法院应当并案审理。再审庭审程序中,法官有权根据庭审指挥权,依据便于纠错的逻辑顺序安排调查和发言顺序。然而,在对共

---

① 《法国刑事诉讼法典》,罗结珍译,中国法制出版社2006年版,第371页。
② 韩阳:《刑事再审理由探析》,《法学研究》2005年第3期。

同犯罪部分被告人的再审期间,如果未申请再审的部分被告人在该再审期间也未提出再审申请,对此,如果该部分再审已经结束,未申请再审的部分被告人才申请再审的,则应当分案审理。比如在前述的一起甲、乙、丙三人共同盗窃案中,原审判决已经生效,但后有证据显示作为胁从犯的丙乃是帮丁顶罪,丙因丁未兑现当初承诺而反悔,就共同盗窃一案,丙应该判无罪,因此丙申请再审。在涉及丙的部分再审期间,甲、乙亦申请再审,称原审认定甲、乙为主犯的事实错误,三人皆为丁之马仔,丁才是主犯。对此,再审应当将甲、乙、丙之再审申请合并审理,如果在丙的再审审理过程中,甲、乙并未申请再审,丙经过再审改判无罪。此时甲、乙才申请再审,则该案与丙无关系,只能分案审理。

(三)再审有利于被告人规则

再审作为特殊的救济审程序,主要功能在于救济当事人的权利。国家公权力对犯罪的追诉权理应在审级制度中已经用尽,不得基于再审程序的安排而进行重复追诉。因此,再审的启动应当以救济被告人权益为目的,裁判结果也应有利于被告人,至少不应当使被告人处于比原来判决更为不利的地位。从共犯之间的关系上看,在共同犯罪再审程序中,对涉及部分被告人申请再审的程序裁判中,发现其他未申请再审的被告人存在处罚过重,或者无罪判有罪的,理应依法给予纠正。再审有利于被告人也需要遵循有限审查原则,如果再审程序中坚持以实事求是为理念的全面审理原则,则可能涉及当事人未涉及的证据和事实,经过审理查明这些证据和事实并不利于申诉人,则应当作出不利于申诉人的再审判决;此外,为了全面审理案件,再审程序中必然涉及未申诉的部分被告人的犯罪事实,若查明不利于未申诉部分被告人的事实,则也应当作出不利于未申诉被告人的再审裁判。这明显有违再审程序救济功能的发挥,甚至把再审程序异化为规避二审上诉不加刑原则的规避程序。《韩国刑事诉讼法》规定的救济审程序主要有再审程序和非常上告。该法第420条规定,为了被宣告人的权益,对于有罪的确定判决,可以请求再审。根据其第439条之规定,再审不得宣告比原判决刑罚更重的刑罚。对于违反法令的非常上告程序,其第441条规定,判决确定后,检察总长发现该案件的审判违反了法令时,可以向大法院进行非常上告。韩国对非常上告也有较为细致的规定,《韩国刑事诉讼法》第446条规定:"认为非常上告有理由时,应当按照下列区别进行判决。1.原判决违反法令时,撤销其违反的部分。但是,原判决不利于被告人时,撤销原判决,对被告案件重新判决。2.原审诉讼程序违反法令时,撤销该违反的程序。"其第447条规定:"对非常上告的判决,除根据前条第1号但书的规定作出的判决外,其效力不及于被告人。"①另外,在再审的提起期限上也应当有利于被告人,为了被告人利益的再审程序不应当设置期限,而不利于被告人的再审程序则应当设置期限。除韩国外,法国和日本也都已经明确禁止提起不利于被告人的再审,而德国则基于发现实体真实的理念,允许在特定条件下才能提起不利于被告人的再审。②因此,德国模式可为我国改革刑事再审程序提供借鉴。我国现行法律并未区分有利于被告人的再审和不利于被告人的再审,未来立法时应当转变实事求是和有错必纠的刑事追诉思维模式,对是否有利于当事人进行区别,对有利于被告人的再审程序之启动应持宽松态度。即使允许提出不利于被告人的再审,也应当从提起事由和期限上进行限制,比如基于原审到案当事人隐瞒证据、推脱责任等原因,导致原审裁判畸轻,则允许提出不利于被告人的再审,但应当设置启动期限。当然,为确保法律适用的统一性,可在不影响当事人实体利益的情形下以法律适用错误对案件进行再审。

(四)漏犯归案引起的再审程序规则

学界对共同犯罪在逃犯缺席审判制度已有论述,③但制度层面对此并无明确规定。共同犯罪案件部分犯罪嫌疑人在逃的,法院一般先进行审理,对已经到案的共同犯罪被告人定罪处罚。司法机关并不放弃对在逃犯的追诉权,待在逃犯到案后,再启动对在逃犯的司法追诉程序。而在逃犯归案之后,根据其供述及其提供的其他证据,往往会使原审案件出现新情况,对此,控方和法院应当进行审查,如果在逃犯归案使原审生效裁判的准确性受到合理怀

---

① 相关法条参见《韩国刑事诉讼法》,马相哲译,中国政法大学出版社2004年版。

② 宋英辉等:《刑事诉讼原理(第三版)》,北京大学出版社2014年版,第107页。

③ 主要文献包括陈桂明、李仕春:《缺席审判制度研究》,《中国法学》1998年第4期;邓思清:《刑事缺席审判制度研究》,《法学研究》2007年第3期;孙铭溪:《缺席审判的现实困境与出路》,《法律适用》2013年第10期。

疑,则应当启动或准许启动再审程序,通过再审程序重新对原审各被告人的定罪量刑问题进行审理,纠正原审生效裁判中的不当之处。对于在逃犯归案并不影响原审判决的,则案件无须进入再审程序。而对于在逃犯的审理,为了保障其获得公平审判权,则应当分案处理,在逃犯的部分应经过一般的刑事追诉程序进行审理,而不可与原审裁判并案处理。在逃犯到案后可能是启动对原审裁判进行再审的事由,但在逃犯的部分不应直接适用再审程序进行解决。

(五)再审应由上级法院审理规则

再审不仅可以针对一审生效裁判,也可以针对经过上诉审之后的生效裁判。立法并没有规定未经上诉的生效裁判不能申请再审。在共同犯罪案件中,部分被告人对一审判决服判,后基于新的事实和证据对一审裁判提起再审,而部分经过二审的被告人对二审裁判也申请再审,当申请再审的事由都成立的情形下,由哪个法院进行管辖并且适用一审程序还是二审程序审理就存在难题。我国台湾地区关于刑事诉讼中再审之管辖的规定或许可以参考,其相关规定指出:"判决之一部曾经上诉,一部未经上诉,对于各该部分均声请再审,而经第二审法院就其在上诉审确定之部分为开始再审之裁定者,其对于在第一审确定之部分声请再审,亦应由第二审法院管辖之。"[①]因此,在共同犯罪中出现类似情形,应当坚持就高不就低原则,全案应当由具有管辖权的上级法院管辖。再审一般有两个诉请:一是对原审裁判不服,请求法院对原审裁判进行审理;二是对案件事实本身存疑,请求法院对案件事实重新作出处理。由原审法院审理,等同于自己作自己案件的法官,原审法院对案件已经作出审理,自己纠错属于强人所难。因此,再审应当由原审法院的上级法院或者由上级法院指定其他与原审法院同级的法院进行审理。《刑事诉讼法解释》第461条第(2)款规定:"上级人民法院指令下级人民法院再审的,一般应当指令原审人民法院以外的下级人民法院审理;由原审人民法院审理更有利于查明案件事实、纠正裁判错误的,可以指令原审人民法院审理。"可见司法实务部门也已意识到再审由原审法院审理的局限,但并没有从规范的层

---

① 陈聪富:《月旦小六法》,元照出版公司2014年版,第7—61页。

面彻底拒绝由原审法院审理再审案件的资格,这导致再审应当避免由原审法院审理规则大打折扣。基于自我纠错的局限性,防止当事人一再申请再审而减损司法裁判的稳定性和权威性,再审不应由原审法院审理。再审应当以申请再审的事由为对象,由原审生效裁判的上一级法院审理,可实行一审终审制。①由此避免出现利用不断申请再审而导致案件处于不稳定状态。此外,再审程序虽然属于特殊的救济审程序,但也具备司法程序的种种特征,因此,在共同犯罪再审程序中,由于涉及对案件证据和事实的调查,也应当坚持开庭审理规则,开庭审理是司法审判程序区别于行政审批程序的关键。然而,再审毕竟有别于普通审判程序,在特定的情形下即可不必开庭审理而直接作出裁判,比如在被告人应当有罪改无罪的事实和证据确实充分的情形下,应当直接改判,而无须开庭。

再审程序作为特殊的救济审程序,在司法实践中应当作为保障司法公正的例外程序存在。从裁判的稳定性和维护司法公信力的角度而言,无论是单个犯罪人的案件,还是共同犯罪多个被告人的案件,都应当设置较高的启动门槛,避免普通审理程序地位的弱化,司法成本负担过重。但为了纠正冤假错案,体现司法公正,共同犯罪再审程序又有存在的必要。因此,最优的做法应当是完善共同犯罪的第一审程序,重点完善一审程序的定罪程序和量刑程序,通过设定具体规则,确保共同犯罪每个被告人在第一审程序中获得准确定罪和量刑,以降低上诉率。对于部分被告人认为一审裁判存在程序瑕疵、事实认定错误或法律适用不当的,可经过第二审程序解决,对于死刑案件,可以经过改造后的死刑复核程序确保案件审理的公正。再审程序属于特殊救济审程序,案件经过一审、二审审理之后,对事实的认定和法律的适用应当已经达到司法认知的最高水平,只有在极为罕见的情形下,才有对已生效裁判进行再次审理的必要。

---

① 关于再审一审终审的观点,学界已有讨论,参见陈卫东:《刑事再审一审终审制之改造》,《法学家》2000年第4期;范培根:《刑事再审程序之改进与完善》,中国政法大学2003年博士学位论文;张艳艳、范金鹏:《论刑事再审一审终审原则》,《中共太原市委党校学报》2011年第2期。

第五章 共同犯罪分案审理程序

第一节　共同犯罪分案审理概述

一、分案审理的概念

共同犯罪的诉讼程序原则上以合并审理为主,分案审理为辅。这是因为共同犯罪事实之间存在关联,认定事实的证据也往往同一或牵连,合并审理有利于实现追诉的准确性和效率性。但如果共同犯罪合并审理可能影响被告人的公正审判权、不利于特殊被告人的保护,或者合并审理可能带来诉讼的不经济,则应该将共同犯罪案件分开审理。广义上的共同犯罪分案审理,是指为了便于案件的审理与当事人利益最大化等情形,在程序上对案件进行分离,使共同犯罪嫌疑人、共同被告人或部分犯罪嫌疑人、共犯被告人不在同一程序中诉讼或使共同被告合并审理后,将共同被告人的证据调查和辩论程序分离。[①]

按照分案的对象不同,可以分为以罪行为标准的分案审理,即犯罪事实的分离,如一个被告人涉嫌多项犯罪事实,将多项犯罪事实分开审理;还有以被告人为标准的分案审理,如几个共同被告人共同实施犯罪,将多名被告人分开审理。根据诉讼阶段的不同,分案审理可以分为起诉阶段的分案与审理阶段的分案,其中审理阶段的分案,又可分为事实调查程序及辩论程序的分离。

为了论述的集中性,本书讨论的共同犯罪分案审理程序仅指两人以上共

---

① 分案审理有多种提法,实务界多称之为"另案审理"(或分别审判),我国台湾地区的经典提法是"分离审判",有的国家或地区还称之为"案件的分出"。

同故意犯罪,在审理阶段的分案程序。

二、分案审理的价值

共同犯罪案件是否需要分案审理,并不是一个随意的诉讼现象,其背后蕴含着程序法在诉讼效率和人权保障上的价值选择。分案审理的价值主要体现在以下几个方面:

(1)有利于保障审判公正。将共同犯罪的被告人分开审判,有利于被告人在各自的庭审中充分发表自己的观点,防止共同被告人在同一审理程序中避重就轻、互相推卸责任;也有利于防止法官对共同犯罪的被告人"一视同仁",在未仔细辨析各被告人不同证据的情况下,有意或无意地一并归罪,影响公正审判。

(2)有利于对特别被告人的特殊保护。这主要是指在未成年人和成年人共同犯罪案件中,各国刑事司法都对未成年人进行特殊的保护,贯彻对未成年人教育、挽救的刑事原则。因此,对未成年人和成年人共同犯罪案件,一般需要分案审理,有利于对未成年人落实不公开庭审、法庭教育、从轻减轻等特殊刑事政策。

(3)在一定程度上有利于诉讼经济。虽然分案审理可能会带来多次庭审及多个证人反复出庭等,但当共同犯罪的被告人人数较多、犯罪事实情节复杂,多名被告人之间牵连不同的共同犯罪事实,合并审理可能会造成法院事实调查程序的烦琐及法庭辩论的混乱。若根据诉讼便利原则对此类共同犯罪案件分开审理,则可能加快各个庭审的诉讼流程,进而节约司法成本。

当然,任何事物都是两面的,分案审理同样也存在一些弊端,比如不同的审判法庭审理共同犯罪事实,由于法官认识水平的差异,导致对同一事实、证据的不同评价,或因不同法官裁量刑罚的标准不一形成对共同被告人之间量刑的失衡,这都影响法律的统一适用及法院判决的严肃性和权威性。分案审理也同样会造成证人的反复出庭、相同犯罪事实的重复调查、公诉人的多次出庭等司法成本的增加。

分案审理程序既有优点,也有弊端,因此在设计分案审理的具体程序规范时,就需要考量分案审理程序的优点和弊端,作出最优的程序设计。

第二节　共同犯罪分案审理的启动程序

分案审理的启动程序包含启动的具体条件、启动的主体及启动的具体操作程序,主要是指分案审理的适用条件、分案审理程序的申请、法庭对分案审理程序的审查与救济等,目前我国立法没有规定分案审理启动程序的基本规范。[①]

一、分案审理启动的条件

分案审理启动的条件实质上就是分案程序的适用条件,当合并审理可能带来诉讼不经济、影响被告人的辩护权和接受公正审判的权利,造成对被告人的偏见时,就应选择适用分案审理。分案审理的适用条件也往往与分案审理程序所追求的价值选择相适应。世界其他各国和地区对分案审理的适用条件都进行了规定。

在美国,对数名被告人的共同犯罪,也就是说共同被告人的指控罪名相互关联时,一般都采取合并审理的模式。联邦法院已经拒绝下述分离审理请求:"如果分别审判,被告人更有可能被判无罪;被告人受不了一个冗长的合并审判所带来的成本和身体压力;其他被告人有犯罪记录……被告人之间可能会有敌意或者利益冲突……不同的被告人想要使用不同的辩护理由……或者证据在针对一位被告人时具有可采性,而在针对其他被告人时不可采。"[②]

在法国,本书所讨论的两人以上共同犯罪,属于不可分的罪行,互相关联得更加紧密,按规定只能合并审理,法官没有裁量分案的权力。[③]在德国,对共同犯罪是否合并审理,法官根据被告人的公正审判权和诉讼效率之间取舍,拥有自由裁量的权力。但在美国可能会被裁定分离诉讼的情形,如共同

---

① 未成年人与成年人共同犯罪的分案起诉、分案审理在有关司法解释中有若干规定,下文单独撰写。此处主要讨论成年人共同犯罪的分案审理程序。

② ［美］约书亚·德雷斯勒、艾伦·C.迈克尔斯:《美国刑事诉讼法精解》(第二卷·刑事审判),魏晓娜译,北京大学出版社2009年版,第138页。

③ ［法］卡斯东·斯特法尼、乔治·勒瓦索、贝尔纳·布洛克:《法国刑事诉讼法精义》,罗结珍译,中国政法大学出版社1999年版,第481页。

被告人的归罪性供述、共同被告人的证言导致无罪等,在德国并不会被禁止,但德国立法赋予被告人沉默权,被告人可以拒绝陈述。[1]日本也赋予法官对分案审理的裁量权,当被告人之间的抗辩相反时,为保护被告人的权利,法院可以依申请或依职权,裁定分别辩论。[2]

在我国台湾地区,对共同犯罪案件是否分案审理,一方面是法官拥有自由裁量的权力,另一方面在共同被告人之间利害相反时,为了被告人权利,法院应当裁定分案审理。[3]在我国澳门地区,《澳门刑事诉讼法典》规定,已经相牵连的案件,法院须在同一诉讼程序中审理有关问题,当出现以下情形时,法院可以依职权或依申请,决定将诉讼程序分开处理:一是合并审理会造成对一方被告人审判的过分拖延,二是分开审理有利于保障一方被告人的重要利益,三是合并审理可能影响被害人的利益或澳门特区的处罚主张。[4]

从以上分析可以发现,当事人主义下的英美法系更加关注被告人的辩护权,是否适用共同犯罪的分案审理更加关注被告人的公正审判权,但为防止分案审理对诉讼经济的影响,也逐渐对合并审理影响被告人辩护权的情形进行严格的限制;职权主义下的大陆法系,赋予法官更多职权,共同犯罪是否分案审理由法官自由裁量。但无论是英美法系还是大陆法系,分案审理的根本条件都在于对被告人诉讼权利的保护。

《刑事诉讼法》并没有规定分案审理的具体程序,但在一些司法解释及司法实践中,可以总结出我国存在分案审理的几种情形。(1)因撤回起诉或追加起诉而导致的分案审理。在诉讼实践中,对共同犯罪的被告人,在合并审理的庭审过程中,如果发现指控的其中被告人事实不清,需要补充侦查或者不应该被追究刑事责任,可以向法院申请撤回对该被告人的起诉。法庭对未被

---

① [德]托马斯·魏根特:《德国刑事诉讼程序》,岳礼玲、温小洁译,中国政法大学出版社2004年版,第169页。

② 《日本刑事诉讼法》,宋英辉译,中国政法大学出版社2000年版,第71—72页。

③ 我国台湾地区关于刑事诉讼的规定指出,法院认为适当时,得依职权或当事人或辩护人之声请,以裁定将共同被告人之调查证据或辩论程序分离或合并。前项情形,因共同被告人之利害相反,而有保护被告权利之必要者,应分离调查或辩论。参见许身健:《共同犯罪分案审理问题研究》,《国家检察官学院学报》2022年第1期。

④ 邱庭彪:《澳门刑事诉讼法分论》,社会科学文献出版社2012年版,第222页。

撤回的被告人继续审理,这就在客观上造成共同犯罪的分案审理。同样,追加起诉也会出现分案审理的情形。①(2)存在漏犯或在逃犯导致的分案审理。漏犯是指还没有进入刑事诉讼程序但在审查起诉或法庭审理过程中才发现的共同犯罪人;在逃犯是指已进入刑事诉讼程序但没有在案的共同犯罪人。当在押犯的犯罪事实清楚时,就应该先提起诉讼进行审理,防止对其诉讼的拖延,对漏犯或在逃犯,显然只能等查清其犯罪事实,到案以后再提起诉讼;这就造成漏犯与在逃犯与其他共犯在诉讼程序上的分离。②(3)另有犯罪嫌疑,需要继续侦查,或者有些犯罪分子参与几起共同犯罪活动的。在共同犯罪案件中,某些共同犯罪嫌疑人还涉嫌其他犯罪,或者某些犯罪嫌疑人的身份等信息难以查清,需要继续侦查且所需较长侦查时间时,就应当对已经查清事实的同案犯罪嫌疑人先行起诉。③共同犯罪活动之间存在交叉,有些犯罪分子参加了这几起共同犯罪,有些犯罪分子参加了那几起共同犯罪,如果将这些案件一案审理,不仅被告人数多,案情复杂,而且费时费力,影响审理的速度。(4)特殊程序与一般程序并存情况下的分案审理。如死缓犯人与其

① 《最高人民检察院关于公诉案件撤回起诉若干问题的指导意见》第6条规定:"在案件提起公诉后、做出判决前,发现被告人存在新的犯罪事实需要追究刑事责任的,人民检察院如果在法定期限内能够追加起诉的,原则上应当合并审理;如果人民法院在法定期限内不能将追加部分与原案件一并审结的,可以另行起诉,原案件诉讼程序继续进行。"

② 最高人民法院、最高人民检察院、公安部于1982年4月5日发出的《关于如何处理有同案犯在逃的共同犯罪案件的通知》中规定:"同案犯在逃,对在押犯的犯罪事实已查清并有确实、充分证据的,应当按照刑事诉讼法规定的诉讼程序,该起诉的起诉,该定罪判刑的定罪判刑,如在逃跑的同案犯逮捕归案后,对已按上项办法处理的罪犯查明还有其他罪没有判决时,可以按照刑事诉讼法规定的诉讼程序对新查明的罪行进行起诉和判决,人民法院依照刑法第六十五条和全国人民代表大会常务委员会《关于处理逃跑或者重新犯罪的劳改犯和劳教人员的决定》的有关规定判处这类案件。"

③ 1984年6月15日,最高人民法院、最高人民检察院、公安部《关于当前办理集团犯罪案件中具体应用法律的若干问题的解答》在解答"有些犯罪分子参加几起共同犯罪活动,应如何办理这些案件"时指出:"对这类案件,应分案判处,不能凑合成一案处理,某罪犯主要参加那个案件的共同犯罪活动,就列入那个案件去处理(在该犯参加的其他案件中可注明该犯已另案处理)。"

他罪犯又共同犯罪,存在不同的审理程序,就可以分开审理。①(5)特殊身份与普通身份共同犯罪,因分别管辖而造成的分案审理。如军地互涉的共同犯罪案件,由军地不同的司法机关分别管辖,客观上就造成共同犯罪的分案审理。②还有未成年人与成年人的共同犯罪,出于对未成年人的特殊保护,相关司法解释也规定,对未成年人和成年人共同犯罪案件,一般也采用分案审理。③(6)法官裁量分案审理。虽然我国法律并没有规定法官裁量分案审理的具体条款,但在司法实践中,存在法官将共同犯罪案件裁量分案审理的情形。一般是被告人人数众多、犯罪事实复杂、罪名较多,为查清犯罪事实,提高庭审的效率而进行分案审理。比如刘汉、刘维等36人涉嫌组织、领导、参加黑社会性质组织罪案件,检察机关起诉时把此案分为7个案件提起公诉,受理案件的法院也随之分别在7个审判法庭同时开庭审理。④但与其说是法官裁量分案,不如说是公诉机关主导了分案审理的启动,在实践中,往往由公诉机关决定对共同犯罪案件分开提起诉讼,由于我国没有关于分案或合并程序的具体规定,因此法院对公诉机关的分案起诉"照单全收",分案审理成为"顺理成章"的事。

---

① 《最高人民法院研究室关于死缓犯人与其他罪犯又共同犯罪审理程序问题的电话答复》指出,对共同犯罪案件一般应当坚持全案审判,但鉴于此案的特殊情况,可分别按照刑事诉讼法第153条第(2)款规定的被判处死刑缓刑的罪犯,因抗拒改造情节恶劣,查证属实核准执行死刑的程序和刑事诉讼法第162条第(1)款规定的关于处理罪犯在服刑期间又犯罪的程序处理。但在最终定案处理的时间上要相互照应,尽量求得一致。

② 1982年最高人民法院、最高人民检察院、公安部、总政治部《关于军队和地方互涉案件几个问题的规定》第2条指出:"现役军人和地方人员共同在部队营区作案的,以军队保卫部门为主组织侦查,……地方公安机关为主组织侦查,军队保卫部门配合。对犯罪分子,由地方和军队共同研究,通盘考虑,在取得一致意见后,分别由地方、军队公安机关、保卫部门、人民检察院、人民法院依法处理。"根据这一决定,对于军地互涉的共同犯罪案件,由军地司法机关分别管辖。1987年12月21日,最高人民检察院、公安部、总政治部《关于军队和地方互涉案件侦查工作的补充规定》对发生在军队营区或非军队营区的地方人员与现役军人共同作案的侦查问题作了补充规定,军地互涉的共同犯罪案件由军地的司法机关分别管辖原则依然如故。

③ 2013年《人民检察院办理未成年人刑事案件的规定》第51条规定:"人民检察院审查未成年人与成年人共同犯罪案件,一般应当将未成年人与成年人分案起诉。"《刑事诉讼法解释》第551条规定:"对分案起诉至同一人民法院的未成年人与成年人共同犯罪案件,可以由同一个审判组织审理;不宜由同一个审判组织审理的,可以分别审理。"

④ 杨维汉、邹伟、李鹏翔:《刘汉等36人涉黑案继续开庭审理——刘维等7人案结束法庭调查》,《检察日报》,2014年4月15日,第2版。

纵观英美法系及大陆法系对分案审理的规定与实践,为防止对共同犯罪合并审理的肆意及分案审理的随意,有必要在立法上明确共同犯罪分案审理的具体规范。第一,原则上规定"对共同犯罪,一般应当合并审理"。第二,规定分案审理的例外情形,由于我国司法的职权主义色彩,可以借鉴大陆法系的做法,规定"如果合并审理影响被告人的公正审判权,则应该分案审理。当共同犯罪案件事实复杂、被告人人数众多等,合并审理可能造成审判困难、拖延诉讼时,法官可以裁量分案审理"。至于何为"影响被告人的公正审判权",应该进行实质判断,比如合并审理影响被告人的辩护权、导致法官适用证据的混淆、共同归罪等情形,导致对被告人定罪量刑错误时,应该决定分案审理。法官裁量分案审理的具体条件,一般是共同犯罪事实纷繁复杂、被告人人数众多,被告人之间犯罪事实存在交错,如部分被告人之间牵连共同的犯罪事实,但与其他被告人不存在牵连,比较典型的是犯罪集团案件,首要分子或主犯往往涉嫌犯罪事实众多,案情复杂,其他犯罪成员可能涉嫌犯罪集团的部分犯罪事实,就有必要对首要分子或主犯与一般成员之间的共同犯罪分开审理。

二、分案审理启动的主体

分案审理启动的主体是指由谁来启动分案审理的程序。在我国的司法实践中,公诉机关对分案审理享有绝对的启动权。一般而言,公诉机关认为共同犯罪的被告人不适宜共同审理的,就制作多份起诉书将共同被告人分开起诉,法院就分开审理,达到分案审理的效果。法院在受理公诉机关指控的过程中,只对起诉书作形式审查,一般不对公诉机关分案起诉是否合理进行审查。而共同犯罪的被告人对其被分开或合并审理,也没有申请合并或分案的权利。因此,在我国的刑事诉讼实践中,公诉机关不仅独享共同犯罪分案审理的启动权,在某种意义上,也掌握了共同犯罪分案审理程序的决定权。

其他刑事诉讼立法健全的国家也都有关于合并或分开审理的程序规定。在美国,检察官具有是否分案审理的最初选择权,当然检察官也不是不受限制地决定是否分开起诉,也要受到成文法的限制。如果检察官的分开起诉是不适当的,法院就会作出合并审判的命令。[①]在法国,对于具有一般意义上"关联性"的犯罪,法官可自由裁量是否分案审理;在德国,控辩双方都有申请法院对共同犯罪案件分开审理的权利,法院也可以依申请或依职权裁定是否分开审理。

可见,无论是英美法系还是大陆法系,控方与辩方都有权申请启动分案审理,但最终由法院决定。在大陆法系国家,法官具有启动分案审判的裁量权。相对我国由控方启动分案审理程序,法院"默认"分案审理的司法实践,有必要赋予共同犯罪的被告人申请分案审理的权利,由法院进行审查后决定是否对共同犯罪进行分别审理。如果法院认为检察机关分案或合并起诉不当的,应当裁定将案件分案或合并审理。

三、分案审理启动的具体操作程序

分案审理启动的具体操作程序,是指分案审理程序启动的具体方式,包括申请的方式、举证的要求及启动的相关救济等程序。在我国司法实践中,往往由公诉机关根据案件的具体状况决定分案起诉,将共同犯罪被告人以不同的起诉书,分开提起公诉,被告人并没有申请分案审理的权利。《刑事诉讼法》也没有对公诉机关提起分案起诉作出具体要求。法院受理后,可以对公诉机关的分案起诉进行审查,如果认为不应该分案审理的,法院一般要求公诉机关将分开的起诉书撤回以便重新合并起诉;对公诉机关合并起诉的共同犯罪案件,法院如果认为应当分开审理的,也可以要求公诉机关将起诉书撤回,重新分案提起公诉。但这均是司法实践中的普遍做法,并无相关法律或司法解释的规制。在实践中,法院基本对公诉机关的分案起诉或合并起诉"照单全收"。为规范共同犯罪的分案审理程序,有必要规定分案审理程序启动的具体操作规范。

(一)申请分案审理的时间

在美国,如果被告人在庭审中没有提出动议就会被认为是对分离诉讼请

---

① [美]约书亚·德雷斯勒、艾伦·C.迈克尔斯:《美国刑事诉讼法精解》,魏晓娜译,北京大学出版社2009年版,第131页。

求放弃。同样,在上诉中首次提出错误合并的请求一般也不会被审查,当然如果记录的情况解释了为什么这一问题没有早些提出时可能会有例外。[①]在英国,被告人申请通常在对起诉书答辩之后就立即向法官提出。如果有条款规定的话,这种申请可以在审前听审时向审判法官提出。[②]在德国,控辩双方申请合并或分案审理的时间,一般是在审判程序开始后。

结合我国诉讼程序的具体情况,分案审理是一个程序问题,审前的庭前会议主要解决案件的程序问题,因此被告人可以在庭前会议阶段申请法院对案件进行分案或合并审理;但由于庭前会议阶段无法对案件是否分开审理的具体利害关系进行实质审查,也应当允许被告在庭审阶段提出分开或合并审理的请求,由于分开或合并审理可能影响被告人的公正审判权,主要涉及事实调查,所以将被告人的申请权限制在法庭辩论之前,防止法院诉讼程序的无序。法官可以在法庭辩论之前的任何阶段,裁量决定是否对共同犯罪案件分开或合并审理。

(二)分案审理的举证问题

作为一项程序事实,被告人申请分开或合并审理,需要提供一定的证明,只是对程序问题的证明,不需要太高的证明要求,达到初步证明的程度即可。因而,应该在我国立法中规定,"被告人申请法院分开审理的,应初步证明合并审理可能带来的不利利益"。但这种不利利益,必须构成实质上的不利,即对定罪量刑产生实质不利,而不是与定罪量刑无关紧要的不利。

(三)分案审理的审查与救济

在美国,如果合并被认定是错误的,即法律不允许合并的犯罪或被告人包括在一个指控之内,审判法官无权裁量决定拒绝分离诉讼的动议。对于审判中不能证明合并赖以成立的事实,受到影响的被告人如何获得审查救济,在美国最高法院谢弗诉合众国案中有不同意见。一方面,对谢弗案,大多数意见认为合并审判的合法性仅仅取决于大陪审团起诉书中的认定,并且在结

---

① [美]伟恩·R.拉费弗、杰罗德·H.伊斯雷尔、南西·J.金:《刑事诉讼法(下册)》,卞建林、沙丽金等译,中国政法大学出版社2003年版,第910页。

② [英]约翰·斯普莱克:《英国刑事诉讼程序》,徐美君、杨立涛译,中国人民大学出版社2006年版,第319页。

果上问题并不是错误合并,而是是否应以损害为理由而决定分离诉讼,"庭审法官应当对这种损害的可能性特别注意"。对谢弗案,多数意见拒绝采用"一种硬性的范式即当共谋罪状不成立时,合并审判在法律上是错误的"。另一方面,少数持不同意见的法官却强调在这种情况下潜在的损害,指控中的表述只有在"预审阶段"也足以判断合并审判的合法性,"一旦在庭审中,被告人没有参与罪行的'同一系列'变得明显时,这就会使现在得知是错误地以规则8(b)来决定主张本身足以继续进行合并,审判变得毫无意义"[①]。在上诉中,被告人负有证明他由于合并审判而受到损害的责任,并且只有在清楚地显示初审法官滥用裁量权时,一般才会推翻案件判决。当法官的指示足以把证据既定于一个被告人、陪审团对一些被告人定罪而没有对其他的定罪、任何损害被认为是无害的时,上诉法院就支持通过合并审判没有造成损害的裁定。[②]英国专门规定了处理指控分离和指控合并的预备性审理程序。在预备性审理程序中,法官针对合并或分案作出裁定,对此控辩双方都可以提出上诉。[③]上诉法院在 Moghal 案中规定,合并在一项罪状中的被指控者被分别审判,只有在非常例外的情形下才能如此命令。虽然在 Moghal 案中,上诉法院并不同意法官命令分别审判的决定,但他们没有取消定罪,因为法官行使的是他的自由裁量权。但如果一项决定,不管是赞同还是反对分别审判,被显示导致审判不公,则上诉会支持。[④]当法院认为检察院的合并起诉不符合法律规定时,可以裁定将案件分开审理。对此,检察机关有抗告的权利。[⑤]

我国也应当规定法院对分开审理请求的审查及控辩双方的救济权,否则分开审理将成为"一纸空文"。由于我国不存在中间上诉程序,无论是控方还是辩方,对法院不当合并或分开审理的程序问题,都应在一审判决生效后一并向上

---

① [美]伟恩·R.拉费弗、杰罗德·H.伊斯雷尔、南西·J.金:《刑事诉讼法(下册)》,卞建林、沙丽金等译,中国政法大学出版社 2003 年版,第 909 页。

② [美]伟恩·R.拉费弗、杰罗德·H.伊斯雷尔、南西·J.金:《刑事诉讼法(下册)》,卞建林、沙丽金等译,中国政法大学出版社 2003 年版,第 910 页。

③ 英国内政部:《2003 年刑事司法法立法说明》,郑旭译,陈光中:《21 世纪域外刑事诉讼立法最新发展》,中国政法大学出版社 2004 年版,第 164 页。

④ [英]约翰·斯普莱克:《英国刑事诉讼程序》,徐美君、杨立涛译,中国人民大学出版社 2006 年版,第 315 页。

⑤ [德]克劳思·罗科信:《刑事诉讼法》,吴丽琪译,法律出版社 2003 年版,第 185 页。

诉法院申请救济。如果法院不分案审理的程序适用错误,那么上诉法院可将案件发回重审。分案审理程序的适用错误也可构成法院启动再审的条件。

第三节　共同犯罪分案审理的法庭调查程序

分案审理的案件在法庭调查的具体流程上与普通案件并无二致,因为分案审理的案件本身就作为独立的案件进入诉讼程序。但由于共同犯罪案件的牵连性,如何对共犯陈述进行法庭调查是分案审理案件的特殊程序问题之一。对共犯陈述的法庭调查需要明确共犯的诉讼地位及共犯陈述的证据性质是什么,以及共犯陈述的证明效力如何。

一、共犯的诉讼地位

本书所指的"共犯"是一个实体法的概念,是指共同实施犯罪的人。[①]在共同犯罪被分案审理的情况下,共犯是否可以作为证人,在学界一直没有达成共识。持否定态度的主要观点是:(1)被告人是诉讼参与人,根据诉讼参与人地位单一性原则,被告人的地位只能是一个,如果承认被告人同时是证人,这在法律关系上说不通;(2)被告人和证人的权利义务不同,被告人享有辩护权,证人没有,证人故意做伪证或隐匿证据要承担法律责任,被告人是当事人一方,而证人是当事人以外的第三者,证人与案件没利害关系,被告人是与案件有利害关系的人,所以共同被告人不得具有被告人和证人双重身份;(3)被告人的口供在证据分类上属于被告人的供述与辩解,并非证人证言,如果将被告人口供作为证言使用,容易陷入"一人供听,二人供信,三人供定"的危难境地,因此同案被告不能互为证人。持肯定态度的则认为,同案被告可以兼作证人,理由如下:(1)证人是知道案件情况的人,同案被告人就是知道案件情况的人,符合证人的特征;(2)《刑事诉讼法》规定,被告人的供述与辩解可以作为证据,自然也可以作为同案其他罪犯的检举揭发,地位就是证人;(3)

---

① 　因为本部分探讨共同犯罪分案审理过程中的程序问题,由于共同犯罪的共犯不在同一诉讼程序中,所以本部分不用共同被告的表述。

被告人有义务如实回答,就与证人义务相同;(4)法律没有规定利害关系人不可以作证,所以同案被告人可以作为证人。当然,上述讨论并没有区分共同审理或分案审理的不同情况。

共犯的诉讼地位是指其在诉讼过程中的身份,因此共犯究竟属于被告人还是证人,当然也基于诉讼程序而言。在德国,共同被告的诉讼地位由程序决定,当共同被告被合并审理时,就是被告的身份;当共同被告被分开审理时,在分开的诉讼程序中就拥有了证人的身份。也就是说,将合并审判程序分开,就可以让共同犯罪的人以证人的身份接受讯问。①在分案审理的情况下,在本案被告人的审理程序中,共犯当然不是被告人。共犯如果需要出庭陈述,由于其陈述对案件具有一定的证明作用,作为知道案件情况的人,其特性与证人并无二致。共犯在本案被告人的审理过程中,就只可能是证人的身份。

二、共犯陈述的调查方式

共犯在分案审理的情况下,在本案被告人审理程序中属于证人,其证言同样适用传闻规则的要求,也就是说共犯在审判外之自白,仅仅对该共犯本人有效,对其他被告人不得采信。共犯必须以证人的身份出庭陈述,接受法官的询问和当事人诘问,使控辩双方有讯问及诘问的机会,其陈述才有证据能力。在伪证罪负担下,由当事人以交互诘问的方式进行证据调查。

共犯虽经合并起诉,但因共同被告防御方针相关而造成利害关系冲突,为保障被告的抗辩权,有必要对证据调查程序进行分离,使共同被告转化为证人的方式接受证据调查,待调查完毕再予以合并诉讼程序。在暂时性的法庭调查程序分离的情况下,审判主体是否应当进行变更,还是由同一法官以个别的事实调查程序进行审理? 一般而言,对审判主体进行分离,可以彻底排除预断,实现审判公平,但不更换审判主体,由同一法官以个别独立的诉讼程序进行审理,可以实现被告间事实认定的合一确定及量刑的均衡。事实认

---

① 这是"形式共同被告说"的观点。此外,关于共同被告的界定,理论上还有"实体的共同被告说""形式—实体的共同被告说"等观点。参见[德]克劳思·罗科信:《刑事诉讼法》,吴丽琪译,法律出版社2003年版,第240—241页。

定的一致性与量刑的均衡性,同样是实体正义的体现,且为了可能存在的预断而更换审判主体,实不利于提升诉讼效率,因而在暂时分离诉讼程序中,没有更换审判主体的必要。

三、共犯陈述的权利冲突

由于共犯身份的特殊性,其作为证人在本案被告人案件中陈述,可能涉及本人共同参与的犯罪事实,将自己处于不利境地,在不得强迫自证其罪的原则下,其自然享有拒绝证言权。但为了对本案被告人开展有效的指控,同时也要保障被告人的对质权,采取共犯先受确定判决或刑事免责的方式,可以有效化解共犯作证的矛盾。但如果同案犯在分别审理的情况下,如果都需要在对方的法庭上出庭作证,如何解决先受判决的问题? 对此,应当建立共犯证言的豁免责任,即共犯在本案被告人庭审中的证言不能作为对其不利的证据适用于他本人的庭审中。

四、共犯陈述的证明力判断

对共犯陈述的证据调查,包括对共犯陈述的证明力判断。共犯陈述作为一种重要的证据,对案件事实的证明具有直接性。但共犯证言具有一定的复杂性,如果其证言是真实的,则其证明力非常高;但由于共犯之间存在责任大小的判断,如果揭发同案犯还能减轻处罚,则很可能使共犯作虚假的陈述。正如我国台湾地区学者所述,共犯陈述常"避重就轻,诬攀他人,因而造成冤狱者,数见不鲜"。[1]《刑事诉讼法》规定,"只有被告人供述,没有其他证据的,不能认定被告人有罪和处以刑罚"。这是我国自白补强规则的体现。然而,这里的被告人是否包含共犯,共犯陈述是否属于自白及共犯陈述的证明力问题,在我国一直以来并没有明确的规定。

正如上文所言共犯陈述在本案被告人的审理程序中属于证人证言,既然属于证人证言,是否就不适用自白补强规则?这就可能会导致没有作出有罪供述的被告,因共犯的证言而被判处有罪,做了有罪供述的被告人因为没有

---

① 李学灯:《证据法比较研究》,五南图书出版公司1992年版,第541页。

其他证据印证而被判无罪。对此,英美法系国家一般都规定,共犯的陈述必须要有补强证据,才能作为认定案件事实的证据。美国马里兰州规定,没有补强的共犯陈述不能作为被告人定罪的唯一依据;美国纽约州也作了同样的规定,还规定不同共犯的陈述不能相互补强,也就是说,不仅一个共犯的陈述不能作为确定被告人有罪的唯一证据,并且多个共犯相一致的证言也不能作为确定被告人有罪的证据。联邦尽管没有强制的补强要求,但要求法官针对共犯陈述要向陪审团进行警示。①在英国,共犯口供要求补强并不是法律规定的,而是实践中的规则,也不是强制性的规则。只是要求共犯陈述在没有补强的情况下,据此对被告定罪必须慎重。我国台湾地区明确规定对被告或共犯的自白必须进行补强,自白不得作为有罪判决的唯一证据。此处的"共犯之自白",包括了法院就被告本人之案件调查共同被告的陈述,台湾"最高法院"第九十五度台上字第一七八八号判决认为:"共犯所为不利被告之供述,为担保其供述之真实性,自须有补强证据用以佐证其不利被告之供述确属事实。"②

由此可见,域外基本都有对共犯陈述的证据补强要求,只是在强调自由心证的英美法系,对该补强规则并非强制性要求。就我国而言,法官拥有判断证据证明力的绝对权力,为了防止法官滥用权力,有必要明确共犯陈述的补强要求。但如果强制性适用补强规则,可能滑入法定证据的泥潭,对证据和事实的判断同样离不开法官的裁量。我国应当建立共犯陈述补强规则,具体建议如下。

(1)明确共犯陈述原则上需要补强。《刑事诉讼法》规定:"只有被告人供述,没有其他证据的,不能认定被告人有罪和处以刑罚。"为防止此处的被告人只被理解为本案的被告人,有必要修改规定,"只有被告人供述和共犯陈

---

① 当陪审团决定证人属于共犯时,法官必须警示陪审团:(1)他们必须非常谨慎地对待该共犯的陈述;(2)他们应当尽量寻找补强证据支持该共犯的陈述。当然如果他们认为仅仅依靠该共犯陈述也能使对犯罪的证明达到排除合理怀疑的程度,他们也可以这样做,并且法官要求陪审团仔细考虑共犯的陈述,判断他们是否会因为自身利益、偏见、受到某种奖励或者与控方达成辩诉协议而提供虚假证言的可能性。参见王晓华:《共犯言词证据研究》,《华中师范大学学报(人文社会科学版)》2010年第5期。
② 林俊益:《共同被告或共犯自白之证明力》,《月旦法学教室》2006年第48期。

述,没有其他证据,原则上不能认定被告人有罪和处以刑罚"。同时增加规定,法官采纳未补强的共犯陈述的,应充分说理,公开心证。

(2)对共犯陈述的补强证据独立于共犯陈述。因为补强证据的目的在于保障被补强证据的真实性,如果补强证据和被补强证据来源一致,就失去了补强的意义。比如说共犯在庭外所作的陈述、第三人根据共犯以前陈述作出的证言等,无论是否具有可采性,都不能成为其庭上证言的补强证据。在司法实践中,公诉人为使被告人供述避免成为"孤证"往往用共犯陈述去补强被告人供述是不妥当的。如果需要补强共犯陈述,用被告人陈述进行补强,实质上是用一个需要补强的证据去支撑另一个需要补强的证据,显然是对共犯陈述需要补强原则的规避。

第四节　共同犯罪分案审理的程序衔接

共同犯罪分案审理是将共同犯罪案件分开进行审理,实质是两个或多个被分开审理的案件各自进入独立的诉讼程序被审理,因此在基本的审理程序上,与其他案件并无二致,但由于共同犯罪事实的牵连性,共同犯罪案件在审理中存在追求事实认定的一致与量刑均衡的问题,这就涉及审理过程中不同审判组织之间信息的沟通与相关程序上的衔接。在裁量分案的情况下,被分案的案件由一个法院审判还是分别由不同法院审理?需要同时审理还是先后审理?如果存在先后的情况下,是主犯先审还是从犯先审?在先后分开审理的情况下,如何实现共同犯罪案件事实认定与量刑的均衡?我国相关的刑事法律都没有对上述问题进行规制,这也导致实践中分案审理程序的随意性,进而影响公平。

一、关于分案审理的法院及时间顺序

根据分案审理是否会造成审理时间上的先后及法院的选择问题,可以分两种情形讨论。一种情形是共同犯罪中存在漏犯、在逃犯、部分犯罪嫌疑人另有犯罪嫌疑需要继续侦查等情形,为保障其他犯罪嫌疑人尽快接受审判的程序权利,已在案的或已经查清犯罪事实的犯罪嫌疑人被动分案后先受审

理,从而客观上造成共同犯罪案件分案后的先后审理。在这种情形下,就不存在分案的案件先后审理的选择问题。在实践中,已在案查清的犯罪嫌疑人由管辖法院审理。后到案或待查清事实后移送起诉的犯罪嫌疑人,由对应的管辖法院审理,一般也不存在分案审理的法院选择问题。另一种情形是因共同犯罪嫌疑人之间防御冲突、共同犯罪嫌疑人人数众多,犯罪事实交叉且错综复杂、因管辖问题部分犯罪嫌疑人需要移送管辖等情况下的分案审理,由于该情形中共同犯罪嫌疑人均在案,在主动分案审理的情况下,就存在被分案的几个案件的审理次序及该由几个法院审理的问题。本部分主要讨论第二种情形。

(1)关于法院的选择。在共同被告均到案的情况下,因被告人之间防御权利冲突或者因人数众多、犯罪事实交叉且错综复杂需要分案审理的,原则上由同一法院审理比较合适。[①]共同犯罪案件事实之间存在牵连,在分案审理的情况下,不同审理法官可能基于不同的阅历、学识,产生对相同事实的不同判断,从而可能造成同一事实的不同认定;而且在共同犯罪案件中,各共同犯罪人之间存在罪责比较的问题,在分案审理的情况下,不同法院基于不同的心证及量刑的裁量,也可能造成共同犯罪人之间量刑的不均衡,这都将影响法院判决的公正性与权威性。那么,分案的案件在同一法院审理的情况下,不同合议庭遇到事实认定的分歧或量刑裁量的不均衡,可以通过法院审判委员会协调的方式进行调和,从而实现分案审理的公正性。如果由不同法院审理,在信息沟通与协调方面势必没有在同一法院审理高效便捷;而且由不同法院审理分案的案件,必然是采用指定管辖的方式进行,而指定管辖一般是在管辖权不明、管辖权有争议、有管辖权的法院不宜行使管辖权的情形下进行。对共同犯罪进行分案并不涉及上述情形,自然也不宜行使指定管辖权,否则只能造成管辖制度的混乱。

---

① 由管辖问题导致部分犯罪嫌疑人需要移送管辖的,一般由对应的管辖法院审理,从而在客观上造成由不同的法院审理的情况,不存在法院的选择问题。未成年人与成年人共同犯罪的,未成年人由专门的少年法庭审理;如果成年人的管辖法院同时设置少年法庭的,则由同一法院的刑事法庭与少年法庭进行审理。但在少年审判机构尚不发达的情况下,可能一个地区只有若干法院设置少年法庭,并由这些法院的少年法庭管辖若干区域的未成年人案件,如上海17个基层法院只有7家法院设有专门的少年法庭,这就可能造成分案的未成年人案件与成年人案件在不同的法院审理,相关讨论详见本章第五节。

（2）关于审理的次序及合议庭安排。对于共同犯罪被分案后的若干案件，究竟该同时审理还是先后审理？如果先后审理，应当如何安排？在同一法院审理的情况下，合议庭是否需要同一？对此，分两种情形讨论。一种情形是上文讨论的因被告人之间防御权利冲突或者因人数众多、犯罪事实交叉且错综复杂分案审理后，在同一法院审理的。这种情况下，分案的案件安排在同一时间段较为适宜。①因为共同犯罪涉及共同的被害人、证人等，分案的案件在同一时间段安排开庭，方便相关的当事人、证人等其他诉讼参与人一次性到法庭参加诉讼，避免多次到法院的劳顿，节约诉讼成本。至于是否由同一合议庭审理，原则上由同一合议庭进行审理，这样可以避免因不同合议庭审理造成的事实认定的分歧或量刑的不均衡。但如果共同犯罪人数众多、犯罪事实错综复杂，分案的案件也众多，由同一合议庭在同一时间段审理存在困难的，也可安排由不同的合议庭在同一时间段分开审理。另一种情形是共同犯罪嫌疑人均在案，但由于存在管辖问题，部分犯罪嫌疑人需要移送其他法院，或者未成年人与成年人共同犯罪的，未成年人需要移送设有少年法庭的其他法院等，对于共同犯罪案件分案后由不同法院审理的情况，显然不可能由同一合议庭审理。但在审理时间的安排上，由于不同法院往往在量刑标准上会存在一定的差距，如果同时审理，在信息沟通不顺畅的情况下，就可能造成事实认定的分歧及量刑的不均衡。相反，在先后审理的情况下，后判决一方可以参考前判决，从而实现共同犯罪判决的一致性，且在先后审理的情况下，也不会造成当事人、证人等其他诉讼参与人参加庭审的冲突。在审理先后上，区分主犯、从犯的共同犯罪，由主犯先接受审理为妥，因为涉及主犯的犯罪事实往往更加全面，且对从犯的量刑也要较主犯从轻，因此主犯案件的审理对从犯有参考意义。

二、关于分案审理的审判协调问题

对于同一案件，如果法院作出相互矛盾的判决，势必影响法院判决的权

---

① 这里指的同一时间并非必须是同一时刻，也可以是同一时间段，如同一天的上午或下午。

威性。共同犯罪案件虽然被分案审理，但共同犯罪人在共同犯罪事实上的重合性使被分案审理的案件在判决上应尽可能追求一致。

正如上文所述，分案审理的案件在不同审判组织的审理下，由于不同法官基于自身的认识，可能对共同犯罪的事实认定、法律适用产生分歧，基于量刑的裁量，也可能造成共同犯罪人之间量刑的不均衡。对此，针对未成年人分案起诉，最高人民检察院与最高人民法院在各自出台的司法解释中规定，对于分案审理的案件，办理机构应当互相了解案件情况与审判情况，注意全案的量刑平衡。一般成年人的共同犯罪案件被分案审理的，也应建立相应的沟通协调机制，但目前我国相关法律法规对此均没有任何规制。为此，分以下几种情形进行讨论。

（1）针对共同犯罪的被告人均在案，由于被告人之间防御权利冲突或者因人数众多、犯罪事实交叉且错综复杂，决定分案审理，且由同一法院、同一合议庭审理。这种情形下不存在事实认定、法律适用上的矛盾，也不会出现量刑的不均衡，这是最理想的分案审理模式。在具体程序安排上，公诉机关分案提起公诉的，在各案件中备注分案情况，法院受理后同意检察院分案起诉决定，抑或公诉机关合并起诉但法院认为应当分开审理的并要求公诉机关重新分别起诉，则统一安排同一合议庭审理。

（2）共同犯罪的被告人均在案，由于被告人之间防御权利冲突或人数众多、案件事实交叉且错综复杂，决定分案审理，在同一法院，但由不同合议庭审理，且在同一时间段内审理。首先，各个合议庭需要知悉本案系共同犯罪的分案审理案件，分案后由本院其他合议庭分别在同一时间段审理。就此，如果由公诉机关分开提起公诉的，在各分案的起诉书中附注分案的情况，法院立案庭在受理后移送刑事法庭时专门备注分案情况，这样分案起诉案件的各合议庭能掌握若干被分案案件的审判组织情况，书记员在安排开庭时间时考虑在同一时间段。如果法院主动作出分案审理的决定，则将案件退回公诉机关，由公诉机关重新制作起诉书分案后提起公诉，随后的程序同上。其次，各合议庭之间的沟通协调问题。分案审理的各合议庭在同一时间段分别开庭审理后，各自合议，为防止判决矛盾，不宜当庭宣判。合议后，由书记员负责交换各合议庭意见，如果分案审理的各合议庭之间在事实认定、法律适用上不存在分歧,量刑也均衡,则各自作出判决。如果各合议庭在事实认定、法律适用上存在分歧或者量刑不均衡的,则由审判庭的负责人召集各合议庭合并合议,如果意见仍然不能达成一致,且影响共同犯罪判决的公正性的,递交本院审判委员会讨论决定。

(3)共同犯罪嫌疑人均在案,但由于管辖等原因,分案审理的案件分别由不同的法院审理,应如何实现审判的协调?对此,首先无论是公诉机关分案起诉,还是法院决定分案审理,共同犯罪案件通过移送管辖或指定管辖的方式实现不同法院审理的,在分案的同时都应备注分案的案由、审判组织等,使不同法院掌握分案情况。在开庭准备阶段,分案审理的各合议庭应互相交换开庭时间,防止在同一时间开庭造成证人等诉讼参与人出庭的冲突。在审理过程中,如果一方庭审中出现新的证据等,可能造成与公诉机关指控不一致,一方合议庭应告知其他审理法庭;一方作出判决后,应及时将判决书送达分案审理的其他法庭,以作量刑均衡的参考。

(4)共同犯罪中存在漏犯、在逃犯、部分犯罪嫌疑人另有其他犯罪需要继续侦查等情形,为保证其他在案的、已查清犯罪的犯罪嫌疑人尽快接受审判的权利,客观上造成共同犯罪分案审理的先后进行,而且由于漏犯、在逃犯在其他区域被抓获或有发生在其他区域的其他犯罪行为等,可能造成与之前被审理的共同犯罪人管辖上的差异,那么,如何实现后到案接受审理的共同犯罪被告人,在共同犯罪事实的审理上实现与前判判决的信息共享?对此,侦查机关、公诉机关及审判机关在各自的诉讼阶段,都应积极查询其他共犯的相关信息。首先,针对后到案的漏犯、在逃犯,最早接触犯罪嫌疑人的是侦查机关,侦查机关通过调查取证,查明犯罪嫌疑人的犯罪事实。而查明犯罪事实的过程包括对犯罪主体的查清,因此侦查机关在侦查过程中一般能获悉共同犯罪的其他犯罪嫌疑人。在实践中,到案的犯罪嫌疑人大多也会提供共犯的一些基本信息,包括姓名、是否被判决等情况。但无论共犯是否已被判决,侦查机关都应调查共犯的具体情况。目前就我国而言,侦查机关可通过公安机关人口查询系统上网查询人口基本信息,对已被刑事判决的,应调取相应的判决书,作为在案犯罪嫌疑人的相关证据材料,一并移送公诉机关。然后由公诉机关提起公诉时移送法院,供法院在审判时参考。其次,作为公诉机关,在审查起诉过程中,发现同案犯身份明确的,应要求侦查机关提供同案犯处理情况的相关证据材料。如果侦查机关无法提供的,检察机关也应尽可能在查清同案犯身份的情况下,在检察机关的案件查询系统中查询同案犯是否被判决的情况。如果同案犯已被判决的,应调取判决书,在提起公诉时一并移送法院。最后,法院在审理阶段发现同案犯可能被判决的,也应尽可能地查询同案犯的已决情况,作为审理本案共同被告人的参考。针对部分犯罪嫌疑人存在其他犯罪嫌疑需要进一步侦查的,由于涉案的其他共犯同时在案且被分案后先受审理,如果需要继续侦查的其他共犯的管辖未改变,则由侦查机关在侦查结束后,负责调取同案犯的判决书一并移送审查起诉,并由公诉机关递交法院审理。这是由于同案犯的判决情况也是共犯共同犯罪事实的相关证明材料,由侦查机关调取并移送,符合日常办案的规范。如果需要继续侦查的其他共犯的管辖发生改变,则侦查机关在移送给有管辖权的侦查机关时,应一并移送其他共犯的已决情况。

第五节　未成年人与成年人共同犯罪分案审理程序

对未成年人与成年人的共同犯罪案件进行分开审理,是未成年人特殊司法的具体表现,主要目的在于保护未成年人的特殊权益。对未成年人与成年人在起诉、审理的诉讼程序上是否分案审理在《刑事诉讼法》中尚未明确,但在一些司法解释中有所体现。在司法实践中,对未成年人与成年人共同犯罪案件的分案审理,在适用标准的把握上还存在认识上的分歧、司法机关适用分案起诉制度随意性大和当事人对不当分案起诉的救济缺失等诸多问题。本章试图通过上海某基层检察院与法院对未成年人与成年人共同犯罪分案审理运作实践的角度,揭示未成年人与成年人共同犯罪分案审理程序中存在的问题,并提出相应的对策与建议。

一、未成年人与成年人共同犯罪分案审理程序的规定

(一)未成年人与成年人共同犯罪分案审理的价值

未成年人和成年人共同犯罪的分案审理,是未成年人的特殊刑事司法要

求,其价值内涵主要体现在以下几个方面。

(1)有利于实现对涉罪未成年人的特殊教育。根据《联合国少年司法最低标准规则》的要求,[①]少年法庭在法庭的设置上较成人法庭亲切,在审理未成年人的过程中,一般都采用温和的讯问方式,同时有社会调查、法庭教育等针对未成年人的特殊程序。将未成年人与成年人分案审理,可以有效实现未成年人刑事司法的教育功能。

(2)有利于对未成年人与成年人各自诉讼权利的保护。审判时被告人未满十八周岁的案件应当不公开审理。如果对未成年人和成年人共同犯罪案件不予分案审理,势必造成全案均不公开审理。在与成年人共同犯罪的案件中,如果在被告人、辩护人、证人人数都比较多的情况下,就变成了半公开审理,自然不利于对未成年人权利的保护。对成年被告人而言,由于不公开审理,其家属不能到庭旁听庭审,自然也影响了成年被告人的权利。此外,针对未成年被告人的社会调查、法庭教育等特殊程序,也客观上影响了成年被告人的诉讼效率。因此,对未成年人与成年人共同犯罪案件进行分案审理有利于对未成年人与成年人各自诉讼权利的保障。

(3)有利于罪责刑相统一原则的实现。因特殊的刑事司法政策,未成年人犯罪,依法应当从轻处罚。当未成年人与成年人共同犯罪合并审理时,法院判决要考虑全案被告人的量刑平衡,这就可能导致因为对未成年人的从轻或减轻处罚,为量刑均衡而对成年被告人的量刑也予以从轻,导致罪刑失衡。分案审理使成年被告人与未成年被告人分别审理、分别判决,就解决了一案审理中可能出现的罪刑失衡问题。[②]

(二)未成年人与成年人共同犯罪分案审理的相关规定

从世界各国未成年人诉讼程序的立法来看,许多国家都把程序分离原则引入未成年人案件的处理。具体有三种做法:一是绝对的程序分离,即只要

---

① 《联合国少年司法最低标准规则》要求:"一般未成年人犯罪的案件,其诉讼程序应按照最有利于少年的方式和在谅解的气氛中进行。"
② 周小萍、曾宁:《略论未成年人刑事诉讼中的分案起诉制度》,《青少年犯罪问题》2000年第5期。

共同犯罪中有未成年人,一律分开;①二是相对的程序分离,当分案审理妨碍案件事实查清时,才能将未成年人和成年人合并审理;②三是采取分开或者合并审理兼可的做法,但是案件审判必须在少年法庭进行。③

我国对未成年人与成年人共同犯罪的分案审理采取相对的程序分离。对检察院而言,未成年人和成年人共同犯罪案件一般应分案起诉。对被分案起诉的未成年人和成年人共同犯罪案件,可以由同一审判组织审理,不宜由同一个审判组织审理的,分别由少年法庭、刑事审判庭审理。

未成年人与成年人共同犯罪是否合并审理的具体标准,主要规定有以下几种:一是未成年人系犯罪集团的组织者或者其他共同犯罪中的主犯的;二是案件重大、疑难、复杂,分案起诉可能妨碍案件审理的;三是涉及刑事附带民事诉讼,分案起诉妨碍附带民事诉讼部分审理的;四是具有其他不宜分案起诉情形的。④

在适用的程序方面,检察机关对分案审理或并案审理具有程序建议权,既可以通过分案起诉的方式建议分案审理,也可以建议法院并案审理。但司法解释没有赋予被告人申请或救济的权利。对分案审理的未成年人与成年人共同犯罪,要求不同的审判组织或法院要互相了解案件情况与审判情况,注意全案的量刑平衡,但如何互相了解案件情况或审判情况,目前的司法解释并无详尽的程序规制。

二、未成年人与成年人共同犯罪分案审理程序存在的问题

由于我国未成年人与成年人共同犯罪案件分案审理的相关立法规定不完善,实践中存在分案审理时当事人救济不足、事实认定不一致、量刑不均衡、诉讼成本不经济等问题。下文将以实证与法条分析相结合的方式,对上

---

① 温小洁:《我国未成年人刑事案件诉讼程序研究》,中国人民公安大学出版社2003年版,第89页。
② 参见日本《少年法》第49条。
③ 在法国,无论何种情况,年龄不满十六岁的未成年人都必须移送少年法庭审判。参见[法]卡斯东·斯特法尼、乔治·勒瓦索、贝尔纳·布洛克:《法国刑事诉讼法精义》,罗结珍译,中国政法大学出版社1999年版,第708—709页。
④ 参见《人民检察院办理关于未成年人刑事案件的规定》第51条。

述问题进行阐述。

(一)未成年人与成年人共同犯罪分案审理的适用不规范

上海市 b 区基层检察院 2011—2013 年受理的未成年人与成年人共同犯罪的案件数及分案起诉的具体情况如表 5-1[①]所示。

表 5-1　上海市 b 区基层检察院 2011—2013 年受理未成年人与成年人
共同犯罪案件数及分案起诉情况表

年份/年	未成年人与成年人共同犯罪	分案起诉	未分案起诉
2011	38 件	31 件	7 件
2012	30 件	21 件	9 件
2013	20 件	18 件	2 件

2011—2013 年未分案起诉的 18 件案件的具体情况如表 5-2 所示。

表 5-2　上海市 b 区基层检察院 2011—2013 年受理未分案起诉案件情况表

造成轻微伤以上后果	符合提起附带民事诉讼条件	庭审前达成民事赔偿	庭审中民事赔偿	提起附带民事诉讼	未提起附带民事诉讼	未提出赔偿	重大疑难复杂	未成年人属于主犯
18 件	15 件	2 件	6 件	1 件	14 件	6 件	0 件	0 件

调阅检察官办案报告发现,检察官对上述案件不分案的理由是:有附带民事诉讼或可能会在庭审中提出附带民事诉讼。对 3 件不符合提起附带民事诉讼的聚众斗殴案件,检察官认为分案起诉可能影响案件事实的查明,但对分案将如何影响案件事实的查明却语焉不详。3 件聚众斗殴案件均只记录一节犯罪事实,事实清楚,并不属于"案件重大、疑难、复杂"的情况。

通过上述分析,是不是可以得出这样一个结论:只要符合提起附带民事

---

① 经调查,对 b 区基层检察院 2011 年至 2013 年分案起诉或不分案起诉案件,法院均"照单全收",并没有提出任何异议,即对所有分案起诉的案件均予以分案审理,对未分案起诉的案件也均并案审理。事实上,司法实践中也几乎没出现法院对检察机关分案或不分案起诉提出异议或更正的,司法解释也仅仅明确了不分案起诉的几种情形,没有规定分案审理的相关标准。因此,讨论检察机关分案起诉的标准,基本可以窥见分案审理的适用条件。

诉讼条件或者是聚众斗殴类案件,就不作分案起诉?为此,我们又查阅了该基层检察院三年来70件分案起诉案件的具体情况,如表5-3所示。

表5-3 上海市b区基层检察院三年受理分案起诉案件情况表

造成轻微伤以上后果	符合提起附带民事诉讼	庭审前民事赔偿	庭审中民事赔偿	提起附带民事诉讼
14件	13件	2件	1件	0件

从70件被分案起诉案件的具体情况看,有14件造成了轻微伤以上的后果,13件符合提起附带民事诉讼的条件,2件在庭审前已作出赔偿,1件案件在庭审中,一被告自愿作出赔偿。70件分案起诉的案件中,包括2件聚众斗殴案件。

从表5-2和表5-3的对比中可以发现,有些检察官认为,案件存在轻微伤以上后果,符合提起附带民事诉讼条件的,即使在审前没有提出赔偿的要求,都不宜分案起诉,否则如果被害人在庭审过程中提出附带民事诉讼,在分案审理的情况下就可能妨碍附带民事诉讼部分的审理。也有检察官认为案件即使符合提起附带民事诉讼的条件,但被害人在被告知该权利后,在起诉阶段并没有提起附带民事诉讼的,案件不存在其他不适宜分案起诉的情形的,就应该分案起诉。于是出现了同样的案件类型既有被分案起诉的,也有不分案起诉的情形。庭审前已进行赔偿的,有些检察官仍然认为可能提起附带民事诉讼而分案起诉,也有检察官认为不存在已经获得赔偿后再提起附带民事诉讼,因此可以分案起诉。聚众斗殴类案件是否一定属于疑难、复杂案件,对此分案起诉是否会影响案件审理?不同的检察官对此也有不同认识,从而对案情相似的聚众斗殴案件,既有分案起诉的情况,也有并案起诉的情况。

对88件检察机关分案与不分案起诉的案件,无论是法院还是当事人,都没有对检察机关的分案或不分案提出异议或救济。

从上文的分析中可以得出这样一个结论:检察官在适用分案起诉上存在一定的随意性和不规范性。而法院对检察机关的分案起诉缺乏必要的审查机制,当事人也无任何救济的途径。

(二)未成年人与成年人共同犯罪分案审理的定罪与量刑冲突

未成年人与成年人共同犯罪被分案审理的,一般由少年法庭审理未成年人犯罪,刑事法庭审理成年人犯罪。如果同一管辖法院设置少年法庭的,两个法庭系一个法院;如果对应管辖的法院没有设置少年法庭的,则由其他分片统一管辖若干基层检察院提起公诉的未成年人少年法庭管辖,则形成两个法院分案审理。[①]这种分院分庭审理的模式,在没有相应程序沟通、衔接的情况下,就可能产生共同犯罪的事实认定不一致、成年人与未成年人的量刑不均衡的情况。

(1)可能造成定罪的分歧。本书所指的共同犯罪牵连的是共同的犯罪事实,共同犯罪在分案审理的情况下,由不同的法官进行审理,不同法官基于不同的认识水平,可能会作出不同的评判,主要体现在两个方面:一是对事实和证据的判断,对事实的认定实质上是主观见之于客观的活动,当主观认识水平存在差异时,不同法官对证据的取舍、证明力的判断都可能出现差异,这就造成对定罪事实认识的差异;二是对罪名的认定,法官对罪名的适用实质上是法律适用问题,在事实认定差异基础上,可能也会对罪名的适用产生差异,即使在事实认定一致的情况下,不同法官基于法律认识的差异,也可能作出不同的罪名判断,尤其涉及疑难案件存在相似罪名辨析的情况。

(2)可能造成量刑不公。对共同犯罪案件分案审理,在事实认定和罪名认定存在差异的情况下,自然也影响量刑的公正。即使在事实认定和罪名认定一致的情况下,不同法官对具有相同情节的不同被告人,量刑也可能会存在差异。这主要是基于法官的裁量,体现在以下两个方面:一是具有相同情节的未成年被告人和成年被告人,相较成年被告人,未成年被告人应当从轻或减轻处罚没有体现;二是对未成年被告人从轻、减轻处罚幅度与对成年被告人从轻、减轻幅度相比不明显。此外,司法实践中大量被羁押的轻微刑事案件的未成年被告人被诉至法院后,往往是"关多久判多久",分案起诉到两个法院后,因为诉讼进程不一致,就可能导致因"审前羁押时间"不一致,而产生不平衡的量刑。

---

① 上海就存在这种情况,并非每个法院都设置少年法庭,而是在若干基层法院设置少年法庭,分片管辖若干基层检察院提起公诉的未成年人刑事案件。

(三)未成年人与成年人共同犯罪合并审理程序不利于未成年人保护

根据司法解释的相关规定,少年法庭的受理范围包括:一是被告人实施犯罪时不满十八周岁,二是法院立案时不满二十周岁,三是上述两类人被指控为共同犯罪案件的首要分子或主犯。针对不适宜分案审理的未成年人与成年人共同犯罪案件,且未成年人非首要分子或主犯的情况下,就不一定在少年法庭审理未成年人与成年人共同犯罪案件。一般而言,少年法庭的法官更加了解未成年人的特殊司法保护政策,也更擅长在庭审中对未成年人进行教育。一般的刑事法庭法官更注重对犯罪的追诉,庭审的程序和气氛都较少年法庭严肃,如果未成年人与成年人共同犯罪案件不分案,在由普通刑事法庭审理的情况下,显然不利于未成年人的特殊司法保护。

三、未成年人与成年人共同犯罪分案审理程序的完善建议

(一)明确并完善未成年人与成年人共同犯罪分案审理的适用条件

目前,司法解释规定了四种不能分案起诉的情形,但公诉机关在适用分案起诉时仍存在一定的随意性,法院对检察机关的分案起诉没有审查机制,这就导致分案起诉与分案审理的标准同一。

为此,建议我国对未成年人与成年人共同犯罪案件规定为相对的程序分离,即以未成年人与成年人共同犯罪分案起诉为原则,只有当分案起诉有碍案件的审理时,才能对未成年人与成年人共同犯罪案件并案起诉。首先,何谓案件重大、疑难、复杂,分案起诉可能妨碍案件审理的,司法解释并没有进行界定,这就导致实践中适用的随意性,主要表现在对聚众斗殴类的必要共同犯罪,分案是否可能妨碍案件审理而需要并案审理,存在认识上的分歧。其次,"涉及刑事附带民事诉讼,分案起诉妨碍附带民事诉讼部分审理的,可以不分案起诉"。对符合提起附带民事诉讼的案件,是否都不应分案起诉?对此,也存在不同做法。为此,有必要对"案件重大、疑难、复杂,分案起诉可能妨碍案件审理"及"涉及刑事附带民事诉讼,分案起诉妨碍附带民事诉讼部分审理的"这两种可以不分案起诉的情形予以明确。

1. 如何理解"案件重大、疑难、复杂,分案起诉可能妨碍案件审理的"?

对未成年人与成年人共同犯罪案件进行分案审理的主要目的在于维护

未成年人的合法权益。因此一般情况下，只有当分案审判妨碍对案情的调查时，才应当将未成年被告人与成年被告人并案审理。"案件重大、疑难、复杂"意味着案件事实的纷繁复杂，如果分案审判，使被告人供述、举证、质证等被人为隔断，一方面不利于案件事实的查明，另一方面也将影响诉讼效率的提高。但何谓"重大、疑难、复杂"，学界难以得出一个统一的标准，司法实践中也基本依赖司法者的判断与把握。实际发生的案件千差万别，无论是依据案件类型还是根据量刑幅度，都难以对"重大、疑难、复杂"给予界定。但因案件"重大、疑难、复杂"而不能分案起诉，把握的标准应该在于被告人的供述、举证、质证将影响案件事实的查清。如果案件本身属于"重大、疑难、复杂"，但没有被告人的供述，其他证据完全可以证明案件事实，就应分案起诉。这是分案起诉制度保护未成年人合法权益价值的体现。

上文分析的 b 区基层检察院对 3 起聚众斗殴犯罪案件并案起诉，理由是"分案起诉可能妨碍审理"，但究竟如何"妨碍审理"，检察官对此语焉不详。由于 18 起未分案起诉的案件中只有这 3 起不存在可能提起附带民事诉讼的情况，而且均为聚众斗殴案件，那么，聚众斗殴类案件是否就可认为"重大、疑难、复杂"而不适宜分案起诉？有人提出，属于《刑法》分则的一些条文中规定的"必要共同犯罪"的，不应当分案审判。如《刑法》第 290 条规定的"聚众扰乱社会秩序罪、聚众冲击国家机关罪"，只能由二人以上共同实施时，才符合犯罪构成要件，才能构成犯罪。对这种"必要共同犯罪"进行分案审判，就将必要共同犯罪的行为人进行人为分割，假设该共同犯罪行为人只有一个成年人和一个未成年人，则将该成年人与未成年人分案审判，则会出现单个行为人不能构成共同犯罪的情况，此时的审判是不合理的，妨碍对该共同犯罪案件的调查。[①]或许这个观点可以解释这 3 起并不重大、疑难、复杂的聚众斗殴案件被并案起诉。当然，这并没有成为实践中的共识。有 2 起相似的聚众斗殴案件被分案起诉，而且分案起诉也没有妨碍案件的审理。"必要共同犯罪"只是从犯罪构成的角度对此类罪行要素的界定，只能说明此类罪行必须有两人

① 杨璐宁：《论我国未成年人与成年人共同犯罪分案审判制度》，中国政法大学 2012 年硕士论文，第 33 页。

以上才能构成,单个行为人不能构成此类犯罪。但就分案起诉与分案审理而言,只是将构成此类罪行的犯罪行为人进行分别审理,已经完成的犯罪行为并不会因犯罪人的分别审理而影响定罪。假设"必要共同犯罪"案件被分案起诉后将难以单独定罪,那是不是意味着在单独一个犯罪嫌疑人到案的情况下,即使证据充分都无法定罪? 显然,这并不符合刑事审判的原理。因而,"必要共同犯罪"不应成为不能分案起诉的正当理由。

2. 如何认识"涉及刑事附带民事诉讼,分案起诉妨碍附带民事诉讼部分审理的"?

实践中,符合提起附带民事诉讼的未成年人与成年人共同犯罪的案件,对并没有实际提出附带民事诉讼请求,无论是否在庭前达成赔偿协议还是庭审中达成和解,存在分案起诉与不分案起诉的不同做法,都造成分案起诉制度适用的随意性与不规范性,也侵害了未成年人的合法权益。《人民检察院办理未成年人刑事案件的规定》第51条规定的第三种可以不分案起诉的情形是指未成年人与成年人共同犯罪案件,在刑事诉讼中需要附带审理民事诉讼,由于民事赔偿责任系共同侵权人共同承担赔偿责任,且为连带责任,在分别审理的情况下,将发生先判决的一方被告追偿的情况,进而造成"讼累",影响诉讼效率。因而,在附带民事诉讼的情况下,分案起诉并不适宜。但这并不意味着,所有可以提起附带民事诉讼的未成年人与成年人共同犯罪的案件均不适宜分案起诉。如果被害人在庭审前明确表示不提起附带民事诉讼或者案件在审理之前已经达成民事赔偿部分的和解,那么为实现对未成年人的特别保护及对成年人公开审判权的维护,有必要对案件进行分案起诉并分案审理。案件被分案审理也不影响庭审过程中民事赔偿的调解活动。因为民事调解只涉及调解双方之间的法律关系,且均在自愿的基础上达成,并不涉及被分案审理的其他被告人。

因此,有必要明确符合提起附带民事诉讼的未成年人与成年人共同犯罪案件,如果被害人被告知提起附带民事诉讼的权利而未提起附带民事诉讼的,[①]或者案件在审前已经达成民事赔偿的,在没有其他不适宜分案起诉的情

---

① 被害人需要被告知该权利是前提,具体将在下文论述。

形下,应当予以分案起诉。在此,需要注意的是,为保证程序的安定与诉讼的效率,有必要明确规定,检察机关在提起公诉之前应当询问被害人是否要提起附带民事诉讼,被害人应当作出明确的意思表示。如果被害人表示不提起附带民事诉讼的,案件也不存在其他不宜分案起诉的情形,就应当分案起诉。同时赋予被害人的意思表示一定的程序效力,规定被害人在审前表示不提起附带民事诉讼的,案件作分案起诉后分案审理的,被害人在庭审中又提起附带民事诉讼的,在没有重大错误等情形下,法院不再受理。这样的程序设计,不仅是为了保障程序的稳定,也是为了分案起诉制度的有效运作,进而维护未成年人的合法权益。对被害人而言,可通过另行提起民事诉讼的方式获得民事权益的保障。

综上,关于未成年人与成年人共同犯罪分案审理的适用条件,立法上首先应当规定分案审理的条件,作为法院判断适用的依据。在具体规定上,参考目前检察机关分案起诉的标准,原则上规定未成年人与成年人共同犯罪案件应当分案审理,但当分案审理有碍案件的审理时,对未成年人与成年人共同犯罪案件并案审理,在以下几种情形下,可以对未成年人与成年人共同犯罪案件并案审理:一是未成年人系犯罪集团的组织者或其他共同犯罪中的主犯的;二是案件重大、疑难、复杂,因分案使供述、举证、质证等问题影响案件事实查清的;三是涉及刑事附带民事诉讼,分案起诉妨碍附带民事诉讼部分审理的,但被害人在庭审前明确表示不提起附带民事诉讼或者案件在审理之前已经达成民事赔偿部分和解的除外;四是具有其他不宜分案审理情形的。

(二)建立被告人对分案审理的救济及法院审查的程序机制

分案审理制度作为未成年人刑事诉讼中的特殊程序,主要体现了对未成年人权益的特别保护,同时也体现了对成年被告人获得公开庭审权利的保障。因而,分案起诉与分庭审理对当事人而言,为一项诉讼权利。然而,无论是最高人民法院还是最高人民检察院对分案起诉、分案审理制度的司法解释,均没有涉及不当适用分案审理制度的救济程序。法院作为审判主体,拥有审理程序的决定权,但目前的制度设计中缺失法院的审查与决定机制。此外,分案审理作为一项诉讼制度,司法机关与当事人在适用过程中应当遵行怎样的程序规则,尚待完善。为此,提出如下几个建议。

（1）赋予被告人相应的知悉权。无论是分案审理还是并案审理，都会影响共同犯罪的成年被告人或未成年被告人的诉讼权利。当被"剥夺某种利益时，必须保障他享有被告知和陈述自己意见并得到倾听的权利，这是人权保障的根本原则"①，也是被告人程序主体价值的体现。程序主体理论要求被告人有知道和了解与自己有关的被指控的犯罪内容、证据和有关程序方面相关信息的权利。这是一项不可剥夺的基本程序权利。因此，当检察院分案起诉或并案起诉、法院决定分案审理或者合并审理时，均应当将分案或并案的理由告知被告人。被告人只有在知悉的情况下，才能有效防御。比如检察机关认为案件"重大、疑难、复杂，分案起诉可能妨碍案件审理的"，就应该说明具体的理由。

（2）建立法院对分案审理的审查机制。《刑事诉讼法解释》第551条规定："对分案起诉至同一人民法院的未成年人与成年人共同犯罪案件，可以由同一个审判组织审理；不宜由同一个审判组织审理的，可以分别审理。"可见，司法解释采用了"可以由同一个审判组织审理"的方式回避了法院是否必须对检察机关的分案起诉、分案审理的审查问题。司法实践中，法院往往对检察机关分案起诉或并案起诉均"照单全收"。对未成年人与成年人共同犯罪案件是否需要分庭审理，属于程序选择，其主要目的是保障未成年人的合法权益。法院拥有审理程序的决定权，这是审判权的应有之义。对此，建议在立法中明确规定：法院对检察机关分案起诉或并案起诉的未成年人与成年人共同犯罪案件，应当进行审查。如果认为检察机关对未成年人与成年人共同犯罪案件分案起诉不当的，法院应当将两个案件合并后交由少年法庭或者刑事法庭审理；②对应当分案而未分案的，未成年被告人与成年被告人分别交由少

---

① ［日］谷口安平：《程序的正义与诉讼》，王亚新、刘荣军译，中国政法大学出版社1996年版，第4—5页。

② 这里指的是检察机关对未成年人与成年人共同犯罪案件分案后，同一时间向同一法院分案起诉的情形。对未成年人与成年人共同犯罪案件，因一方被告人未能到案或者一方被告人的犯罪事实尚未查清，而对到案的或者已经查清犯罪事实的一方先行起诉而分案，不在此讨论范围。对未成年人与成年人共同犯罪案件，需要合并审理的，究竟交由刑事审判庭还是少年法庭审理，目前上海的实践主要依据未成年人的人数及犯罪地位确定。一般未成年人人数多于成年人人数，或者未成年人系主犯的，案件由少年法庭审理；如果未成年被告人人数少于成年人的，则案件由刑事法庭审理。此做法是否合理，将在下文展开论述。

年法庭和刑事法庭分别审理。在具体操作上,可以将案件退回检察机关重新起诉的方式进行。

(3)赋予被告人对分案审理的救济权。分案审理作为一项程序制度,影响被告人诉讼权利的实现。被告人作为程序主体享有参与程序的权利,这是程序正当性的体现。综观各国对分案或并案审理的规定,其均赋予当事人申请分案审理的权利及对不当分案或并案的救济权。具体而言,被告人一般在检察机关提起公诉之后才发现分案或并案起诉正当与否,法院在受理之际应当进行审查,发现不当及时纠正,所以,被告人对分案审理的异议在法院受理审查之后向法院提出,一般为收到起诉书之后,认为不应当分案审理而被分案审理,或者应当分案审理而被并案审理,都可以向法院提出并案审理或分案审理的申请,并提出理由。由于分案审理或并案审理,也涉及成年被告人是否公开接受庭审的权利,所以无论是未成年被告人还是成年被告人,都有相应申请的权利。法院接到申请后,进行审查,如果认为被告人的申请理由成立,则按照上文所述的法院自行审查后的程序处置;如果认为当事人的申请不成立,则驳回申请。

分案审理制度作为一项诉讼程序制度,一般不直接影响定罪量刑问题,如果案件被不当分案审理导致事实认定不清或量刑不当的,那么被告人可以直接针对事实或量刑问题提出上诉。所以,被告人针对分案审理不当,向法院提出变更申请的,为防止程序拖沓造成的效率低下,法院的驳回决定立即生效,当事人不可直接针对分案审理的裁定进行上诉。

(三)建立分案审理的程序沟通机制

分案审理在特殊情况下,会导致法官对共同犯罪事实的认定不一致,或者对共同被告人的量刑不均衡,这主要是由于不同审判法庭对共同犯罪分案审理的两个案件在没有程序沟通机制的情况下,分别作出判决。为此建议如下。

(1)由少年法庭统一审理。由少年法庭统一审理可以有效避免案件事实认定差异、定罪分歧、量刑不公等问题,同时也能节约诉讼成本,提高诉讼效率,保证案件的公正审理与判决。当然这种模式需在少年刑事司法机构及少年司法人员充分配备的情况下得以实现。

（2）在由不同审判组织分案审理的模式下，建立程序沟通机制。一般而言，未成年人案件由少年法庭审理，成年人案件由普通的刑事法庭审理，公诉人要对不同法庭进行信息沟通。首先，在审前阶段，分案审理的法官应当对各自开庭时间进行沟通，不安排在同一时间开庭，这一方面可防止证人等相关人员出庭的冲突，另一方面也可防止两个法庭均在当庭判决的情况下作出有分歧的裁判。其次，在审理开始后，双方法庭应当就法官裁判意见或合议庭讨论结果进行沟通，如果不存在分歧裁判的情况下，各自作出判决；如果双方对事实认定、法律适用存在较大差异，可能影响分案审理的共同犯罪案件裁判的权威性等，应当将两案合并审理。公诉人具体负责不同法庭之间的信息沟通，包括对开庭时间、裁判意见等信息的交换。如果案件需要合并审理，则由公诉机关决定撤回成年被告人的起诉，重新起诉至少年法庭，由法官裁定将未成年人和成年人共同犯罪案件合并审理。

（四）明确不适宜分案审理的未成年人与成年人共同犯罪的案件由少年法庭审理

目前，针对不适宜分案审理的未成年人与成年人共同犯罪案件有的由少年法庭审理，有的则由刑事法庭统一审理，实践中尚无明确的规则。正如上文所述，在刑事法庭审理的情况下，难以体现对未成年人的特殊审理要求。建议借鉴法国的立法，明确规定对未成年人和成年人共同犯罪案件合并审理的，一律由少年法庭审理，实现对未成年人的特殊保护。从实践层面来看，不适宜分案审理的未成年人与成年人共同犯罪案件数量并不多，统一安排由少年法庭审理也不会对少年法庭的工作产生巨大冲击。当然，在合并审理的情况下为尽可能地减少对未成年被告人的消极影响，在具体操作上可借鉴日本的做法，如规定审理时的暂时回避，不恰当的发言制止等制度。①

---

① 日本《少年审判规则》第31条规定："如认为公正审判需要，可以采取制止发言或者使少年以外的人员退席等恰当的措施。在审判过程中如认为发生了损害青少年德操的情况，可以使少年退席。"

第六章　共同犯罪特别诉讼程序

第一节　共同犯罪的追加诉讼程序

在共同犯罪案件中,对于因各种原因而未能被提起公诉的同案犯罪嫌疑人,如果在庭前程序或庭审过程中又认为应该追究刑事责任的,为了实现诉讼经济,一般会通过追加起诉的方式使之在同一个审判程序中由同一个审判组织进行审理并作出裁判,由此引发了追加诉讼的问题。

共同犯罪案件的追加诉讼属于诉的主观合并的范畴。所谓"诉的主观的合并",简言之,即诉讼主体的合并,是指因诉讼客体的牵连性而需要在同一诉讼程序中就共同被告人的共同犯罪作出裁判的诉讼活动。根据英美法系的诉因理论,共同犯罪案件因追加起诉而引起的合并起诉,属于复合诉因的特殊情形。英美法系的诉因理论认为,如果被告人实施了两个及以上的犯罪行为且犯罪行为之间存在关联,或者是两个及以上的被告人共同实施了同一或多项犯罪,基于诉讼效率上的考虑,公诉人可以在一份起诉书中对诉因进行复合记载,在这种情形下,因为一份起诉书中实质上包含了两个以上的诉因,故称为"复合诉因"。对复合诉因进行合并审理的积极意义主要体现在两个方面:首先,可以节约大量的司法资源;其次,保证法院判决的一致性和权威性,以避免实施共同犯罪的两个被告人在面临相同的控诉证据时法院作出自相矛盾的判决。[①]在共同犯罪案件中,追究各共同被告人的刑事责任坚持的是"个人责任主义"原则,因此,从理论上讲,每一个被告人均可分离起诉、分离审判。对未被提起公诉的同案犯罪嫌疑人进行追加起诉,使之置于同一

---

① 张泽涛:《诉因与公诉方式改革》,《中外法学》2007年第2期。

个审判程序由同一个审判组织进行审判,其主要目的是实现诉讼经济。这是因为,在司法实践中,追加起诉通常采取以下两种方式进行:一是撤回起诉后重新制作一份起诉书,将原先未被提起公诉的同案犯罪嫌疑人及其犯罪事实在重新制作的起诉书中予以记载,从而形成形式上的复合诉因;二是对已经提起公诉的同案被告人不撤回起诉,对于原先未被提起公诉的同案犯罪嫌疑人及其犯罪事实另行制作一份补充起诉书而追加起诉,从而形成实质上的复合诉因。无论是形式上的复合诉因,还是实质上的复合诉因,均产生了同样的程序效果:追加起诉的被告人将与已经提起公诉的同案被告人适用同一个审判程序并由同一个审判组织进行审判。于此,就整个社会而言,节约了司法资源,实现了诉讼经济。申言之,就法院而言,以同一法官或合议庭审理,而非由不同法官或合议庭审理,得节省法官、配置人员及法院设备之资源;就检察官而言,检察官得在一个合并审判庭中一次举证完毕,即毋须分别在二个不同审判庭中重复举证,得节省检察官之资源;就证人而言,如分别审判,证人即可能被传唤至二个不同之审判庭作证,浪费证人时间。当证人为儿童或性侵害的被害人,更不希望这类的被害人被重复讯问,以免造成二度、三度伤害。[①]

共同犯罪的追加诉讼因被告人的增加而打乱了正在进行的诉讼进程,并产生了提起公诉、公诉审查、庭前会议、证据开示、庭前技术性准备、庭审程序等一系列需要重新准备和协调的程序问题。为了确保追加诉讼的有序进行,应当规定完善的追加诉讼程序并予以规制。然而,《刑事诉讼法》对此并未作出明文规定,仅在相关的司法解释中有所体现,但对追加诉讼的条件、启动及运作程序的规定仍然不够完善或不甚明确。从理论研究的现状来看,学者们对单独犯罪的罪名变更、撤回起诉等问题及与之相关的诉因理论和公诉事实理论进行了较多的研究,但对共同犯罪的追加诉讼问题关注不够,相关的研究成果极为薄弱。立法的疏漏导致实践中追加诉讼随意性大、严肃性不足,理论研究又未能为法律修改提供应有的指导和动力来源。因此,共同犯罪的追加诉讼成为困扰我国司法实践的一大难题。有鉴于此,笔者将在论证分析共同犯罪追加诉讼理论的基础上,对共同犯罪追加诉讼的条件和运作程序进

---

① 王兆鹏:《论共同被告之合并及分离审判》,《台大法学论丛》2004年第6期。

行专门的探讨,以期对《刑事诉讼法》中共同犯罪追加诉讼程序的构建提供立法参考。

一、共同犯罪追加诉讼程序的基本理论

(一)共同犯罪追加诉讼程序的内涵及基本构成

共同犯罪追加诉讼程序是指在同案被告人的追加诉讼中刑事诉讼主体必须遵循的一系列程序规则的总称。共同犯罪追加诉讼程序有狭义和广义之分:狭义上的共同犯罪追加诉讼程序仅指起诉、审判机关及作为当事人的刑事诉讼主体在追加诉讼时必须遵循的一系列规则,包括追加起诉规则及追加起诉后相关审判程序的协调;广义上的共同犯罪追加诉讼程序除了起诉、审判机关及作为当事人的刑事诉讼主体在追加诉讼时必须遵循的规则之外,还包括侦查机关在移送审查起诉之日后认为应当对起诉意见书中未记载的同案犯罪嫌疑人追究刑事责任的,以补充起诉意见书或追加起诉意见书的形式向起诉机关移送审查起诉的诉讼活动时必须遵循的规则。需要说明的是,本书主要集中讨论狭义上的共同犯罪追加诉讼程序。共同犯罪追加诉讼程序的基本构成包括:(1)共同犯罪追加诉讼的主体,其包括作为侦查、起诉、审判机关的追加诉讼主体和作为当事人的追加诉讼主体两类;(2)共同犯罪追加诉讼的条件,其具体指符合哪种情形方可进行追加诉讼;(3)共同犯罪追加诉讼的运作程序,其包括提起公诉后至开庭审判前追加诉讼的运作程序和开庭审判后至第一审程序法庭辩论终结前追加诉讼的运作程序两种情形。

(二)共同犯罪追加诉讼程序构建的理论依据

1. 实体正义与程序正义的衡平

在共同犯罪案件中,由于受主客观因素的影响,那些应当被追究刑事责任的同案犯罪嫌疑人仍有可能因未被侦查或提起公诉而逍遥法外,这有违人们心目中最朴素的"不枉不纵"的实体正义观。因此,为了实现实体正义,必须将那些未被侦查或提起公诉而应当被追究刑事责任的同案犯罪嫌疑人一并纳入正在进行的刑事诉讼程序进行合并诉讼,这不仅是公诉的应有功能,而且是以发现真实为目的的刑事诉讼的题中之义。追加诉讼固然体现了刑事诉讼对实体正义的追求,但并不能因为片面地追求"实事求是"和"有错必

纠"而降低了对程序正当性的要求。相反,对共同犯罪案件中未被起诉的同案犯罪嫌疑人进行追加诉讼从来都不是任意为之,而是始终受到程序正义的限制。程序正义理念在英国和美国被分别表述为"自然正义"(natural justice)原则和"正当程序"(due process)原则。自然正义原则要求应当对每一位受到追诉的被告人给予公平审判的机会,由此衍生而来的正当程序原则亦要求"任何人在其生命、自由、财产受到剥夺时,享有在有权力对案件作出裁决的法庭前获得通知和公平听证的权利"。可见,无论是自然正义原则还是正当程序原则,均体现了程序正义理念对程序参与性的要求。程序参与性是指应为程序所涉及其利益的所有人提供陈述意见的机会。具体到共同犯罪案件,无论是检察院主动追加起诉或者是法院建议追加起诉,还是侦查机关要求复议或提请复核而追加起诉,或者经由被害人向检察院申诉而追加起诉,都必须遵循一定的诉讼程序并确保被告人和被害人的合法权益不受减损,否则就是违法的。申言之,在公安机关、检察院主动或经由法院建议而作出追加起诉的同时,法院应当将追加起诉书副本(或者重新制作的关于全案的起诉书副本)及时送达追加起诉的被告人及其辩护人(或者全案的被告人及其辩护人),并且应当告知其有申请延期审理(或中止审理)的权利和申请回避的权利。在延期审理(或中止审理)期间,控辩双方应当进行必要的证据开示,以便为指控和防御进行充分的准备。此外,被害人作为犯罪行为的直接侵害对象,对诉讼程序的进展及案件的处理结果十分关注,《刑事诉讼法》也应当充分保障被害人的程序参与权。具体而言,在共同犯罪案件中,被害人收到起诉书副本后如果发现起诉书未将应当追究刑事责任的同案犯罪嫌疑人列为被告人,除了寻求"公诉转自诉"的救济途径之外,其有权向检察院提出申诉,请求追加提起公诉,以维护自己的合法权益。总之,实体正义和程序正义均是共同犯罪追加诉讼程序所追求的价值目标。为了增强追加诉讼的正当性,必须通过完善的制度设计正确处理追加诉讼中实体正义和程序正义之间的关系,以实现二者的有机平衡。

2. 规范起诉机关起诉裁量权

起诉裁量权是指在刑事案件具备法定起诉条件时,检察官依法享有的根据自己的认识和判断选择提出指控或不提出任何指控的权力。起诉裁量权集中体现了起诉便宜主义原则的主要内容。①公诉权的主动性和扩张性及其行使主体自身的人性弱点,极易导致起诉裁量权被滥用,甚至沦落为个别人徇私枉法的工具。有鉴于此,各国一般通过构建相应的监督制约机制来规范起诉机关的起诉裁量权。例如,英国的预审程序是在一桩正式起诉的刑事案件被送交刑事法院进行审判之前,由治安法官主持进行的程序,其本身就是一种对公诉进行审查的程序。在预审程序中,治安法官的主要任务是审查本案是否构成了一个所谓"有表面证据的案件"(prima facie),即控方提供的证据是否达到了起诉的标准。美国的预审听证(preliminary hearing)和大陪审团制度(The Grand Jury)是对起诉进行审查的程序,其目的是检查证据以决定起诉是正当的。②英国的预审程序、美国的预审听证和大陪审团制度主要是从防止不当滥诉和保护被告人的角度对是否达到起诉的证据标准进行审查,以决定将案件移送至有管辖权的法院进行正式审判。根据《德国刑事诉讼法典》第152条"起诉法定原则"的规定,"除法律另有规定外,在有足够的事实根据时,检察院负有对所有的可予以追究的犯罪行为作出行动的义务"。对于免于刑罚的前提条件成立的案件,经负责审判的法院同意,检察院可以不予提起公诉。此外,对于检察院不支持要求提起公诉申请的案件,告诉人(被害人)有向检察院上级官员抗告的权利,对经抗告后作出的裁定不服时,可以申请法院裁判,法院认为申请正当时,裁定准予提起公诉,裁定由检察院负责执行。③此即德国刑事诉讼法上的强制起诉程序。我国台湾地区关于刑事诉讼的相关规定借鉴了德国刑事诉讼法上的强制起诉程序而规定了"交付审判制",交付审判制是针对检察官不起诉处分的外部监督机制,简言之,就是声请法院来强制案件起诉的制度。④在法国,对检察官不进行追诉的自由

---

① 检察官在刑事案件的起诉问题上是否享有自由裁量的权利是起诉便宜主义和起诉法定主义的本质区别。起诉便宜主义认为,虽然有足够的证据证明确有犯罪事实发生并且已经具备了起诉的条件,但公诉机关斟酌各种情形后,认为不需要处罚时,可以裁量决定不起诉;起诉法定主义则认为,只要有足够的证据证明确有犯罪事实发生,并且具备了起诉条件,公诉机关必须起诉。
② [美]爱伦·豪切斯泰勒·斯黛丽、南希·弗兰克:《美国刑事法院诉讼程序》,陈卫东、徐美君译,中国人民大学出版社2002年版,第387页。
③ 《德国刑事诉讼法典》,李昌珂译,中国政法大学出版社1995年版,第72页。
④ 林钰雄:《刑事诉讼法(下册)》,中国人民大学出版社2005年版,第77页。

予以限制的制约机制有三种：来自上级检察官的监督；受害人可以通过一定途径启动公诉；上诉法院起诉审查庭可以命令对未起诉的人或犯罪行为提起追诉。①在日本，对于检察官不起诉的案件，存在准起诉制度、检察审查会制度及向上级检察厅申诉制度等制约机制。②在我国，对于检察机关基于起诉裁量权而作出的不起诉决定，《刑事诉讼法》规定了公安机关要求复议和向上一级检察机关提请复核、被害人向上一级检察机关申诉请求提起公诉和直接向人民法院提起自诉、人民法院建议追加起诉、被不起诉人向检察机关申诉等多种监督和救济途径，这体现了公检法三机关"分工负责、互相配合、互相制约"的原则和当事人对检察机关起诉裁量权的必要监督。在通常情况下，无论是提起公诉还是作出不起诉处理，都是检察机关依法行使起诉裁量权的结果。但在一些例外的情形下，也无法排除检察机关滥用起诉裁量权而不予起诉本应追究刑事责任的犯罪嫌疑人的可能。为了确保共同犯罪案件中检察机关对同案犯罪嫌疑人作出不起诉决定的正当性，并强化对检察机关起诉裁量权的监督，应当设置相应的制度，从程序上进行规范，追加诉讼程序就是其中之一。换句话说，规范起诉裁量权是共同犯罪追加诉讼程序的理论依据之一。

二、共同犯罪追加诉讼的条件

(一)部分犯罪嫌疑人未被提起公诉

对于共同犯罪案件中未被起诉的同案犯罪嫌疑人，检察机关不起诉的原因不外乎以下几种：(1)认为不构成犯罪而不需要追究刑事责任。(2)虽然构成犯罪但因特赦或根据其他法律规定而免予追究刑事责任。(3)检察官"可对一犯罪案件之共同参与者提供保证，不会对之处以徒刑，而以此诱引其来担任主要的不利证人的角色以对抗其同谋"③，此即污点证人制度。(4)基于刑事政策原则的"选择性起诉"。例如，在美国，由于犯罪率很高，刑事诉讼的成本

---

① ［法］卡斯东·斯特法尼、乔治·勒瓦索、贝尔纳·布洛克：《法国刑事诉讼法精义（下册）》，罗结珍译，中国政法大学出版社1999年版，第515页。
② 宋英辉、吴宏耀：《不起诉裁量权研究》，《政法论坛》2000年第5期。
③ ［德］克劳思·罗科信：《刑事诉讼法》，吴丽琪译，法律出版社2003年版，第107页。

也很高,为减轻刑事司法系统的超常负担,除允许大量刑事案件在审判前进行辩诉交易外,在起诉环节上实行"选择性起诉",检察官有权在众多的犯罪嫌疑人中选择起诉其中的某些人,也有权决定只起诉某个犯罪嫌疑人多项罪行中的某一项或几项。[①](5)个别或部分同案犯在逃,尚未归案而未被起诉。(6)滥用公诉权而故意不起诉。(7)因工作失误或疏忽大意而在起诉时遗漏了应当追究刑事责任的同案犯罪嫌疑人。

无论何种原因导致共同犯罪案件中的同案犯罪嫌疑人未被起诉,追加诉讼的一个先决条件是:该未被一并起诉的同案犯罪嫌疑人参与实施的犯罪事实应当已经查清,并且证据确实充分;同时,该同案犯应当由侦查机关抓捕归案或者已经采取了相应的强制措施,或者虽然没有采取相应的强制措施,但不属于负案在逃的情形且能保证追加起诉后及时到案接受审判。

(二)不属于分离诉讼的例外情形

在共同犯罪案件中,合并起诉、合并审判是原则,分离起诉、分离审判是例外。追加诉讼属于合并诉讼的特殊情形,同样需要遵循上述原则。如果未被一并起诉的同案被告人符合分离诉讼的条件,则应当分离起诉、分离审判;反之,如果未被一并起诉的同案被告人不符合分离诉讼的条件,则应当追加起诉、合并审判。

一般而言,符合分离诉讼的共同犯罪案件主要有以下几类。

(1)未成年人与成年人共同犯罪而需要对未成年人进行分案审理。基于未成年人特殊的心理和生理条件,为了保护未成年被告人的合法权益,各国和国际刑事司法准则一般都在适用刑事诉讼程序时对未成年犯(被告人)给予特殊的处遇,对共同犯罪案件中的未成年人进行分案起诉、分案审理就是这种特殊处遇之一。

(2)各共同被告人之间具有利害相反关系而需要分离诉讼。例如,甲与乙被指控共谋实施了某一犯罪,甲认罪而乙不认罪,乙为证明无罪,指证是甲单独实施了犯罪。在此情形下,甲和乙分别实施的防御和辩护相互排斥,彼此之间存在相互冲突的利害关系。此时甲处于受检察官和乙同时指控、攻击

---

① 李学军:《美国刑事诉讼规则》,中国检察出版社2003年版,第308页。

的境地,这对甲的防御和辩护是极为不利的。美国刑事诉讼理论和司法实践认为,"对于真正有敌对性的辩护进行合并审判是不公平的,因此需要分离诉讼的救济来阻止如一个上诉法院所描述的那种审判"①。

(3)追加诉讼将妨害诉讼的正常进行及诉讼效率。例如,"甲被告被起诉,审理中检察机关追加乙被告,但乙被告同时犯有多种其他非共同犯罪的罪行,合议庭必须放下已经基本审理清楚的甲被告,再用大量精力与时间去审理乙被告的其他犯罪事实;那么,这种追加,可能模糊法官已经形成的心证,而且在整体上拖延诉讼、妨碍效率。这种情况下,可要求检察机关对乙被告重新起诉,另案审理"②。

(4)具有其他不宜追加诉讼的情形。例如,如果发现遗漏的同案犯另有单独或与其他犯罪嫌疑人共同作案的重大犯罪事实,另案处理则更为妥当,没有必要适用追加起诉,③因此无须进行追加诉讼。

除了上述几种符合分离诉讼条件的共同犯罪案件类型之外,对于绝大多数具有未被起诉同案犯罪嫌疑人且应当追究刑事责任情形的共同犯罪案件,原则上应当通过追加起诉的方式将未被起诉的同案犯罪嫌疑人的案件提起公诉,使之与已经提起公诉的其他同案被告人的案件合并诉讼,以实现诉讼经济和节约司法资源。

(三)已经启动的第一审程序尚未终结

追加诉讼的另一个必要条件是"已经启动的第一审程序尚未终结",具体时间应当限定在第一审程序法庭辩论终结之前。如果在第一审程序法庭辩论终结之后追加起诉,这不仅达不到诉讼经济的效果,而且势必造成正在进行的审判进程混乱,显然是得不偿失的。为此,各国和一些地区一般对公诉变更的时间进行了限制。例如,根据《日本刑事诉讼法》第257条和第312条

---

① [美]伟恩·R.拉费弗、杰罗德·H.伊斯雷尔、南西·J.金:《刑事诉讼法(下册)》,卞建林、沙丽金等译,中国政法大学出版社2003年版,第905页。
② 龙宗智:《论公诉变更》,《现代法学》2004年第6期。
③ 吴国良、陆金东:《追加起诉若干实践问题探析》,《人民检察》1998年第5期。

第（1）款的规定得知，公诉变更只能在第一审判决前作出。①我国台湾地区关于刑事诉讼的相关规定指出："追加起诉，得于审判期日以言词为之。"从条文来理解，《日本刑事诉讼法》中的"追加诉因或者罚条"和我国台湾地区关于刑事诉讼的相关规定中的"追加起诉"虽然处理的是"罪行追加"问题，但无一例外地对公诉变更的时间作了规定，主要还是出于诉讼经济的考虑，其中蕴含的原理同样适用于对未被起诉的同案犯罪嫌疑人的追加诉讼问题。

《刑事诉讼法》对未被起诉的同案犯罪嫌疑人的追加诉讼问题并未作出规定。2012年出台的《人民检察院刑事诉讼规则（试行）》第458条规定"在人民法院宣告判决前……发现遗漏的同案犯罪嫌疑人或者罪行可以一并起诉和审理的，可以追加、补充起诉"，将遗漏同案犯罪嫌疑人追加起诉的时间限定在了"人民法院宣告判决前"。对此，多数学者认为不尽合理，理由在于："作出判决"与"宣告判决"是两个不同的时间点，《刑事诉讼法》规定的"宣告判决"有"当庭宣告判决"和"定期宣告判决"两种，也就是说允许延期宣判。根据现有司法解释的规定，在不能当庭宣告判决的前提下，便意味着在合议庭进行评议作出判决后至"定期宣告判决"前的这一时间段内，人民检察院仍然可以行使公诉变更权对公诉进行变更。事实上，案件经过合议庭评议作出判决后，尽管可能并未当庭宣告判决，但该案的审理实际上已结束，如果此时再进行公诉变更，将可能导致被迫重新开庭审理的结果，造成程序的重复运作和诉讼资源的浪费。因此，合理的时间应该是在"人民法院作出判决前"，而非"宣告判决前"。②笔者认为，如果仅涉及公诉的撤回、罪行的追加等公诉变更问题，由于此类公诉变更问题要么诉讼主体和诉讼客体均未发生变化，要么仅是诉讼客体发生了变化（追加了漏诉的罪行）而诉讼主体仍然同一，将公诉变更的时间规定在"法院作出判决之前"对当事人的程序利益并不会产生实质的不利影响，也不会导致诉讼进程的过分拖延，因此，将公诉变更的时

---

① 《日本刑事诉讼法》第257条规定："公诉，可以在作出第一审判决前撤回。"其第312条第（1）款规定："法院在检察官提出请求时，以不妨碍公诉事实的同一性为限，应当准许追加、撤回或者变更记载于起诉书的诉因或者罚条。"参见《日本刑事诉讼法》，宋英辉译，中国政法大学出版社2000年版，第60页、第71页。

② 谢佑平、万毅：《刑事公诉变更制度论纲》，《国家检察官学院学报》2002年第1期。

间限定在"法院作出判决前"而非"宣告判决前"是比较合理的。但是,对于未被起诉的同案犯罪嫌疑人的追加诉讼问题,由于涉及在正在进行的诉讼程序中同时增加诉讼主体和诉讼客体的问题,为了保障追加诉讼的同案被告人能够有效地行使辩护权利,同时督促检察机关及时纠正起诉时的错误,也为了防止因追加诉讼而导致诉讼进程过分拖延的现象出现,应该明确规定对未被起诉的同案犯罪嫌疑人的追加诉讼必须在第一审程序法庭辩论终结之前进行;否则,检察机关只能另案起诉。

三、共同犯罪追加诉讼的运作程序及规制

对于同案犯罪嫌疑人的追加诉讼,不仅关乎实体正义,而且关乎程序正义。如果追加诉讼问题处理得好,就能达到事半功倍的效果;处理得不好,必将拖延诉讼进程并损害当事人的合法权益。因此,应当对共同犯罪追加诉讼的运作程序作出明确规定。

(一)提起公诉后至开庭审判前追加诉讼的运作程序

在提起公诉后至开庭审判之前这一时段,追加诉讼通常源于公诉机关主动追加起诉,通常为经由侦查机关要求复议或提请复核后公诉机关追加起诉,或者因被害人申诉后公诉机关追加起诉。公诉机关主动追加起诉符合控审分离原则,具有主动性、价格便宜的特点,它是一种自我纠错机制,也是对漏诉行为的内部救济制度,有利于及时纠正指控失误并实现诉讼经济。侦查机关要求复议或提请复核后公诉机关追加起诉,或者因被害人申诉后公诉机关追加起诉,二者都体现了对公诉机关起诉裁量权的外部监督和制约。总之,这一时段的几种追加诉讼模式由于已经提起公诉的同案其他被告人的案件尚未进入正式的法庭审判阶段,因追加诉讼而引起的相关程序变更问题处理起来相对较为简单和容易,具体的操作程序可进行如下设计。

(1)如果法院未提出另案起诉的建议而接受了检察院的追加起诉,法院应当根据检察院的建议或者自行作出延期审理的决定。

(2)法院应当恢复共同犯罪案件的公诉审查程序,对包括已经起诉被告人和追加起诉被告人在内的案件进行公诉审查,以便决定是否对全案开庭审判;或者对追加起诉的被告人进行单独的公诉审查,以便决定是否对其开庭

审判。

（3）法院决定开庭审判后，应当将检察院的追加起诉书副本至迟在开庭十日以前送达追加起诉被告人及其辩护人，或者将检察院重新制作的起诉书副本在上述期限内送达共同犯罪案件的全体被告人及其辩护人。同时，法院应当将延期审理后重新确定的开庭日期、地点通知检察院，将重新制作的传票和开庭通知书在法定的期间内分别送达当事人、辩护人、诉讼代理人、证人、鉴定人和翻译人员。

（4）重新召开共同犯罪案件全案的庭前会议，或者根据具体情况单独召开与追加诉讼被告人的案件事实有关的庭前会议，解决追加诉讼后因被告人的增加而新增的非法证据排除、回避、出庭证人名单、证据开示等与共同犯罪案件审判相关的问题。

（二）开庭后至第一审程序法庭辩论终结前追加诉讼的运作程序

与上述提起公诉后至开庭审判前追加诉讼的运作程序相比，开庭审判后至第一审程序法庭辩论终结前追加诉讼的运作程序操作起来较为复杂。因为追加诉讼不仅会打乱正在进行的审判进程，而且将涉及已经完成的诉讼程序要不要全部作废的问题。笔者认为，从诉讼经济的角度考虑，应当赋予法院是否接受追加起诉的权力，也就是说，如果追加起诉而使对整个共同犯罪案件的审理变得费时费力时，法院有权驳回检察院的追加起诉而建议其另案起诉；否则，应当接受检察院的追加起诉而合并审理。在法院接受检察院追加起诉的情形下，具体的操作程序可进行如下设计。

（1）法院应当根据检察院的建议或者自行作出中止审理的决定。

（2）法院对追加起诉被告人的案件单独进行公诉审查。

（3）法院决定开庭审判后，应当将检察院的追加起诉书副本至迟在开庭十日以前送达追加起诉被告人及其辩护人；同时，法院应当将恢复法庭审理的通知书在规定的期限内通知检察院，将传票和恢复法庭审理的通知书至迟在重新开庭三日以前分别送达当事人、辩护人、诉讼代理人、证人、鉴定人和翻译人员。

（4）根据案情需要，单独召开有追加起诉被告人参加的庭前会议，解决非法证据排除、回避、出庭证人名单、证据开示等与审判相关的问题。

（5）如果因追加诉讼后被告人的增加而发现了涉及同案其他被告人的新的犯罪事实和证据，原先已经完成的法庭调查和法庭辩论结果归于作废，对包括追加起诉被告人案件在内的共同犯罪的全案事实重新进行法庭调查和法庭辩论；否则，原先已经完成的同案其他被告人案件的法庭调查和法庭辩论结果继续有效，仅对追加诉讼的被告人单独进行法庭调查和法庭辩论。

（三）追加诉讼其他相关问题的程序规制

1. 检察机关不起诉裁量权的外部制约

（1）侦查机关要求复议或提请复核而追加起诉。由侦查机关要求复议或提请复核而对未被起诉的同案犯罪嫌疑人提起公诉，其本身是追加诉讼的一种启动模式，体现了侦查机关对检察机关审查起诉的监督和制约。纵览各国刑事诉讼的立法和实践，根据侦查主体与公诉主体之间的不同关系来划分，侦控构造主要有三种模式：侦控结合模式、侦控分立模式和混合模式。[①]《刑事诉讼法》关于公、检、法三家的关系坚持的是"分工负责、互相配合、互相制约"的原则。基于此，我国刑事诉讼中的侦控构造是一种特殊的"侦控分立、侦控制约"模式。一方面，公安机关和检察机关在行使刑事追诉权方面各自拥有独立性，体现了侦控分立的特点；另一方面，公安机关和检察机关在分立的基础上又相互制约。检察机关有权对公安机关立案侦查的案件实施立案监督，也有权对公安机关就共同犯罪案件的"另案处理"情况实施审查监督；同时，公安机关认为检察机关作出的不起诉决定有错误的，可以要求复议，也可以向上级检察机关提请复核。根据《刑事诉讼法》第179条的规定，该条主要对公安机关对检察机关不起诉决定的监督问题进行了规范。但问题在于：在共同犯罪案件中，如果检察机关对个别或部分被告人提起了公诉而对个别或另一部分被告人未提起公诉，公安机关认为有不当或错误之处，对此又该如何监督？显然，《刑事诉讼法》第179条对此没有作出规定。因此，为了完善共同犯罪案件中公安机关对检察机关就个别或部分被告人不起诉处理的监督和制约，应当规定相应的向公安机关告知的制度，并且明确监督和制约途径，从而使因不当处理而漏诉的同案犯罪嫌疑人能够被追加起诉并受到刑事

---

① 宋英辉：《刑事诉讼原理》，法律出版社2003年版，第234—235页。

责任的追究,以维护实体正义。

(2)被害人向检察院申诉而追加起诉。被害人向检察院申诉要求对未被起诉的同案犯罪嫌疑人提起公诉,也是追加诉讼的一种启动模式,从性质上讲属于不起诉的外部监督机制。关于被害人对不起诉的监督,各国立法和判例都有规定和体现。例如,《德国刑事诉讼法典》中规定的强制起诉程序即是,对此上文已有论述,在此不再赘述。在英国,当王室检察院在正在进行的诉讼中考虑撤回或明显降低指控,应当征求被害人的意见。[①]我国《刑事诉讼法》第180条就被害人对人民检察院作出的不起诉决定的申诉问题作了规定。但从该条规定来看,其主要针对的是单人犯罪案件中人民检察院作出不起诉决定时如何处理的问题,并未涉及共同犯罪案件中检察机关对个别或部分同案犯罪嫌疑人作出不起诉处理的监督问题。笔者认为,为了监督检察机关的起诉裁量权和保障被害人的合法权益,《刑事诉讼法》应当建立被害人向人民检察院申诉而追加起诉的制度,明确规定被害人对于共同犯罪案件的起诉情况有知情的权利,一旦发现检察机关对应当追究刑事责任的同案犯罪嫌疑人未提起公诉,被害人有权向上一级人民检察院提出申诉,请求追加起诉。

2. 被告人辩护权利的保障

正如多数学者所指出的那样,《刑事诉讼法》及其司法解释对公诉变更中被告人权益保障的规定有所欠缺,主要表现为以下两点:一是缺乏相应的告知制度,二是没有赋予被告人延期审理的申请权。这就意味着检察机关在补充、追加或者变更起诉时可以视情况建议法庭延期审理,作为当事人的被告人并无主动申请延期审理的权利。由此可能造成一种结果:在公诉人未建议法庭延期审理的情形下,被告人由于缺乏必要的防御准备时间而"仓促应战",这对被告人是极为不利的,有违程序正义。从国外的有关规定来看,控诉机关变更公诉时,一般都对被告人的辩护权等合法权益给予了充分保障。例如,《日本刑事诉讼法》第312条第(3)款规定:"法院,在已经追加、撤回或者变更诉因或者罚条时,应当迅速将追加、撤回或者变更的部分通知被告人。"

---

① 〔英〕麦高伟、杰弗里·威尔逊:《英国刑事司法程序》,姚永吉等译,法律出版社2003年版,第150—151页。

其第(4)款规定:"法院认为由于追加或者变更诉因或者罚条可能对被告人的防御产生实质性的不利时,依据被告人或者辩护人的请求,应当裁定在被告人进行充分的防御准备所必要的期间内,停止公审程序。"[1]《德国刑事诉讼法典》第266条第(3)项规定了追加起诉时被告人享有申请中断审理的权利。[2]因此,为了充分保障追加起诉被告人的合法权益,我国应当借鉴域外有关国家的做法,在《刑事诉讼法》中明确规定追加诉讼被告人享有申请延期审理或中止审理的权利。在延期审理或中止审理期间,追加诉讼被告人有权申请证据开示、提出回避等动议,以便为参加正式的庭审做好积极辩护等在内的各项准备。

3. 追加起诉后的时限计算及强制措施变更

追加诉讼后,对于正在进行的审判程序或多或少会有些影响。为了保障追加诉讼被告人的辩护权和法院对追加诉讼案件的充分审理,借用《刑事诉讼法》第160条关于侦查期间发现犯罪嫌疑人另有重要罪行重新计算侦查羁押期限的做法,应当以追加诉讼被告人的案件为准重新起算审理期限。此外,对于已经诉讼系属于共同犯罪案件中罪行较轻的被告人,如果因罪行较轻而有可能被判处管制、拘役或者较短的有期徒刑,那么,此类被告人极有可能因整个共同犯罪案件审限的延长而被超期关押。为了避免上述情形的出现,《刑事诉讼法》应当明确规定:人民法院可以视案件具体情况,对有可能被判处较轻刑罚的被告人依法变更强制措施,即改为监视居住,待第一审人民法院对全案进行审理并作出判决之后,再依法处理。

第二节　共同犯罪案件刑事附带民事诉讼程序

一、共同犯罪案件刑事附带民事诉讼程序的两种属性

共同犯罪案件的附带民事诉讼程序具有两个显著的属性,即共同犯罪与附带民事诉讼。共同犯罪与附带民事诉讼两种属性决定了共同犯罪案件附带民事诉讼程序在对共同行为人的追加诉讼、撤回诉讼等方面所体现出的制

---

[1] 《日本刑事诉讼法》,宋英辉译,中国政法大学出版社2000年版,第71页。
[2] 《德国刑事诉讼法典》,李昌珂译,中国政法大学出版社1995年版,第108页。

度特性。

共同犯罪使各被告人之间具有了犯罪行为上的牵连性,共同犯罪案件基于这种牵连性具备了相应的制度特性,如实体上对各名被告人在共同犯罪中的作用认定,程序上特殊的管辖制度、辩护制度、合并审理制度、证据制度等。①

附带民事诉讼使刑事法与民事法具有了法律事实上的牵连性,附带民事诉讼基于这种牵连性具备了相应的制度特性,如合并审理原则、全面审查原则、程序自主原则等。就附带民事诉讼对共同犯罪案件的影响而言,其决定了共同犯罪人的行为既要接受刑事法的评价,也要接受民事法的评价,从而衍生出共同犯罪与共同侵权这一对联系紧密的概念。由于两者在目的、本质、构成条件上存在显著差异,故对两者进行考察时,需要注意区分两对不同的语境。②

一是注意区分实体法上的犯罪行为圈与侵权行为圈。《刑法》第25条规定:"共同犯罪是指二人以上共同故意犯罪。二人以上共同过失犯罪,不以共同犯罪论处;应当负刑事责任的,按照他们所犯的罪分别处罚。"同时,《中华人民共和国民法典》(以下简称《民法典》)第1168条规定,二人以上共同实施侵权行为,造成他人损害的,应当承担连带责任。其第1171条规定,二人以上分别实施侵权行为造成同一损害,每个人的侵权行为都足以造成全部损害的,行为人承担连带责任。有学者提出共同侵权主要包括基于共同过错的共同侵权和基于可能因果关系的共同侵权,前者包括共同故意和共同过失,属于主观的共同侵权;后者包括责任者不明与份额不明,属于客观的共同侵权。③可见,从实体法的角度来看,在民法上的共同侵权行为中,通常只有严重的共同故意侵权行为有可能被评价为《刑法》上的共同犯罪行为。

二是注意区分程序法上的刑事责任圈与侵权责任圈。根据《刑事诉讼

---

① 马贵翔、柴晓宇:《共同犯罪审判程序论》,《甘肃社会科学》2012年第6期。

② 上述差异与侵权法之客观性、扩张性与刑法之主观性、谦抑性的差异有关。关于二者差异的具体探讨,参见于改之、吴玉萍:《共同侵权与共同犯罪界限论》,《当代法学》2007年第4期。

③ 叶金强:《共同侵权的类型要素及法律效果》,《中国法学》2010年第1期。

法》第16条的规定,有下列情形之一的,不追究刑事责任,已经追究的,应当撤销案件,或者不起诉,或者终止审理,或者宣告无罪:(1)情节显著轻微、危害不大,不认为是犯罪的;(2)犯罪已过追诉时效期限的;(3)经特赦令免除刑罚的;(4)依照刑法告诉才处理的犯罪,没有告诉或者撤回告诉的;(5)犯罪嫌疑人、被告人死亡的;(6)其他法律规定免予追究刑事责任的。同时,《刑事诉讼解释》第180条规定,附带民事诉讼中依法负有赔偿责任的人包括:(1)刑事被告人以及未被追究刑事责任的其他共同侵害人;(2)刑事被告人的监护人;(3)死刑罪犯的遗产继承人;(4)共同犯罪案件中,案件审结前死亡的被告人的遗产继承人;(5)对被害人的物质损失依法应当承担赔偿责任的其他单位和个人。附带民事诉讼被告人的亲友自愿代为赔偿的,应当准许①。可见,从程序法的角度来看,不承担刑事责任的犯罪人,其侵权责任并不会必然免除。综合上述两个层面的因素来看,在附带民事诉讼程序中,依法负有民事赔偿责任人的范围通常大于依法应负刑事责任人的范围。

二、共同犯罪案件刑事附带民事诉讼程序的基础理论

(一)责任形态:连带责任及特殊情形

从内部责任形态来看,根据《民法典》第1170条,二人以上实施危及他人人身、财产安全的行为,其中一人或者数人的行为造成他人损害,能够确定具体侵权人的,由侵权人承担责任;不能确定具体侵权人的,行为人承担连带责

---

① 值得注意的是,相对于1998年最高人民法院《关于执行〈中华人民共和国刑事诉讼法〉若干问题的解释》(以下简称1998年《刑事诉讼法解释》)第86条的内容,2012年《刑事诉讼法解释》第143条(现行《刑事诉讼法》第180条)将第(1)项中的"其他共同致害人"改为"其他共同侵害人",将"亲属"改为"亲友",前者更多是用语上的改良,后者则是对实际承担赔偿责任人范围的进一步扩大,当然依法负有赔偿责任人的范围并未发生变化。这一变化同样体现出了侵权法之扩张性,以期进一步保障被害人的损失得到实际赔偿。

同样值得注意的是,1998年《刑事诉讼法解释》第73条第(2)款曾规定,根据案件事实,认为已经构成犯罪的被告人在取保候审期间逃匿的,如果保证人与该被告人串通,协助其逃匿及明知藏匿地点而拒绝向司法机关提供的,对保证人应当依照《刑法》有关规定追究刑事责任。具有前款规定情形的,如果取保候审的被告人同时也是附带民事诉讼的被告人,保证人还应当承担连带赔偿责任,但应当以其保证前附带民事诉讼原告人提起的诉讼请求数额为限。《刑事诉讼法》修改后,2012年《刑事诉讼法解释》将保证人的连带赔偿责任删去,取保候审被告人的保证人不再是特殊情形下的连带责任人。

任。根据《民法典》第1172条,二人以上分别实施侵权行为造成同一损害,能够确定责任大小的,各自承担相应的责任;难以确定责任大小的,平均承担责任。

从外部责任形态来看,根据《民法典》第1168条、第1171条的规定,二人以上共同实施侵权行为造成他人损害的,或者二人以上分别实施侵权行为造成同一损害且每个人的侵权行为都足以造成全部损害的,行为人均应承担连带责任。

可见,不论共同侵权人内部的责任如何分配,共同侵权人均应对被害人承担连带责任,被侵权人请求部分或者全部连带责任人承担责任。但是,当原告放弃对部分共同侵权人赔偿请求时,[①]其他共同侵权人承担连带责任的范围也将随之发生变化。2003年最高人民法院《关于审理人身损害赔偿案件适用法律若干问题的解释》(以下简称《人身损害赔偿解释》)第5条规定:"赔偿权利人在诉讼中放弃对部分共同侵权人的诉讼请求的,其他共同侵权人对被放弃诉讼请求的被告应当承担的赔偿份额不承担连带责任……"2012年《刑事诉讼法解释》第144条第(2)款则在此基础上增加了法官的释明义务,即在原告放弃对部分共同侵权人赔偿请求的情况下,人民法院应当告知其相应法律后果,并在裁判文书中说明其放弃诉讼请求的情况。

(二)诉讼形态:走出共同诉讼的误区

由于共同犯罪案件的附带民事诉讼程序可能涉及多名被告人,作为民法视野下的共同侵权案件,其与民事诉讼上的共同诉讼制度在当事人制度上存在一定的相似性,不少学者尝试在二者之间建立某种关联。《人身损害赔偿解释》第5条规定:"赔偿权利人起诉部分共同侵权人的,人民法院应当追加其他共同侵权

---

① 原告放弃对部分侵权人诉讼请求的原因是多样的,可能是原告与侵权人之间存在特定的关系,如一起伤害案件中,原告与侵权人系亲属关系,故未对该侵权人提出诉讼请求,见《原告仅起诉部分侵权人被告对放弃部分不担责》,陕西法院网,2010年7月18日,最后访问时间:2014年5月20日,http://sxfy.chinacourt.org/public/detail.php?id=11965。也可能是原告与侵权人先行达成了调解协议,如一起交通事故案件中,原告与肇事司机达成了调解协议,故未对该侵权人提出诉讼请求,见《多人侵权的几种形式》,法律快车网,2010年10月11日,最后访问时间:2014年5月20日,http://www.lawtime.cn/info/sunhai/shzhishi/2010101165881.html。

人作为共同被告……"有学者依据本条规定认为共同侵权案件诉讼形态属于必要共同诉讼(也称"固有必要共同诉讼",即实体上的必要共同诉讼)。[1]但有学者指出这种制度设计"(在实体上)剥夺了连带责任实体制度赋予给共同侵权受害人在审判阶段本应享有的'选择权'……(在程序上)增加了诉讼拖延的可能性、增加了受害人举证责任负担"。[2]若连带责任诉讼采用普通共同诉讼形态,则法院将对连带责任人作出分别判决而非同一判决,"这种(分别判决的)独立性无法反映连带责任人之间实体上的牵连关系",[3]被害人则无法选择由部分连带责任人先行承担全部侵权责任,同样侵害了被害人的选择权。有学者认为共同侵权人承担连带责任的诉讼形态不属于普通共同诉讼,而属于必要共同诉讼中的类似必要共同诉讼(即程序上的必要共同诉讼),是可分之诉,受害人可以将全部致害人都作为共同被告,在一个诉中解决损害赔偿问题,也可以只以其中的部分或者个别致害人作为被告,要求部分致害人先行赔偿。[4]但若连带责任诉讼采用类似必要共同诉讼形态,则"势必产生对某一责任人的诉讼发生判决效力扩张的后果,这将直接导致其他连带责任人未经过诉讼程序而履行判决义务,丧失了抗辩机会",[5]导致原告的选择权侵害了被告人的抗辩权。

随着2009年《侵权责任法》的出台,共同侵权责任形态得到确认。当时的《侵权责任法》第13条规定,"法律规定承担连带责任的,被侵权人有权请求部分或者全部连带责任人承担责任"。由于程序法上的共同诉讼类型[6]均与实

---

[1]　陈雅君:《共同侵权诉讼的性质及部分免责的效力——试析〈关于审理人身损害赔偿案件适用法律若干问题的解释〉第五条》,《福建政法管理干部学院学报》2006年第3期。

[2]　李杏园:《共同侵权诉讼形式探析》,《河北学刊》2008年第2期。

[3]　尹伟民:《连带责任诉讼形态的选择》,《烟台大学学报(哲学社会科学版)》2010年第3期。

[4]　黄迁、张世民:《共同犯罪刑事附带民事诉讼的重构》,《法制与社会》2010年10月(下)。

[5]　尹伟民:《连带责任诉讼形态的选择》,《烟台大学学报(哲学社会科学版)》2010年第3期。

[6]　关于民事共同诉讼制度研究的详细内容,可参见胡震远:《共同诉讼制度研究》,上海交通大学出版社2010年版;王嘎利:《民事共同诉讼制度研究》,中国人民公安大学出版社2008年版。

体法上的连带责任同样难以完全匹配,有学者提出,"立足于现实需要,立足于诉讼法与实体法的关系,充分反映当事人实体权利的行使过程。在具体程序上可以参照共同诉讼审理,但是应当充分体现连带责任的特点:一是债权人的请求权具有选择性,二是某一连带责任人的行为对其他债务人发生效力"。[①]上述观点已经认识到共同侵权人参与的诉讼形态与传统共同诉讼制度之间的差异与不兼容性,开始着重关注共同侵权案件本身的诉讼形态与程序设计。

2012年《刑事诉讼法》修正时,立法者吸收了这一观点,修正了《人身损害赔偿解释》第5条所确立的共同侵权人强制追加制度。随之,2012年《刑事诉讼法解释》第144条第(1)款规定,"被害人或者其法定代理人、近亲属仅对部分共同侵害人提起附带民事诉讼的,人民法院应当告知其可以对其他共同侵害人,包括没有被追究刑事责任的共同侵害人,一并提起附带民事诉讼,但共同犯罪案件中同案犯在逃的除外"。本条将《人身损害赔偿解释》第5条规定的法院对共同侵权人的强制追加义务修改为对被害人的释明义务,从而赋予被害人在损害赔偿请求上的选择权。

(三)时效期间

附带民事诉讼虽在本质上属于民事诉讼,但与刑事诉讼合并审理导致在二者相结合的诸多方面表现出依附性[②]的特点,如二者合并审理时的时效期间通常以刑事诉讼的追诉时效为准,如二者一并判决时的上诉期间同样以刑事诉讼的规定为准。而在二者相互独立的场合,由犯罪行为引发的民事诉讼又体现出其独立性,如被害人选择单独提起民事诉讼时,其应遵守民事法律关于诉讼时效期间的规定。但在附带民事诉讼另行审判的情况下,虽然附带民事诉讼具有一定的独立性,但出于附带民事诉讼制度内部统一的角度考虑,另行判决的上诉期限仍应与刑事判决的上诉期限保持一致。

---

① 尹伟民:《连带责任诉讼形态的选择》,《烟台大学学报(哲学社会科学版)》2010年第3期。

② 附带民事诉讼的依附性主要体现在诉权成立、立案、审判程序、实体处理、上诉程序、上诉审理活动等六个方面,具体参见周伟:《刑事附带民事诉讼时效的依附性》,《法学杂志》2001年第6期。

出于"确立公权力对私权利提供救济的界限、平衡权利人与义务人之间的利益关系、合理配置有限的司法资源"①的价值追求,《民法典》第188条规定,向人民法院请求保护民事权利的诉讼时效期间为三年,法律另有规定的除外。与民法相对应,刑法构建了自身的追诉时效体系。《刑法》第87条规定,犯罪经过下列期限不再追诉:(1)法定最高刑为不满五年有期徒刑的,经过五年;(2)法定最高刑为五年以上不满十年有期徒刑的,经过十年;(3)法定最高刑为十年以上有期徒刑的,经过十五年;(4)法定最高刑为无期徒刑、死刑的,经过二十年。如果二十年以后认为必须追诉的,须报请最高人民检察院核准。

1998年《刑事诉讼法解释》第89条规定,刑事附带民事诉讼应当在刑事案件立案以后第一审判决宣告之前提起。有权提起附带民事诉讼的人在第一审判决宣告以前没有提起,不得再提起附带民事诉讼。但可以在刑事判决生效后另行提起民事诉讼。《刑事诉讼法解释》第184条规定,附带民事诉讼应当在刑事案件立案后及时提起。提起附带民事诉讼应当提交附带民事起诉状。可见,附带民事诉讼的时效始终具有显著的依附性,只要案件进入刑事诉讼,被害人便有权提出附带民事诉讼。当然,只有案件进入刑事诉讼,被害人才有权提出附带民事诉讼。

那么,被害人欲对因被告人的犯罪行为遭受的损失寻求法律救济的,应适用民法的诉讼时效还是适用刑法的追诉时效呢?实际上二者并不矛盾。被害人单独提起民事诉讼的,适用民法的诉讼时效,一般不超过三年;被害人提起附带民事诉讼的,适用《刑法》的诉讼时效,一般不低于五年。值得注意的是,附带民事诉讼程序在诉讼时效上的依附性并不会必然导致被害人怠于行使其民事权利或者蓄意利用诉讼时效的时间差。第一,被害人基于获得及时赔偿的急切主观心理与客观现实,不会毫无理由地怠于行使求偿权。第二,由于附带民事诉讼的赔偿范围小于民事诉讼,被害人通过附带民事诉讼获得的赔偿数额可能低于单独提起民事诉讼获得的赔偿数额。

---

① 杨巍:《反思与重构:诉讼时效制度价值的理论阐释》,《法学评论》2012年第5期。

(四)上诉期限

在刑事部分与民事部分合并审判的情况下,基于附带民事诉讼的依附性,对附带民事判决或裁定的上诉期间与刑事判决、裁定是一致的,对判决的上诉期限为十天,对裁定的上诉期限为五天。在刑事部分与民事部分合并审理的情况下,刑事诉讼与民事诉讼不同的上诉制度必然面临相互适配的过程,[①]此时附带民事诉讼上诉期限无疑将体现更多的依附性,否则容易造成刑事部分与民事部分在上诉制度上的失调,上诉期限不一会直接导致判决书不能一次性生效,进而造成上诉期限不一与附带民事诉讼上诉程序全面审查原则之间存在一定张力。

在特定条件下,刑事部分与民事部分分别审理,此时附带民事诉讼取得了一定的独立性,对上诉期限的选择也表现出多样性。2012年《刑事诉讼法》修正之前,根据1998年《刑事诉讼法解释》第242条的规定,如果原审附带民事部分是另行审判的,上诉期限应当按照《民事诉讼法》规定的期限执行。这一做法赋予附带民事诉讼上诉期限以独立性,但是造成附带民事诉讼上诉期限的不统一,容易导致社会公众的误解与无所适从。2012年修改的《刑事诉讼法》对附带民事诉讼的上诉期限进行了调整,《刑事诉讼法解释》第380条规定,附带民事部分另行审判的,上诉期限也应当按照《刑事诉讼法》规定的期限确定。这一做法更加突出了附带民事诉讼上诉期限的依附性,统一了附带民事诉讼的上诉期限,也在一定程度上有助于减少附带民事诉讼分案审理的人为肆意。

---

① 有人基于对刑事诉讼与民事诉讼进行纯粹横向比较的视角提出,刑事诉讼与民事诉讼上诉期限的差异涉嫌歧视性法律,违反强调公民权利平等的宪法原则,不利于保护犯罪嫌疑人的实体权利,与保护人权的无罪推定原则相左。参见王晓先:《从规范统一的上诉期探杜绝歧视性法律的途径》,《华中科技大学学报(社会科学版)》2009年第6期。实际上,不论刑事诉讼的控方与辩方,还是民事诉讼的原告与被告,在上诉期限方面的权利(力)边界是一致的。刑事诉讼中被告人的上诉期相对较短,但相对应的检察院的抗诉期同样只有十天,民事诉讼方面亦是如此。从上诉期限的比较来看,不论是刑事诉讼的控辩双方还是民事诉讼的原被告,在这一问题上显然遵循了公平竞争的原则,并不存在涉嫌歧视的问题。可见,刑事诉讼与民事诉讼在上诉期限上的差异更多的是技术性差异而非歧视性差异。

三、共同犯罪案件刑事附带民事诉讼程序的基本原则

(一)合并审理原则

附带民事诉讼程序是刑事诉讼与民事诉讼相结合的产物,刑事部分与民事部分合并审理便自然成为附带民事诉讼程序的基本原则。同时,刑事部分与民事部分合并审理的基本原则还对刑事诉讼的分案审理作了进一步限制,要求成年人与未成年人合并审理。故在附带民事诉讼程序中,合并审理原则主要包括两个方面:一是刑事部分与民事部分的合并审理,二是成年人与未成年人合并审理。

刑事部分与民事部分合并审理由在1998年《刑事诉讼法解释》第99条中首先得到确立,其规定:"对于被害人遭受的物质损失或者被告人的赔偿能力一时难以确定,以及附带民事诉讼当事人因故不能到庭等案件,为了防止刑事案件审判得过分迟延,附带民事诉讼可以在刑事案件审判后,由同一审判组织继续审理……"2012年《刑事诉讼法解释》第159条对上述内容进一步完善,将1998年《刑事诉讼法解释》第99条改为"附带民事诉讼应当同刑事案件一并审判(新增),只有为了防止刑事案件审判的过分迟延,才可以在刑事案件审判后,由同一审判组织继续审理附带民事诉讼……"刑事部分与民事部分合并审理的价值主要体现在两个方面:一方面,提升诉讼效益,刑事部分与民事部分的事实与证据存在重合,对二者合并审理有助于节约诉讼资源,减少诉讼参与人的"讼累";另一方面,保证民事赔偿的充分性、及时性,民事部分被告对原告的赔偿有助于体现其认罪悔罪的主观性,也推动了其通过退赃退赔换取法官同情、争取从轻处罚的积极性,从而使附带民事诉讼的原告得到尽可能及时、充分的赔偿。可见,刑事部分与民事部分合并审理是与附带民事诉讼程序的特殊性相联系,并与附带民事诉讼程序的设立初衷相一致的。若允许对刑事部分与民事部分随意进行分案审理,则对于通过设立附带民事诉讼提升诉讼效益与保证损害赔偿充分性、及时性的初衷便难以实现。

刑事诉讼程序的合并审理与分案审理是一个价值平衡的动态过程。传统的刑事诉讼程序中,对共同犯罪案件的处理通常遵循"合并审理为原则,分案审理为例外"。基于共同犯罪主体与事实的牵连性,出于对发现案件真实、

实现司法公正、提高诉讼效益①等因素的考量,对同时在案的同案犯原则上采取合并审理的方法。出于实现对未成年人的"教育、感化、挽救"、保护未成年人的诉讼权利、平衡判决的社会效果②等因素的考量,司法机关开始尝试对共同犯罪中的成年人与未成年人进行分案审理。2002年《人民检察院办理未成年人刑事案件的规定》第20条规定,人民检察院提起公诉的未成年人与成年人共同犯罪案件,不妨碍案件审理的,应当分开办理。上述条文初步确立未成年人案件分案审理制度,针对该项制度确立后在实践运行中产生的若干问题,为了避免分案审理对刑事诉讼程序的消极影响,修订后的2007年《人民检察院办理未成年人刑事案件的规定》第23条进一步明确了为避免妨碍案件审理而不分案起诉的具体情形:(1)未成年人系犯罪集团的组织者或者其他共同犯罪中的主犯的;(2)案件重大、疑难、复杂,分案起诉可能妨碍案件审理的;(3)涉及刑事附带民事诉讼,分案起诉妨碍附带民事诉讼部分审理的;(4)具有其他不宜分案起诉情形的。新修订的2013年《人民检察院办理未成年人刑事案件的规定》第51条在2007年《人民检察院办理未成年人刑事案件的规定》第23条的基础上,又增加以下内容:"在对分案起诉至同一人民法院的未成年人与成年人共同犯罪案件,由未成年人刑事检察机构一并办理更为适宜的,经检察长决定,可以由未成年人刑事检察机构一并办理。分案起诉的未成年人与成年人共同犯罪案件,由不同机构分别办理的,应当相互了解案件情况,提出量刑建议时,注意全案的量刑平衡。"对合并审理与分案审理的程序进一步细化。附带民事诉讼程序中,成年人与未成年人合并审理的好处在于保证附带民事诉讼的损害赔偿问题得到一次性解决。附带民事诉讼程序与刑事诉讼程序最大的区别在于前者始终贯彻处分原则与调解原则,法院借此一方面使被害人的损害得到尽可能的弥补,另一方面为被告人的认罪悔罪提供了直观的表现渠道,还为修复人际关系、恢复社会秩序创造了条件。在共同侵权案件中,在法官的主持下,各名侵权人一同到场与被害人就民事赔偿问题进行调解,有助于这一问题得到一次性解决。若成年人与未成年人分

---

① 马贵翔、柴晓宇:《共同犯罪审判程序论》,《甘肃社会科学》2012年第6期。

② 刘淑妹:《试述未成年人犯罪案件分案起诉制度》,《山西省政法管理干部学院学报》2013年第3期。

案审理,直接导致附带民事诉讼的原告多次出庭且重复诉求,既为原告平添"讼累",也减损了附带民事诉讼程序本身的效率。当然,在附带民事诉讼原告只起诉成年被告人或者只起诉未成年被告人的情况下,附带民事诉讼程序不需要成年被告人与未成年被告人同时到场的,自然可以对成年人与未成年人进行分案审理。

(二)全面审查原则

附带民事诉讼程序的全面审查原则,指附带民事诉讼当事人上诉的,法院应对刑事部分与民事部分进行全面审查。附带民事诉讼程序的全面审查原则是刑事诉讼程序全面审查原则的延伸,体现出附带民事诉讼的依附性,有别于民事诉讼的有限审查原则。

民事诉讼二审程序的审查范围经历了从全面审查到有限审查的转变。1991年《民事诉讼法》第151条规定,第二审人民法院应当对上诉请求的有关事实和适用法律进行审查。本条规定历经四次《民事诉讼法》修改,内容均未发生变化,但最高人民法院对民事诉讼二审程序审查范围的态度却并非一成不变。根据1992年最高人民法院《关于适用〈中华人民共和国民事诉讼法〉若干问题的意见》第180条和第二审人民法院依照《民事诉讼法》第175条的规定,对上诉人上诉请求的有关事实和适用法律进行审查时,如果发现在上诉请求以外原判确有错误的,也应予以纠正。可见,在《民事诉讼法》运行之初,二审程序遵循的是全面审查原则。1998年,最高人民法院的态度开始发生变化,《关于民事经济审判方式改革问题的若干规定》第35条规定,第二审案件的审理应当围绕当事人上诉请求的范围进行,当事人没有提出请求的,不予审查。但判决违反法律禁止性规定、侵害社会公共利益或者他人利益的除外。民事上诉审查原则开始从全面审查原则转向有限审查原则,但仍保留了一定的国家干预。[①]

刑事诉讼二审程序的审查范围始终遵循全面审查原则。1979年《刑事诉讼法》第134条规定,第二审人民法院应当就第一审判决认定的事实和适用法

---

① 有学者将民事上诉制度归纳为"有限审查为主、国家干预为辅"。参见刘晓英:《民事上诉制度研究》,中国政法大学2008年博士学位论文,第95页。

律进行全面审查,不受上诉或者抗诉范围的限制。共同犯罪的案件只有部分被告人上诉的,应当对全案进行审查,一并处理。本条规定历经1997年、2012年、2018年三次《刑事诉讼法》修改,内容均未发生变化。就共同犯罪案件而言,根据1998年《刑事诉讼法解释》第247条、248条的规定,只有部分被告人提出上诉的,或者人民检察院只就第一审人民法院对部分被告人的判决提出抗诉的,第二审人民法院均应当对全案进行审查,一并处理。如果提出上诉的被告人死亡,其他被告人没有提出上诉,第二审人民法院仍应当对全案进行审查。2012年《刑事诉讼法解释》第311条则增加了自诉人只对部分被告人的判决提出上诉时第二审人民法院应当对全案进行审查的内容。

就附带民事诉讼案件而言,根据1998年《刑事诉讼法解释》第249条,审理附带民事诉讼的上诉、抗诉案件,应当对全案进行审查。2012年《刑事诉讼法解释》第313条对上述条文进行了调整,规定刑事附带民事诉讼案件只有附带民事诉讼当事人及其法定代理人上诉的,第二审人民法院应当对全案进行审查。

(三)程序自主原则

附带民事诉讼虽然在刑事诉讼程序中表现出显著的依附性,但其在本质上仍属于民事诉讼,被害人在附带民事诉讼中的程序自主应得到基本的保障。程序自主原则主要应体现为保障被害人在程序上的选择权,具体包括两个方面:一是被害人享有请求部分或者全部共同犯罪人承担损害赔偿的选择权,二是被害人享有提起附带民事诉讼或者单独提起民事诉讼的选择权。

被害人享有请求部分或者全部共同犯罪人承担损害赔偿的选择权,是由共同犯罪人的损害赔偿责任承担形态所决定的。被害人享有提起附带民事诉讼或者单独提起民事诉讼的选择权,除了源于被害人在程序上的自主性以外,还考虑到被害人获得损害赔偿的充分性,这是由附带民事诉讼与民事诉讼在赔偿范围上的区别所导致的。虽然1996年《刑事诉讼法》第77条与2012年《刑事诉讼法》第99条均规定,被害人由于被告人的犯罪行为而遭受物质损失的,在刑事诉讼过程中有权提起附带民事诉讼,但这并不意味着被害人因犯罪行为所遭受的损害可通过附带民事诉讼程序得到完全赔偿。2000年最高人民法院《关于刑事附带民事诉讼范围问题的规定》第1条便规定,因人身权利受到犯罪侵犯而遭受物质损失或者财物被犯罪分子毁坏而遭受物质损失的,可以提起附带民事诉讼。对于被害人因犯罪行为遭受精神损失而提起附带民事诉讼的,人民法院不予受理。其第5条规定,犯罪分子非法占有、处置被害人财产而使其遭受物质损失的,人民法院应当依法予以追缴或者责令退赔。被追缴、退赔的情况,人民法院可以作为量刑情节予以考虑。经过追缴或者退赔仍不能弥补损失,被害人向人民法院民事审判庭另行提起民事诉讼的,人民法院可以受理。上述内容为附带民事诉讼的赔偿范围确定了基本框架,2012年《刑事诉讼法解释》对其内容进行了吸收与扩充,相关规定与《关于刑事附带民事诉讼范围问题的规定》第1条、第5条的规定基本一致。可见,被告人非法占有、处置被害人财产造成的物质损失无法通过附带民事诉讼获得相应赔偿。在被告人非法占有、处置被害人财产并拒不退赔的情况下,被害人欲就上述物质损失寻求相应赔偿的,必须单独提起民事诉讼。只有赋予被害人提起附带民事诉讼或者单独提起民事诉讼的选择权,才能保证其获得充分的损害赔偿。

四、共同犯罪案件刑事附带民事诉讼程序的制度缺陷及其完善

(一)对追加诉讼的处理

在共同犯罪案件中,由于被告人之间在行为上的独立性与事实上的牵连性,当各名被告人的刑事诉讼进程存在时间差的时候,附带民事诉讼的依附性与独立性便更值得关注。各名被告人的刑事诉讼进程存在时间差的情形主要有四种:一是被告人与其他共同侵权人同时到案;二是本诉被告人先到案;三是本诉被告人后到案;四是被告人与其他共同侵权人受到分流处理,如部分共同侵权人被追究刑事责任,而部分共同侵权人未被追究刑事责任。

在第一种情形下,需要关注的是被害人对侵权责任人的选择权,这一内容已经在《民法典》中得到确认。

在第二种情形下,需要关注的是被害人在诉讼中对在逃犯的追加,曾经

有学者提出被害人应当享有这一权利,①但在附带民事诉讼中追加在逃犯面临两条路径。第一条路径是对在逃犯的刑事责任与民事责任一并解决,但这意味着需要构建完备的刑事诉讼缺席审判制度。第二条路径是只解决在逃犯的民事责任问题,这种做法固然有利于保证被害人在理论上获得更为充分的损害赔偿,但刑事责任的存疑将为民事责任的确定埋下隐患,同时也不符合刑事部分与民事部分合并审理的基本原则。基于上述原因考虑,刑事法律制度始终禁止在附带民事诉讼程序中追加在逃犯为共同被告,如1999年《全国法院维护农村稳定刑事审判工作座谈会纪要》及《刑事诉讼法解释》第183条均作了明确表述,规定:"共同犯罪案件,同案犯在逃的,不应列为附带民事诉讼被告人……"但为了保障被害人的求偿权,《刑事诉讼法解释》第183条进一步规定,"逃跑的同案犯到案后,被害人或者其法定代理人、近亲属可以对其提起附带民事诉讼,但已经从其他共同犯罪人处获得足额赔偿的除外"。

在第三种情形下,需要关注的是被害人在后诉中对已决犯的追加。

在第四种情形下,需要关注的是被害人在刑事诉讼中对不承担刑事责任侵权人的追加。

对第三种情形、第四种情形的处理,现行法律制度并不完善,值得进一步讨论。

(1)对已决犯的追加。

对先后到案的共同犯罪被告人采取分案审理符合刑事诉讼程序的效率原则,否则先到案的被告人将面临难以预期的诉讼拖延。对先后到案的共同犯罪被告人进行分案审理,便存在两个独立的诉讼,针对先到案被告人提起的刑事诉讼为前诉,针对后到案被告人提起的刑事诉讼为后诉。实践中,前诉与后诉通常不应存在时间上的重合,若出现后诉的被告人到案后,前诉尚未审理终结的,法官通常会基于合并审理原则将前诉延期并与后诉合并审

---

① 如翁永新、陆健认为,追加在逃犯可以避免被害人陷入不必要的"讼累"、符合民事诉讼证据规则、符合民事诉讼缺席审判的情形,参见翁永新、陆健:《附带民事诉讼应能追加在逃共犯——保障被害人权益策略之一》,《检察实践》2003年第6期。又如黄国栋认为,追加在逃犯有利于保护被害人的合法权益、有利于保护同案被告人的合法权益、有利于节约诉讼资源,参见黄国栋:《被害人有权对在逃同案犯提起附带民事诉讼》,《检察日报》,2011年3月9日,第3版。

理。那么,在前诉的被告人已被判决且被害人未对其提起附带民事诉讼的情况下,是否允许被害人在后诉的刑事诉讼程序中对已经前诉判决的被告人提起附带民事诉讼呢?

被害人在后诉中提起附带民事诉讼主要有三种情况:一是只对后诉被告人提起附带民事诉讼,二是只对前诉被告人提起附带民事诉讼,三是对前诉与后诉的被告人一并提起附带民事诉讼。若一概允许被害人在后诉中对已经前诉判决的被告人提起附带民事诉讼,可能会导致被害人诉权的滥用;而一概禁止被害人在后诉中对已经前诉判决的被告人提起附带民事诉讼,也可能导致被害人诉权受到过分限制,如何平衡二者之间的关系?

在第一种情况下,因后诉被告人到案前的在逃行为导致被害人针对其提起民事诉讼的时效处于中止状态,故后诉被告人到案后,被害人在符合《刑事诉讼法解释》第183条即尚未从其他共同犯罪人处获得足额赔偿的情况下,自然有权向其提起附带民事诉讼。

在第二种情况下,前诉被告人已经刑事诉讼程序判决,但被害人并未在前诉中提起民事诉讼,此时便不应允许被害人在后诉中对前诉被告人提起民事诉讼。理由主要有三点:其一,从规范分析的角度来看,新旧《刑事诉讼法》解释均有关于被害人及时提起民事诉讼的明确规定。1998年《刑事诉讼法解释》第89条规定,附带民事诉讼应当在刑事案件立案以后第一审判决宣告以前提起。有权提起附带民事诉讼的人在第一审判决宣告以前没有提起的,不得再提起附带民事诉讼,但可以在刑事判决生效后另行提起民事诉讼。《刑事诉讼法解释》第184条的表述更为精准,规定附带民事诉讼应当在刑事案件立案后及时提起,针对不同情况作了相应处理,既为被害人在后诉中提起附带民事诉讼创造便利,与该解释第183条对应,又对被害人针对前诉被告人的附带民事诉讼设置必要限制,不应允许被害人滥用诉权。被害人在前诉中未提起附带民事诉讼的,有权在符合民事法律的前提下单独提起民事诉讼,但无权在后诉中针对前诉的被告人提起附带民事诉讼,否则将违背《刑事诉讼法解释》第184条的及时性原则。其二,从价值分析的角度来看,禁止被害人在后诉中针对前诉的被告人提起附带民事诉讼,符合价值平衡的原则。诉讼时效期间制度本身便是价值平衡的结果,为公民的权利行使、国家的权力运行划定了边界,若允许权利(力)没有限制地滥用,将导致社会关系长期处于无法修复的状态,犯罪人的社会矫正与人格修复也无从实现。其三,从审判程序的角度来看,将针对后诉被告人的刑事程序与针对前诉被告人的民事程序合并审理并不会带来相应的诉讼便利,由于二者在实体与程序上的牵连性较弱,将二者合并审理反而会对两种程序带来不必要的消极影响。

在第三种情况下,对前诉被告人提起的附带民事诉讼是否可以因前诉被告人与后诉被告人在共同犯罪上的牵连性而获得合法性?此时便需要考虑被害人诉权的有效性问题,即被害人对前诉被告人提起民事诉讼的时效期间是否届满。若时效期间届满,被害人针对前诉被告人的诉权已经灭失,其自然无权提起民事诉讼,此时法院应根据《民事诉讼法》第126条裁定不予受理。若时效期间尚未届满,被害人仍有权对前诉被告人单独提起民事诉讼,此时应允许其在后诉中对共同犯罪人一并提起民事诉讼,理由主要有两点:其一,从合并审理原则的角度来分析,事实的牵连性是合并审理原则的核心内容,刑事部分与民事部分的牵连性决定了被害人有权提起附带民事诉讼,被告人在共同犯罪中的牵连性又决定了被害人有权针对共同犯罪被告人一并提起附带民事诉讼。其二,从诉讼便利原则的角度来分析,禁止被害人针对共同犯罪被告人一并提起附带民事诉讼,同时允许被害人对前诉被告人单独提起民事诉讼,显然是一种迂腐的做法,不符合诉讼便利与诉讼经济的考量。

(2)对不承担刑事责任人的追加。

正如前文所述,程序法上的刑事责任圈与侵权责任圈决定了不承担刑事责任的犯罪人的侵权责任并不会必然免除。在附带民事诉讼程序中,依法负有民事赔偿责任人的范围通常大于依法应负刑事责任人的范围。1998年《刑事诉讼法解释》第86条第(1)项与《刑事诉讼法解释》第180条第(1)项均明确了未被追究刑事责任的其他共同侵害人应承担民事赔偿责任。根据刑事诉讼程序进程的不同,其他共同侵害人不被追究刑事责任主要包括两种情形:一是司法机关在审前程序中决定不追究共同侵害人的刑事责任,如侦查机关未对共同侵害人立案、侦查机关未移送审查起诉、检察院决定不起诉等情形;二是法院在审判程序中裁定或者判决共同侵害人不承担刑事责任,如法院因被告人死亡而裁定终止审理、法院判决宣告被告人无罪等情形。在第二种情形下,被害人仍有权在刑事诉讼程序启动后提起附带民事诉讼,并参与审判程序的全过程,法院在刑事方面裁定终止审理或者判决宣告被告人无罪的情形下,仍可在民事方面判决不承担刑事责任人或者其监护人、遗产继承人承担赔偿责任。但在第一种情形下,由于审判程序尚未启动,被害人的附带民事诉讼无法得到法院审判,承担刑事职能的侦查机关、检察院又无权对民事部分作出相应决定,故被害人对不承担刑事责任的共同侵害人的民事赔偿请求在刑事程序终结后尚未得到满足。

被害人欲向未经审判程序且不承担刑事责任的共同侵权人提起民事赔偿请求的途径有两种:一是单独提起民事诉讼,二是在追究部分共同侵权人刑事责任的诉讼程序中对不追究刑事责任的其他共同侵害人提起附带民事诉讼。那么,由于民事诉讼的时效期间与刑事诉讼的追诉期间存在较大差异,在刑事诉讼程序中追加不承担刑事责任的其他共同侵权人为附带民事诉讼的被告是否需要设置时间限制?

在附带民事诉讼程序中追加不承担刑事责任的其他侵权人,与追加已决犯的情形具有相类似的特点,对二者的追加都发生在后诉的刑事诉讼程序中。故对二者的处理也应采取相类似的做法。若被害人在后诉中只对不承担刑事责任的其他侵权人提起附带民事诉讼的,法院应裁定不予受理;被害人在后诉中对前诉的共同侵权人与后诉的被告人一并提起附带民事诉讼,且前诉的诉讼时效期间仍有效的,法院可对二者合并审理。

(二)对部分撤回诉讼的处理

由于各种因素的影响,存在诉讼主体撤回诉讼的情形。在共同犯罪案件中,若在共同犯罪案件中出现诉讼主体部分撤回诉讼的情形时,共同犯罪人之间在行为上的牵连性、刑事法与民事法在事实上的牵连性将导致撤回诉讼与剩余诉讼的协调问题。根据诉讼主体的不同可分为检察院撤回诉讼与当事人撤回诉讼,根据诉讼程序的不同可分为一审程序中撤回起诉与二审程序中撤回上诉、抗诉,故实践中部分撤回诉讼的情形主要有四种:一是检察院部分撤回起诉,二是原告部分撤回起诉,三是检察院部分撤回抗诉,四是当事人部分撤回上诉。

在检察院部分撤回起诉的情形下,需要关注的是原告对被部分撤回起诉被告人的附带民事诉讼请求的有效性。根据《刑事诉讼法解释》第197条的规定，人民法院准许人民检察院撤回起诉的公诉案件，对已经提起的附带民事诉讼，可以进行调解；不宜调解或者经调解不能达成协议的，应当裁定驳回起诉，并告知附带民事诉讼原告人可以另行提起民事诉讼。在共同犯罪案件中，在检察院对全体刑事被告人撤回起诉的情形下，附带民事诉讼的依附性基础已然丧失，故在不宜调解或者经调解不能达成协议时，附带民事诉讼不再继续进行。但共同犯罪案件也可能出现检察院部分撤回起诉的情形。此时，针对该部分被告人的附带民事诉讼应当如何处理，法律并无明文规定。实际上，这种情形属于该部分被告人不承担刑事责任，其处理方式也应与在附带民事诉讼中追加不承担刑事责任被告人的做法类似。针对该部分被告人的附带民事诉讼应依据该部分被告人与其他被告人在犯罪行为上的牵连性而获得合法性。检察院部分撤回起诉后，附带民事诉讼原告既有权选择继续对其提起附带民事诉讼，也有权对其单独提起民事诉讼。附带民事诉讼原告选择继续对其提起附带民事诉讼的，法院应对该附带民事诉讼和针对其他被告人的刑事诉讼、附带民事诉讼进行合并审理，并作出相应判决。

在原告部分撤回起诉的情形下，应当尊重原告的选择权，准许其部分撤回起诉。若原告明确表示放弃对部分被告的诉讼权利的，法院应履行相应的释明义务，并在裁判文书中说明其放弃诉讼请求的情况。

在检察院部分撤回抗诉或者上诉人部分撤回上诉的情形下，需要关注的是全面审查原则的贯彻。上诉人部分撤回上诉，既包括部分上诉人部分撤回上诉，也包括上诉人撤回部分上诉请求；既包括刑事被告人部分撤回上诉，也包括民事当事人部分撤回上诉。由于附带民事诉讼的二审程序遵循全面审查原则，故对上诉人部分撤回上诉的申请，法院也应依法进行全面审查，既应审查刑事部分是否存在原判事实不清、证据不足或者将无罪判为有罪、轻罪重判等情形，也应审查民事部分是否存在侵害损害国家和集体利益、社会公共利益及他人合法权益等情形。法院经审查后认为刑事部分与民事部分均无不当的，可以裁定准许。法院经审查后认为刑事部分或民事部分存在上述情形的，应当不予准许，并对全案依法进行审理。

(三)共同犯罪案件死刑复核程序与附带民事诉讼程序的处理

2010年,最高人民法院《关于对被判处死刑的被告人未提出上诉、共同犯罪的部分被告人或者附带民事诉讼原告人提出上诉的案件应适用何种程序审理的批复》指出,"根据《中华人民共和国刑事诉讼法》第一百八十六条的规定,中级人民法院一审判处死刑的案件,被判处死刑的被告人未提出上诉,共同犯罪的其他被告人提出上诉的,高级人民法院应当适用第二审程序对全案进行审查,并对涉及死刑之罪的事实和适用法律依法开庭审理,一并处理。根据《中华人民共和国刑事诉讼法》第二百条第一款的规定,中级人民法院一审判处死刑的案件,被判处死刑的被告人未提出上诉,仅附带民事诉讼原告人提出上诉的,高级人民法院应当适用第二审程序对附带民事诉讼依法审理,并由同一审判组织对未提出上诉的被告人的死刑判决进行复核,作出是否同意判处死刑的裁判"。实践中,有人据此认为共同犯罪的死刑案件中,仅附带民事诉讼原告人提出上诉的,不应适用全面审查原则,这一认识并不准确。

该批复实际上包含两个部分:第一部分强调了共同犯罪案件部分被告人上诉的,应适用全面审查原则;第二部分强调了附带民事诉讼原告上诉的,应由同一审判组织承担死刑复核职能。由于第二部分规定了"法院应当适用第二审程序对附带民事诉讼依法审理",可见,在共同犯罪案件中被告人被判处死刑的情况下,附带民事诉讼原告上诉的,法院仍应当依据《刑事诉讼法解释》第388条的规定,对全案进行审查;同时,法院应依据该批复的规定,由同一审判组织对未提出上诉的被告人的死刑判决进行复核。

第三节　共同犯罪案件当事人和解程序

当事人和解的共同犯罪案件具有两个显著的属性,即当事人和解与共同犯罪。共同犯罪使各被告人之间具有了犯罪行为上的牵连性,共同犯罪案件基于这种牵连性具备了相应的制度特性,如按照各名被告人在共同犯罪中的作用确定各名被告人应负的刑事责任。当事人和解使国家权力与公民权利具有了法律事实上的牵连性,当事人和解的公诉案件诉讼程序基于这种牵连性具备了相应的制度特性,如程序自主原则与从宽处理原则,即国家权力会基于当事人的权利行使而改变其运行方式,当事人有权自主选择是否进行刑事和解,当事人自愿达成和解协议的,国家便可能对达成和解的当事人从宽处理,权力与权利的边界被重新界定。

由于共同犯罪案件的和解程序在量刑上存在共同犯罪的量刑平衡与刑事和解的从宽处理二者之间的协调问题,故有学者提出,在共同犯罪的部分被告人与被害人达成部分和解的情况下,应解决对共同犯罪被告人全面从宽处理还是只对和解被告人从宽处理的范围划定。[1]同时,由于共同犯罪案件的和解程序相对一般的刑事公诉案件而言意味着对公权力与私权利边界的重新界定,有学者便提出,在共同犯罪中先到案的部分被告人先行与被害人达成刑事和解的情况下,应对后到案的其他被告人与被害人达成刑事和解作出限制。[2]共同犯罪案件刑事和解中公权力与私权利的协调问题同样值得探讨。为了解决上述两项问题,应先明确共同犯罪案件刑事和解程序应当遵循的基本原则并了解其特殊属性,从而对需要协调的两项问题作出妥善安排。

一、共同犯罪案件和解程序的基本原则

当事人和解程序最为重要的原则之一便是程序自主原则,该项原则同样适用于刑事案件的被告人与被害人,但对于被害人而言,其意义显得更为深远。当事人和解程序最为显著的特性便在于被害人主体地位的凸显,这与被害人在公诉案件的刑事诉讼程序其他环节中的边缘地位形成了鲜明的对比。《刑事诉讼法》第288条规定:"下列公诉案件,犯罪嫌疑人、被告人真诚悔罪,通过向被害人赔偿损失、赔礼道歉等方式获得被害人谅解,被害人自愿和解的,双方当事人可以和解……"被害人的和解意愿成了当事人和解的前置条件,也成为决定当事人和解程序最终走向的重要因素。

对于被害人而言,当事人和解程序的程序自主原则主要体现为其既有权选择是否与被告人进行和解,也有权选择与全体被告人进行和解或者与部分

---

① 陈建桦:《部分共犯适用刑事和解量刑问题的一体化研究》,《湖南师范大学学报(社会科学版)》2013年第4期。
② 龚晓东:《先到先得还是机会均等:共同犯罪中的刑事和解》,《中国检察官》2009年第1期。

被告人进行和解。被害人所享有的与全体被告人进行和解或者与部分被告人进行和解的选择权,与被害人在共同犯罪案件附带民事诉讼程序中享有的请求部分或者全部共同犯罪人承担损害赔偿的选择权的渊源一样,都是由共同犯罪人的损害赔偿责任承担形态所决定的。不论共同犯罪的被告人(民法上的共同侵权人)内部的责任如何分配,共同被告均应对被害人承担连带责任,被害人有权请求部分或者全部连带责任人承担责任。同理,基于这种连带赔偿请求权的选择权,被害人自然有权选择与全体被告人进行和解或者与部分被告人进行和解。

对于被告人而言,当事人和解程序的程序自主原则主要体现为共同犯罪人有权在当事人和解程序中各自作出独立自主的意思表示。共同犯罪人之间在犯罪行为上具有牵连性,但这种犯罪上的牵连性并不意味着共同犯罪人在当事人和解的问题上必须保持一致,共同犯罪人有权作出独立自主的意思表示,相互之间并不排斥与影响。在共同犯罪人就当事人和解问题上无法达成一致意见的情况下,各方便进入了一个类似于招投标领域中竞争性谈判的过程。仅就经济赔偿而言,各名犯罪人越能够满足被害人的赔偿请求的,自然越能取得被害人的谅解,从而达成和解协议,争取司法机关的从宽处理。但为了争取更大可能地达成和解协议,也意味着需要付出更多的经济赔偿,对被害人的赔偿请求进行更少的讨价还价甚至全额接受并及时支付。

从宽处理原则同样是共同犯罪案件刑事和解的重要原则之一。刑事案件的当事人和解通常意味着犯罪人刑事责任的减轻或者方式转变。对于刑事和解与刑事责任关系的认识,学界主要存在传统派与理想派两种观点。传统派观点将刑事和解纳入了传统的刑事责任概念体系,认为刑事和解弥补了犯罪的社会危害性、降低了犯罪人的人身危险性,并由此导致了刑事责任的减轻,如有人认为,"在刑事和解制度中,加害人通过赔偿、悔罪等行为求得被害人的谅解,表明加害人的人身危险性小,即再犯可能性小,对其免除处罚或者从轻、减轻处罚也就顺理成章,这也符合罪责刑相适应原则的要求"[1]。另外还有人认为,"刑事和解导致刑事责任减轻的根据在于社会危害性的事后

---

① 廖明:《论刑事和解的客体》,《比较法研究》2010年第5期。

补救及真诚悔罪带来的人身危险性的降低"[①]。但是,刑事和解的达成并不必然意味着人身危险性的降低,否则有可能出现"赔得起的人人身危险性低,赔不起的人人身危险性高"的命题。"在犯罪起因、侵犯客体、情节手段、危害后果等方面均经历过立法筛选的和解案件,其所反映出的行为人人身危险性原本就很低,决不能认为是刑事和解的成功而导致了该人身危险性的减损,其中的逻辑顺序不容混淆。"[②]

理想派观点则认为,刑事和解与传统刑事责任概念体系存在本质上的差异[③],恢复正义应是继报应正义与功利正义后出现的第三种刑罚与正义观。如有学者认为刑事和解是"对传统犯罪概念的颠覆",[④]"可能打破传统的'刑罚—保安处分'作为犯罪反应方式的双元格局,凸现'刑事和解'作为刑事法律效果体系之第三支柱的图景"[⑤]。理想派的观点虽在理论上更为新颖,但对于如何处理恢复正义与传统的报应正义、功利正义之间的关系却并未提出相应的颠覆性对策,在这一点上,理想派观点转而采取一种更为务实的路径,同时也承认,"刑事和解不仅构成犯罪成立之后的非刑罚化处置,而且还可以在追诉过程中作为一种停止追诉的事由……或者作为一种减轻刑罚的事由"[⑥]。实际上,德国刑法同样将"犯罪人—被害人和解"作为减轻刑罚及免除刑罚的依据。[⑦]

可见,不论是传统派还是理想派,都不约而同地将恢复正义纳入传统刑

---

① 刘敏、佟宇帆:《论刑事和解中的刑事责任问题》,《昆明理工大学学报(社会科学版)》2009年第11期。

② 骆多:《刑事和解罪刑均衡问题探析——以刑事责任为视角》,《福建警察学院学报》2012年第6期。

③ 对于二者差异的讨论可参见杜宇:《刑事和解与传统刑事责任理论》,《法学研究》2009年第1期。当然,杜宇并不否认两者之间的相同之处,其认为"强调对某种个人错误的自我负责,强调以责任承担唤醒当事人的规范意识,强调对未来犯罪的事先预防,都是两者共享的价值"。

④ 黎宏:《刑事和解:一种新的刑罚改革理念》,《法学论坛》2006年第4期。

⑤ 杜宇:《刑事和解与传统刑事责任理论》,《法学研究》2009年第1期。

⑥ 杜宇:《刑事和解与传统刑事责任理论》,《法学研究》2009年第1期。在这一点上,德国法的规定尤具代表性。参见杜宇:《"犯罪人—被害人和解"的制度设计与司法践行》,《法律科学》2006年第5期。

⑦ 杜宇:《"犯罪人—被害人和解"的制度设计与司法践行》,《法律科学》2006年第5期。

事责任的理论体系。"提倡刑事责任多元化无疑是刑事和解在刑事司法领域的重要主张之一,可以极大降低刑事和解同传统理论冲突的可能性。"[1]这种务实做法也为立法实践所确认,根据《刑事诉讼法》第290条、《刑事诉讼法解释》第596条第(1)款的规定,对于达成和解协议的案件,公安机关可以建议检察院从宽处理,检察院可以建议法院从宽处罚,法院可以对被告人从宽处罚。对于犯罪情节轻微,不需要判处刑罚的,检察院可以作出不起诉的决定。

关于从宽处理的幅度,2013年《人民法院量刑指导意见(试行)》指出,对于当事人根据《刑事诉讼法》第277条达成刑事和解协议的,综合考虑犯罪性质、赔偿数额、赔礼道歉及真诚悔罪等情况,可以减少基准刑的50%以下;犯罪较轻的,可以减少基准刑的50%以上或者依法免除处罚。又如2010年、2014年上海市高级人民法院发布的《〈人民法院量刑指导意见(试行)〉实施细则(试行)》均指出,"对因民间矛盾引发的轻微刑事案件,如果双方当事人达成和解协议,经分管副院长审批或提交审判委员会讨论决定,从宽幅度可不受本细则限制"。2014年上海高级人民法院《未成年人刑事案件量刑指导意见实施细则(试行)》指出,"对情节一般的轻微刑事案件,如果双方当事人达成和解协议,经分管院长审批或提交审判委员会讨论决定,从宽幅度可不受本细则限制"。

二、共同犯罪案件和解程序的特殊属性

(一)当事人主体地位

在传统观念下,国家基于惩罚或预防的目的对犯罪人施加刑罚,在恢复性司法的观念下,国家基于恢复理念允许犯罪人与被害人达成和解。恢复性司法落实到司法制度中通常被简要地表述为"刑事和解",而《刑事诉讼法》第五编第二章"当事人和解"的表述更为精准,更能凸显当事人在和解程序中的主体地位。"现实中行使国家权力的国家机关谋求的政策目标与被害人的诉求未必完全一致,有时甚至相矛盾。"[2]国家基于多元化目的的考虑,对犯罪与

① 骆多:《刑事和解罪刑均衡问题探析——以刑事责任为视角》,《福建警察学院学报》2012年第6期。
② 徐阳:《刑事和解中权力过度推进之危害及其防范——被害人保障维度的考量》,《法学评论》2009年第6期。

刑罚采取了一种更为多元的刑事政策,而被害人的诉求相对而言则更为简单,也许被害人希望对犯罪人施加最为严厉的惩罚,也可能被害人希望接受犯罪人尽可能多的赔偿。由于传统刑事诉讼中国家对公诉权的垄断,被害人的诉求常常得不到充分满足,其在刑事诉讼中往往处于附属性地位,发挥着辅助性作用。"恢复性司法把冲突归复给予那些受到影响的人——受害者、犯罪人及相关社区,并且把他们的利益放在首位,倡导被害人和犯罪人进行协商,国家不再垄断裁决,主要的裁决者是当事人……恢复性司法提供了一个不太正式的私下程序,因而使得在犯罪过程中受到影响的当事人有更多的控制。"[1]强调当事人在和解程序中主体地位的重要性在于有助于保障当事人权利的行使与实现,这一点对于共同犯罪案件同样重要。实践中存在司法机关以被害人已获得足额赔偿为由否定被害人与共同犯罪案件其他被告人之间和解的合法性,有人甚至以此为出发点认为应当将国家或社区作为广义被害人,从而将其他被告人拟对被害人的经济赔偿纳入刑事被害人救助基金,[2]上述做法与观点均导致共同犯罪案件当事人地位在和解程序中的弱化,违背了当事人和解程序的制度初衷。

(二)适用范围

2011年《最高人民检察院关于办理当事人达成和解的轻微刑事案件的若干意见》(以下简称《轻案和解意见》)指出,当事人和解可适用于以下轻微刑事案件:(1)由公安机关立案侦查的《刑事诉讼法》第170条第2项规定的案件;(2)未成年人、在校学生犯罪的轻微刑事案件;(3)七十周岁以上老年人犯罪的轻微刑事案件。《刑事诉讼法》第288条规定了和解协议的适用范围:(1)因民间纠纷引起,涉嫌《刑法》分则第4章、第5章规定的犯罪案件,可能判处三年有期徒刑以下刑罚的;(2)除渎职犯罪以外的可能判处七年有期徒刑以下刑罚的过失犯罪案件。犯罪嫌疑人、被告人在五年以内曾经故意犯罪的,不适用《刑事诉讼法》第5编第2章规定的程序。《刑事诉讼法》虽限定涉嫌《刑

---

① 李立景:《刑法目的惩罚与恢复的调和——恢复性司法理念的兴起》,《辽宁大学学报(哲学社会科学版)》2004年第6期。

② 龚晓东:《先到先得还是机会均等:共同犯罪中的刑事和解》,《中国检察官》2009年第1期。

法》分则第 4 章、第 5 章规定的故意犯罪案件适用当事人和解程序应以"因民间纠纷引起"为前提,但仍将当事人和解程序适用的案件范围大为拓展,将《轻案和解意见》划定的三类特定案件拓展到两大类普通案件,体现出国家权力收缩的趋势。在制度运行初期限制案件范围的做法是务实的,但不应止步不前,过分限制案件范围的做法容易造成不同类型案件的失衡,甚至可能造成共同犯罪案件中各名被告人之间的量刑失衡。如"直接使用'民间纠纷'字眼的规范性文件有 833 个"[①]之多,而"因民间纠纷引起"本身的内涵与外延较为模糊。假设一起共同犯罪案件中,共同犯罪人 A、B 因"民间纠纷"对被害人 C 实施随意殴打,其中 A 实行过限行为导致 C 轻伤。由于"民间纠纷"本身的模糊性,导致"民间纠纷"与寻衅滋事罪中的"随意殴打"无法进行精确的区分,难以认定"民间纠纷"与"随意殴打"无法并存。故本案中,A 涉嫌构成故意伤害罪,B 涉嫌构成寻衅滋事罪,则 A 将有机会与 C 达成基于《刑事诉讼法》第 288 条的和解,但 B 却因涉嫌的罪名受限无法与 C 达成基于上述条文的和解。虽然 B 仍能通过对 C 进行积极赔偿取得对方谅解,法院同样可以据此对 B 酌情从宽处理,但上述假设仍能反映出当事人和解程序适用的案件范围对共同犯罪案件被告人量刑平衡的影响。

(三)和解的达成

当事人和解的达成以当事人自愿为前提,由于共同犯罪案件的犯罪人在二人以上,在是否达成和解与如何达成和解的问题上,各名犯罪人可能存在差异或者矛盾,故根据程序自主原则,应允许被害人与共同犯罪案件的犯罪人采取不同的方式达成和解,实践中主要存在三种情形。

一是全体犯罪人与被害人达成一致和解。这通常发生在犯罪人人数较少,犯罪人内部意见较为统一,易于与被害人达成全体一致的和解的情况下。在此情形下,被害人对全体犯罪人表示谅解。

二是部分犯罪人代表全体犯罪人与被害人达成一致和解。在犯罪人人数较多导致全体协商效率不高的情况下,可以部分犯罪人为代表与被害人进

---

① 关振海:《刑事和解法律文本中"民间纠纷"的规范分析》,《西南政法大学学报》2013 年第 5 期。

行协商进而达成和解协议。如在陆某等11人寻衅滋事案中,陆某系其余10名被告人中的首要分子,即众人平日的"带头大哥"。陆某的亲友代其向被害人全额支付了赔偿款,被害人遂对11名被告人表示谅解,法院也据此对全体被告人从轻处罚。在各犯罪人尚未达成一致意见之前,部分犯罪人与被害人就全案达成和解协议的,其余犯罪人也可在事后对和解协议予以追认,被害人在事后也可向其余犯罪人表示谅解。如王某等5人寻衅滋事案,被告人王某的亲友朱某与被害人崔某达成赔偿协议,由王某赔偿崔某2.5万元。王某全额支付赔偿款后,又与其余4名被告人协商一致,每人承担赔偿5000元,并将此情况告知被害人,被害人遂对5名被告人表示谅解。开庭审理时,法院考虑到具体的赔偿情况,对5名被告人均予从轻处罚。在此情形下,即被害人对全体犯罪人表示谅解。

三是部分犯罪人与被害人达成部分和解。由于犯罪人经济条件有限、犯罪人在逃等原因导致各共同犯罪人之间始终无法达成一致的情况下,被害人可与部分犯罪人达成部分和解。在此情形下,被害人只对与之达成和解协议的部分犯罪人表示谅解。需要注意的是,部分犯罪人与被害人达成和解协议后,并不阻断其他犯罪人与被害人之间的和解协商。如其他犯罪人重新获得经济赔偿能力并满足被害人的诉求,或者在逃的其他犯罪人到案后,均可与被害人进行自愿协商,并达成和解协议。

三、共同犯罪与刑事和解的调和:被告人同时在案的刑事和解

刑法关于刑罚根据问题的探讨,有基于犯罪行为评价的报应论,有关注群体的一般预防论,有关注个体的个别预防论,[1]有主张"融报应与功利为一炉"[2]的一体论,有主张关注被害人权益的恢复性司法等。在多种刑罚根据论的共同作用下,《刑法》的体系与结构日益凸显出混合模式的特点,且往往出

---

[1] 　其中,报应论经历了从私力到公权、从等害到等价、从等价到该当的发展,一般预防论经历了重刑威吓论、古典功利论与多元遏制论的发展,个别预防论涵盖了社会责任论、社会防卫论、人身危险论、保安处分论等内容。参见邱兴隆:《关于惩罚的哲学:刑罚根据论》,法律出版社2000年版。

[2] 　邱兴隆:《关于惩罚的哲学:刑罚根据论》,法律出版社2000年版,第257页。

现"多元价值目标之间不可调和的冲突"①。如《刑事诉讼法解释》第596条规定,"对达成和解协议的案件,人民法院应当对被告人从轻处罚;符合非监禁刑适用条件的,应当适用非监禁刑;判处法定最低刑仍然过重的,可以减轻处罚;综合全案认为犯罪情节轻微不需要判处刑罚的,可以免予刑事处罚。共同犯罪案件,部分被告人与被害人达成和解协议的,可以依法对该部分被告人从宽处罚,但应当注意全案的量刑平衡"。本条规定包含了两个层面的内容:一是基于恢复性司法对刑事和解案件的从宽处理,二是基于报应论对共同犯罪案件的量刑平衡。

报应论与恢复性司法的冲突是天然存在的,报应论要求实现对共同犯罪全体被告人在量刑上的平衡,恢复性司法要求对与被害人达成刑事和解的被告人从宽处理。有学者提出:"当只有部分共犯适用刑事和解,而另一部分共犯没有达成和解协议时,应当如何对他们进行量刑呢?"该学者进而提出解决上述冲突存在两条路径,"一是限制从宽,即为了实现全案量刑的平衡,而又不与共犯处罚原则相悖,应当限制和解共犯的从宽幅度;二是全面从宽处罚,即为了不影响刑事和解价值的实现,又要满足全案的量刑平衡的要求,对本不应从宽的普通共犯做适当从宽处罚"②。上述两条路径都是在以保证共犯量刑平衡为出发点,限制从宽是对从宽处罚的幅度作了限制,而全面从宽则是对从宽处罚的范围作了扩大,但两种做法都值得商榷。况且,过分夸大刑事和解从宽处理与共同犯罪案件量刑平衡之间的冲突本身也同样值得商榷。

(一)全面从宽处罚的理论缺陷

全面从宽处罚并没有相应的法律依据,共犯的量刑平衡并不意味着可以依据和解共犯的部分和解行为对普通共犯进行从宽处罚。对共犯全面从宽的做法,不是没有认识到对被害人利益的保障或者对被害人意愿的考量,就是认为上述价值应让位于共犯间的量刑平衡。刑事和解的核心内容是恢复性司法,着眼于对被害人利益的关注。正如《刑事诉讼法》第288条所规定的,

---

① 孙立红:《论多元选择困境下的恢复性刑事司法模式及其解决——以新报应主义刑罚观为基点》,《甘肃政法学院学报》2013年第4期。

② 陈建桦:《部分共犯适用刑事和解量刑问题的一体化研究》,《湖南师范大学学报(社会科学版)》2013年第4期。

刑事和解要求"犯罪嫌疑人、被告人真诚悔罪,通过向被害人赔偿损失、赔礼道歉等方式获得被害人谅解,被害人自愿和解"。可见,被告人的悔罪、被害人的谅解、双方的合意,三者缺一不可。在部分和解的情况下,存在部分被告人不愿赔偿、不愿赔礼道歉、被害人不愿对部分被告人表示谅解、被害人与部分被告人无法达成合意等多种情形。若为了同时实现对和解共犯的从宽处理与全案的量刑平衡而对全体被告人全面从宽处理,反而动摇了刑事和解制度的根基。

从经济学的角度来看,全面从宽处理还可能造成部分被告人"搭便车"[①]的现象。既然只需部分被告人与被害人达成刑事和解,全体被告人便可受到从宽处理,对于被害人而言,最好的情况是一名或者多名被告人自愿与被害人达成刑事和解;最差的情况是没有任何一名被告人愿意独自承担被害人的全部诉求以达成刑事和解。在后一种情形下,被害人可以转而选择通过法律途径满足诉求,但这并不意味着被害人可以实际获得赔偿。笔者对S市C县法院2010—2013年间判决的多人寻衅滋事案件进行统计后发现,有19起案件的被告人主动对被害人作出了赔偿,其中接受亲友帮助的案件有8起,约占总数的42%。正如学者在广东省调研时发现的那样,"G市B区引进刑事和解的初衷就是正常的附带民事诉讼赔偿很难实现,导致社会矛盾加剧,而刑事和解有效地增强了办案的社会效果"[②]。在涉及民事赔偿的刑事案件中,在很多情况下,被告人承担对被害人的赔偿责任需要借助亲友的帮助,但被害人并不能根据判决申请法院对被告人亲友的财产实施强制执行,于是被告人的亲友便发挥了"备用电瓶"的微妙作用。被告人试图通过向被害人作出赔偿以换得法院的从宽处理,被害人寄希望于和被告人达成和解协议以换得赔偿诉求得到落实,法院乐于看到被害人获得实际赔偿并给予被告人相应的从宽处理。被告人为了满足被害人的诉求而积极地寻求和解及亲友的帮助,被害

---

① 在只需部分人承担成本,其他人便可因此获益的情况下,越来越多的人将选择不去分担成本,但随着越来越多的人作出不分担成本的选择,将逐渐导致公共产品的供给不足。"搭便车"理论最先由美国学者曼瑟尔·奥尔森提出。参见奥尔森:《集体行动的逻辑》,陈郁、郭宇峰、李崇新译,上海三联书店、上海人民出版社1995年版。

② 马婷婷、何国强:《刑事和解适用问题实证研究——以广东省为例》,《中国刑事法杂志》2012年第3期。

人为了得到实际赔偿不愿轻易放弃和解,法院为了避免判决无法实际执行的尴尬也积极地促成和解,从而形成了一个三方反复博弈的过程。在这样的过程中,被害人更可能得到充分赔偿。如北京市朝阳区检察院在2002年对24名被害人所作的调查发现,"法院判处的轻伤害赔偿金普遍偏低,平均为6300余元,不起诉后被害人得到的赔偿金平均为近20000元"①。但在更多的被告人选择"搭便车"的情况下,承担被害人赔偿诉求的被告人更少,这很可能意味着作为整体的加害方的赔偿能力更弱,被害人获得赔偿或者足额赔偿的可能性也就更小了。②

(二)限制从宽处罚的实践困境

既然无法通过扩大从宽处罚的范围来实现全案的量刑平衡,那么通过限制从宽处罚的幅度便是一种相对务实的做法。由于共同犯罪的危害相对较大,共同犯罪的行为人在定罪时承担了相对更多的责任。③那么在量刑时,出于对全案量刑平衡的考虑,对和解共犯限制从宽的做法,这种量刑的法律方法与定罪的法律方法是一致的。正如《刑事诉讼法解释》第596条第(2)款的规定,"共同犯罪案件,部分被告人与被害人达成和解协议的,可以依法对该部分被告人从宽处罚,但应当注意全案的量刑平衡"。实际上,只有对该部分被告人限制从宽处罚,才能实现全案的量刑平衡。但是,学者在论述限制从宽的具体运作时,却出现了认识上的偏差,如有人认为应"以刑事一体化的视野进行分析,结合具体情况选取合理的方案……一是对于主观原因造成的部分和解应当限制从宽处理,即'普通共犯'有能力而不愿和解时,在被害人与部分共犯达成和解协议时,应当适当限制对'和解共犯'的从宽处理;二是对于客观原因造成的部分和解应当全面从宽处理,即'普通共犯'有意愿而无力和解

---

① 崔丽:《北京朝阳检察院扩大轻伤害案件不起诉范围》,《中国青年报》,2002年12月16日。

② 如谭某等9人寻衅滋事案中,仅被告人夏某、李某愿意对被害人进行赔偿,但由于经济条件有限,二人的赔偿数额与被害人的请求数额相去甚远,被害人刘某最终没有与任何被告人达成和解协议,但夏某、李某仍然向被害人刘某支付了部分医药费。法院考虑到夏某、李某二人的主动赔偿被害人部分损失的行为,对二人酌情从轻处罚。

③ 如《刑法》第26条第(3)款、第(4)款规定,对组织、领导犯罪集团的首要分子,按照集团所犯的全部罪行处罚。对于第(3)款规定以外的主犯,应当按照其所参与的或者组织、指挥的全部犯罪处罚。

时,在被害人与部分共犯达成和解协议时,对'普通共犯'也适当从宽处理"。①

但是,根据主客观原因判断会导致认定上的障碍与适用上的混乱。在实践中,很少有被告人会明确表示自己不愿意对被害人进行赔偿。比较普遍的情况是,被告人为了换取法官同情,会反复表示自己认罪悔罪,并愿意赔偿被害人的损失,但往往同时表示自己暂时没有赔偿能力,无法立即对被害人进行实际赔付。如此一来,对被告人主观意愿的判断显然将面临认定上的障碍。按照陈文的逻辑,对于客观原因造成的情形应适用全面从宽处罚,对于主观原因造成的情形应适用限制从宽处罚。结合实践情形,限制从宽处罚的做法几乎没有适用的空间,反而全面从宽处罚的做法将大行其道。而正如上文所述,全面从宽处罚的做法不论从法理学的角度还是经济学的角度来分析都存在缺陷。分析至此,学者提出的两条路径都陷入了深深的悖论。限制从宽处罚的做法犹如"玻璃窗上的苍蝇",用巨大的眼睛看到了光明的前方,但却怎么也飞不出眼前透明的玻璃;全面从宽处罚的做法犹如"海上漂流者饮用海水",虽然能缓解眼前的饥渴感,却会加速死亡。

(三)"从宽处理"与"量刑平衡"的再认识

既然全面从宽处罚与限制从宽处罚两条路径均不可避免地陷入悖论,我们自然需要重新审视两条路径提出的前提,即刑事和解从宽处理与共同犯罪量刑平衡二者之间的冲突果真体现了作为刑罚根据的社会危害性、人身危险性之间的冲突吗?这种冲突果真导致部分和解的共同犯罪案件面临着从宽处理与量刑平衡的两难境地吗?

对量刑平衡的考量可以是多维度的,可以是立法与司法的维度,可以是个案与类案的维度,可以是空间上与时间上的维度。从实体的角度来看,量刑平衡应当遵照《刑法》第5条的规定,即刑罚的轻重应当与犯罪分子所犯罪行和承担的刑事责任相适应。虽然学界对本条的解读存在罪刑相适应原则与罪责刑相适应原则之争,②但二者均主张刑罚的轻重必须与罪行的轻重及

---

① 陈建桦:《部分共犯适用刑事和解量刑问题的一体化研究》,《湖南师范大学学报(社会科学版)》2013年第4期。

② 关于对二者辨析的详细讨论,可参见马荣春:《罪刑相适应原则与罪责刑相适应原则之辨》,《甘肃政法学院学报》2008年第3期。

犯罪人的人身危险性相适应。比如,持罪刑相适应原则的张明楷认为,"可以将'罪行'解释为包含客观违法性与主观有责性在内的广义的罪行,将'刑事责任'理解为犯罪人所应承担的法律后果。……《刑法》第5条关于罪刑相适应原则的规定,实际上是要求刑罚的轻重必须与罪行的轻重及犯罪人的人身危险性相适应。与罪行的轻重相适应,是报应刑的要求;与犯罪人的人身危险性相适应,是目的刑的要求……犯罪人罪前一贯品行较好或有劣迹、有无前科及罪后自首或畏罪潜逃、积极退赔经济损失或隐藏赃款赃物等,虽然对他所实施的犯罪本身没有直接影响,却可预示其改造的难易程度和再犯罪的可能性大小。把这种人身危险性情况作为决定刑罚轻重的根据之一,符合刑罚目的的需要"①。又如采用罪责刑相适应原则的刘德法认为,"在为犯罪制定刑罚和对犯罪人裁量执行刑罚时,要使刑罚的轻重与行为人的行为性质及客观危害程度相适应,同时也要考虑到行为人的具体情况,使刑罚的轻重与行为人的主观恶性程度相适应"②。可见,共犯在罪行上的差异决定了社会危害性的轻重,而共犯在刑事和解上的差异决定了人身危险性的轻重,二者均是罪刑相适应原则的考量因素,本质上并不矛盾。

同样,共同犯罪的量刑平衡,不但要考量共同犯罪的社会危害性,也要考虑共同犯罪人的人身危险性。有学者提出,"为了实现共同犯罪处罚原则,只有当和解共犯是主犯时,才有必要作限制,即保证主犯所承担的刑罚不轻于从犯。而当和解共犯与普通共犯的罪责没有主次之分,或者是从犯时,便没有必要对其从宽处罚作限制了"。言下之意,实现全案量刑平衡被等同于"保证主犯所承担的刑罚不轻于从犯"。在传统的报应论观念下,主犯刑罚应重于从犯刑罚的论断并不显得武断。但正如前文所述,现行的刑罚观是多重价值的共同体现,实践中对主从犯刑罚的确定,同样需要考虑多重因素。从量刑方法的角度来看,主从犯的区分是影响基准刑的因素,根据2013年最高人民法院《关于常见犯罪的量刑指导意见》(以下简称《2013年量刑意见》)对从犯的从宽幅度可以达到20%以上直至免除处罚,这也是实践中从犯的宣告刑

---

① 张明楷:《刑法学(第三版)》,法律出版社2007年版,第60—62页。
② 刘德法:《论罪责刑相适应原则》,《国家检察官学院学报》2000年第2期。

普遍较低的基础性因素。但需要注意的是,主从犯仅仅是众多的考量因素之一,与其他的量刑情节并不存在位阶上的差异。正如《2013年量刑意见》所指出的,"具有多个量刑情节的,一般根据各个量刑情节的调节比例,采用同向相加、逆向相减的方法调节基准刑"。更何况在"和解共犯与普通共犯的罪责没有主次之分或者是从犯"的情况下,共同犯罪案件的量刑平衡岂不是无从考量了吗?

全案的量刑平衡,并非以社会危害性为唯一根据的量刑平衡,而是兼以社会危害性与人身危险性为根据的量刑平衡,应当是多重目标价值的体现,其与对部分和解共犯的从宽处理并不存在根本上的冲突。

(四)程序性视角下的共同犯罪案件量刑规范

2003年最高人民法院首次出台《人民法院量刑指导意见(试行)》时,在第一章便开宗明义地指出:"为了规范法官的自由裁量,实现量刑均衡,确保罪刑相适应原则的正确实施……制定本意见。"在假定实体法的制刑过程严格遵循了刑罚平衡的前提下,对量刑平衡的考量便主要应着眼于量刑规范的程序性视角。正如美国学者赫希对社会危害性与人身危险性两种刑罚根据论各自支持者的评价那样,"尽管他们在其他方面很少一致,但是,该当性与有选择地剥夺犯罪能力的在美国的拥护者,都普遍赞成量刑准则"[1]。

法官在量刑程序中应当严格遵循量刑规范的要求,对共同犯罪人的社会危害性、人身危险性进行审慎的考量,充分考量各项量刑情节对刑罚的影响,对各名犯罪人依法确定相应的宣告刑。特殊情形下,当某项量刑情节对刑罚的影响超越了量刑规范的范畴时,法官仍应享有一定的裁量权,并依照法定的程序运行。如《2013年量刑意见》便指出:"综合考虑全案情况,独任审判员或合议庭可以在20%的幅度内对调节结果进行调整,确定宣告刑。当调节后的结果仍不符合罪责刑相适应原则的,应提交审判委员会讨论,依法确定宣告刑。"实现了程序正义的量刑程序应当被认为保证了共同犯罪的量刑平衡,这既是程序正义自身独立价值的体现,也是程序正义对于实体正义的工具价

---

① [美]安德鲁·冯·赫希:《已然之罪还是未然之罪:对罪犯量刑中的该当性与危险性》,邱兴隆、胡云腾译,中国检察出版社2001年版,第21页。

值的体现。

四、公权与私权的调和:被告人先后到案的刑事和解

共同犯罪案件的刑事和解除了需要调节共同犯罪与刑事和解的关系之外,还需要调和公权力与私权利之间的矛盾。公权力在传统的刑事公诉案件中占据主导地位,被害人无权启动追诉与救济程序、无权参与实体处分,整体而言从属于检察机关,发挥的作用较为有限。而当事人和解程序的出现使得被害人的地位得到提升,当事人的和解状况将直接影响公权力的运行方式与强度。但在公权力收缩与私权利拓展的过程中,仍需注意避免公权力越俎代庖的情况发生。

以一位基层检察院检察官所举的案件处理情况为例,"某甲、某乙共同盗窃了被害人某丙的价值7000元的金银饰品。案发后,某甲先归案,某甲主动退赔给被害人某丙人民币7000元。某甲由此适用刑事和解程序,得到轻缓处罚,被判处缓刑。后某乙归案,也表示愿意适用刑事和解程序,同样愿意赔偿被害人7000元的损失,具备适用刑事和解的基本条件。但由于被害人的损失已得到全部弥补,检察机关认为再对某乙适用刑事和解并赔偿被害人某丙7000元会导致某丙不当得利,有违公平原则,因此认为不适宜再对某丙适用刑事和解。最终某乙丧失了赔偿机会,被判处实刑"[①]。

本案的处理主要存在以下不当之处。第一,某丙接受某乙的退赔不属于不当得利。根据《民法典》第985条,不当得利指没有法律根据取得不当利益(造成他人损失)。本案中,某甲、某乙共同盗窃被害人某丙的财物,构成民法上的共同侵权行为,被害人某丙因某甲、某乙的共同侵权行为遭受财产损失,其接受某乙的退赔,并非没有合法根据。第二,某丙接受某乙的退赔不违反公平原则。如果从侵权的角度来理解公平原则,那么案例中对某甲、某乙的侵权行为应首先适用过错责任原则而非公平原则。由于法律并未对当事人之间自愿达成调解协议作出过多的禁止性规定,根据2004年最高人民法院

---

① 龚晓东:《先到先得还是机会均等:共同犯罪中的刑事和解》,《中国检察官》2009年第1期。

《关于人民法院民事调解工作若干问题的规定》第12条,"调解协议具有下列情形之一的,人民法院不予确认:(一)侵害国家利益、社会公共利益的;(二)侵害案外人利益的;(三)违背当事人真实意思的;(四)违反法律、行政法规禁止性规定的"。某乙与某丙之间的合意并未违反上述规定,应为有效。第三,单纯以直接损失金额作为刑事和解的主要考量因素的做法并无相应的法律依据。2013年《人民检察院刑事诉讼规则(试行)》第515条第(2)项规定,人民检察院应当审查犯罪嫌疑人的经济赔偿数额与其所造成的损害和赔偿能力是否相适应。本条文的主旨在于将对赔偿能力的审查的重要性提高,有利于犯罪嫌疑人回归社会,并非对当事人经和解所达成的经济赔偿数额作出限制或进行审查。同样,《刑事诉讼法解释》第192条第(2)款、第(3)款列举了被告人应当赔偿的数额,其第(4)款强调了附带民事诉讼当事人就民事赔偿问题达成调解、和解协议的,赔偿范围、数额不受第(2)款、第(3)款规定的限制。第四,单纯以直接损失金额作为刑事和解的主要考量因素的做法并不严谨,当事人完全可以通过各种形式进行规避。假设案例中的某乙与被害人某丙私下达成和解协议,由某乙向某丙支付7000元。为了规避检察机关的审查,某乙与某丙完全可以对外共同声称某丙接受某乙的口头道歉,并依次作为双方刑事和解协议的履行方式。在乙、丙自愿达成和解协议,乙由此获得丙的谅解,丙在表面上又没有因此获得所谓的"超额赔偿"的情况下,检察机关便很难对当事人和解的效力提出异议。

综合以上的分析可知,赔偿数额并非当事人和解成立与否的判断依据,当事人和解的经济赔偿数额不受被害人因犯罪遭受直接经济损失的限制。在被害人已接受先到案被告人经济赔偿的情况下,再接受后到案的被告人的经济赔偿并不属于不当得利,也不违反公平原则。故并不存在后到案的被告人"因赔偿不能而获得不同的量刑"而引发的"先到先得还是机会均等"的矛盾问题。在共同犯罪案件被告人先后到案的情况下,应允许被害人与各名被告人分别进行和解,对与被害人达成和解协议的被告人,应依法给予从宽处理。对这类案件的处理,应着重注意公权力与私权利的调和,明确二者之间的边界,既防止公权力对私权利的不当侵蚀,也防止私权利的滥用。

第一,国家意志、社区意志不得代替当事人意志,将国家或社区作为广义被害人的做法会架空当事人和解的制度基础。有学者针对该案表示："如果被害人因为不能得到额外赔偿而表示不愿刑事和解，不同意对加害人从轻处罚时，为了保障该部分加害人的权益，可以扩大刑事和解的当事人范畴，将国家或社区作为广义的被害人，接受加害人的赔偿，进行刑事和解。"①这种赋予国家或者社区以当事人身份参与刑事和解程序的想法，将造成国家意志、社区意志对当事人意志的侵蚀，使得公权力与私权利的边界变得模糊，甚至存在当事人意志被国家意志、社区意志所取代，当事人和解的制度基础被架空的危险。只有赋予当事人充分的制度自由，由当事人展开充分的博弈，才能充分发挥当事人的意志自由，最为充分地保障当事人的利益。

第二，司法机关享有最终的审查权。当事人和解制度意味着公权力的收缩，但并不意味着公权力的真空。司法机关仍应依法审查当事人和解的自愿性与合法性，如审查当事人的赔偿数额是否与赔偿能力相适应，防止被告人因背负过重的债务导致对其回归社会造成严重障碍；如审查当事人的和解协议是否损害国家、集体和社会公共利益或者他人的合法权益，防止当事人滥用权利；又如当事人和解协议的赔偿数额问题，虽然从整体上而言应给予当事人充分的协商空间，但仍应注意当事人对权利的滥用。"加害人应当为其犯罪行为付出一定的代价，但这种代价不能过分高于弥补犯罪所造成的危害所要求的内容；同样，被害人应当获得对因犯罪造成的影响的赔偿，但同样这种赔偿也不能过分高于被害人实际所受的损害。当然，公平并非要求加害人对被害人的赔偿完全与实际损害相一致，而是可以以实际损害为中心并以适当的幅度上下浮动。"②即使被告人具有充分的履行能力，但若被告人的赔偿过分高于被害人的实际损失，且有证据证明当事人存在"花钱买刑"的主观心理或者因案件受关注程度高可能导致公众产生当事人"花钱买刑"的感受，则司法机关应适时对上述情况进行纠正。若被告人执意对被害人进行赔偿，司法机关可运用裁量权，选择对被告人不予从宽处理。

---

① 龚晓东：《先到先得还是机会均等：共同犯罪中的刑事和解》，《中国检察官》2009年第1期。
② 宋英辉：《刑事和解制度研究》，北京大学出版社2011年版，第146页。

第七章

关联犯罪的并案处理程序

第一节　关联犯罪并案处理的概念

犯罪的关联可以分为两个层面:一个层面是人的关联,另一个层面是犯罪的关联。典型的人的关联是一人犯数罪的情形,不论是同种数罪还是异种数罪,数罪之间的主要关联是人,并由此引申出对同种数罪以一罪论处,数额累计计算或者一罪从重处罚,以及对异种数罪并罚的处罚原则。典型的犯罪的关联是数人犯关联数罪的情形,数个犯罪因数个犯罪人各自的犯罪行为或者犯罪结果而发生关联。共同犯罪则兼具人的关联与犯罪的关联。本书所指的关联犯罪,主要讨论数人犯关联数罪的案件,也可称"关联犯罪"或者"关联案件",前者侧重实体分析,后者侧重程序分析。数人犯关联数罪案件在并案处理后,关联数罪的被告人成为程序意义上的共同被告(犯罪嫌疑人),其诉讼程序应遵循共同犯罪诉讼程序的各项规则。由于程序法上对关联数罪的合并系基于实体法上的关联犯罪而非共同犯罪,故应结合关联犯罪案件的特殊性设置相应的合并与分离程序。①

2012年以来,一系列的法律文件对并案处理制度作了原则性规定,但该

---

① 有学者提出,诉讼合并的前提应包括管辖权性质相同和诉讼程序相同。参见谢佑平、万毅:《刑事诉讼牵连管辖制度探讨》,《政法学刊》2001年第1期。第一个条件涉及专门刑事案件与普通刑事案件的牵连管辖问题,第二个条件涉及公诉案件与自诉案件的牵连管辖问题,均值得研究。限于篇幅,本书不再进行深入探讨。对于公诉案件与自诉案件的牵连问题,可以参考彭剑鸣教授的研究成果。参见彭剑鸣《论自诉案件与公诉案件的牵连》,《云南大学学报(法学版)》2005年第6期;彭剑鸣《自诉案件与公诉案件合并审理的程序运行》,《贵州民族学院学报(哲学社会科学版)》2005年第6期;彭剑鸣《自诉与公诉案件合并和分立审理的判断标准》,《贵州警官职业学院学报》2006年第1期。

制度仍存在诸多未尽事宜。2012年，最高人民法院、最高人民检察院、公安部、国家安全部、司法部、全国人大常委会法制工作委员会《关于实施刑事诉讼法若干问题的规定》（以下简称《六机关规定》）规定了并案处理的四种情形，具有下列情形之一的，人民法院、人民检察院、公安机关可以在其职责范围内并案处理："（一）一人犯数罪的；（二）共同犯罪的；（三）共同犯罪的犯罪嫌疑人、被告人还实施其他犯罪的；（四）多个犯罪嫌疑人、被告人实施的犯罪存在关联，并案处理有利于查明案件事实的。"同年，公安部发布了《公安机关办理刑事案件程序规定》，其第18条的规定与《六机关规定》的内容如出一辙。《六机关规定》只对关联案件的并案处理作了原则性的规定，但缺乏对不同法院之间因并案处理导致的管辖权冲突进行解决的具体规定。2012年《人民检察院刑事诉讼规则（试行）》第12条第（2）款删去了"在职责范围内"的表述，并对自身的诉讼职能作了一定的拓展。[①]2012年《刑事诉讼法解释》第13条规定："一人犯数罪、共同犯罪和其他需要并案审理的案件，其中一人或者一罪属于上级人民法院管辖的，全案由上级人民法院管辖。"《刑事诉讼法解释》只对关联案件在不同级别法院之间管辖权的确定进行了规定，但缺乏对同级法院之间管辖权冲突的规定。前述规定对并案处理均只作了原则性规定，实践中对并案处理的理解在以下两个方面仍存在争议，有必要作进一步探讨。

（1）对"并案处理"的理解。有学者认为，并案处理仅指并案管辖，"即将原本应由不同机关管辖的数个案件，合并由一个机关管辖"[②]。这种理解并不全面。"并案"是对管辖权的理解，"并案"不仅包括牵连管辖下的并案，即将应

[①]　如最高人民检察院孙谦副检察长主编的《〈人民检察院刑事诉讼规则（试行）〉理解与适用》一书，对"并案处理"进行了缩小解释，将并案处理限制解释为并案侦查，但对诉讼职能作了拓展，认为"这是根据人民检察院立案侦查直接受理的案件和普通刑事犯罪案件的特点和规律，将一人犯数罪、共同犯罪、多个犯罪嫌疑人实施的犯罪相互关联……检察机关立案侦查贪污贿赂犯罪、渎职侵权犯罪等属于检察机关直接受理的案件时发现犯罪嫌疑人还犯有其他应由公安机关管辖的普通刑事案件犯罪，并案处理有利于查明案件事实和诉讼进行的，可以直接将该犯罪嫌疑人事实的其他普通刑事犯罪或者共同犯罪案件中其他犯罪嫌疑人实施的普通刑事犯罪并案侦查"。参见孙谦：《〈人民检察院刑事诉讼规则（试行）〉理解与适用》，中国检察出版社2012年版，第23—24页。对诉讼职能的合并，本书暂不进行讨论。

[②]　万毅：《解读"并案管辖"四个关键词》，《检察日报》，2014年3月5日，第3版。

由不同机关管辖的关联案件合并由一个机关管辖,也包括法定管辖下的并案,即由同一机关对均属其管辖的关联案件进行合并。"处理"是对诉讼职能的理解,"处理"应包括侦查、审查起诉、审判等诉讼职能。并案处理不仅是将关联案件合并由一个机关进行管辖,案件合并至一个机关管辖后,管辖机关还应对案件进行合并侦查、合并审查起诉、合并审判。

(2)对"在职责范围内"的理解,可以有两层。从广义的层面来理解,这里的职责范围泛指司法行政机关的职能范围,如万毅教授认为,"职责范围"根据《刑事诉讼法》第3条的规定指公安机关负责普通刑事案件侦查,检察院直接受理案件的侦查及刑事案件的公诉,法院负责审判。并案管辖可以突破法定的地域管辖和级别管辖,但不能突破职能管辖和专门管辖。[①]从狭义的层面来理解,职责范围既不能突破职能管辖和专门管辖的范围,也不能突破地域管辖和级别管辖的范围。对职责范围的广义理解是将承担每一种诉讼职能的各级各地机关视为一个整体,各级各地的公安机关、检察院、法院均分别被视为一个统一整体。在这种宏观整体性视角下,同属一个整体的各级各地机关之间管辖权的牵连,自然可以突破地域管辖和级别管辖的限制。对职责范围的狭义理解是将承担诉讼职能的具体机关均视为一个独立个体,在这种微观个体性视角下,各级各地机关之间管辖权的牵连,自然无法突破地域管辖和级别管辖的限制。不论是整体性视角还是个体性视角,各有其优缺点。从整体性视角的理解为关联犯罪之间的牵连管辖创造了更大的空间,弥补了现有地域管辖和级别管辖制度在处理关联犯罪上的不足,但由于对关联犯罪的范围界定过于宽泛,容易导致牵连管辖对法定管辖的过度侵蚀,影响管辖制度的稳定性。从个体性视角的理解维护了法定管辖制度的稳定性,但否定了牵连管辖的存在空间,不利于关联犯罪的并案处理,也与司法实践的现状不符。对于"职责范围"如何理解,本书将结合关联犯罪的类型进行具体探讨。

① 万毅:《解读"并案管辖"四个关键词》,《检察日报》,2014年3月5日,第3版。

第二节 关联犯罪的类型考察及再认识

一、关联犯罪的类型

判断犯罪是否属于关联犯罪的关键在于明确犯罪之间是否存在某种关联,关联犯罪之间的关联性主要应体现为犯罪行为与犯罪结果的关联,与之相对应的关联犯罪便主要体现为行为竞合型犯罪与结果竞合型犯罪两大类。行为竞合型犯罪主要包括本罪与煽动型犯罪(类教唆型犯罪)、本罪与帮助型犯罪、对合型犯罪、本罪与掩饰型犯罪、本罪与衍生型犯罪五种;结果竞合型可以是故意犯罪之间或者过失犯罪之间的竞合,也可以是故意犯罪与过失犯罪的竞合。

对行为竞合型犯罪的具体分述如下:

第一种是本罪与煽动型犯罪,即本罪系受到相关行为人的煽动而发生的犯罪,两罪因煽动关系而存在关联。如《刑法》第103条第(1)款的分裂国家罪与第(2)款的煽动分裂国家罪、第105条第(1)款的颠覆国家政权罪和第(2)款的煽动颠覆国家政权罪、第435条的逃离部队罪和第373条的煽动军人逃离部队罪。其第249条的煽动民族歧视、民族仇恨罪并不存在直接的关联犯罪,但被煽动者基于民族歧视、民族仇恨而实施的犯罪行为也可能与煽动行为存在关联。其第278条的煽动暴力抗拒法律实施罪,由于其客观性行为主要是煽动群众暴力抗拒国家法律、行政法规实施,被煽动者的犯罪行为是多样化的,对关联犯罪的确定一般应根据具体案情加以判断。煽动行为与教唆行为是一对较为近似^①却有着相对明确的界分的概念，"(1)前者系针对不特定多数人的煽动或蛊惑行为；后者则针对特定人的唆使行为。(2)前者系因本罪的规定而受处罚；或者系依据本法总则有关教唆犯的规定，使各种故意犯罪，均有可能成立教唆犯"^②。可见，教唆者与被教唆者之间往往存在共同犯罪的关系，^③而煽动者与被煽动者之间则可能存在关联犯罪的关系。煽动行为与教唆行为最显著的区别在于煽动行为存在具体罪名，而教唆行为则不然。二者主要在主观方面与客观行为上存在差异。"煽动行为构成《刑法》分则规定的这五个具体罪名，以被煽动者人数不特定或虽然人数特定但已有犯罪意图为限，如果被煽动者人数特定且没有犯罪意图，煽动者的行为就构成教唆罪。"^④"每种煽动行为都有具体的构成要件和法定刑，属于构成要件的实行行为，而教唆行为不具备这些特点。"^⑤煽动型犯罪具有公然性的特点，"行为人必须公

---

① 英美法系语境下，煽动往往是教唆的诸种行为模式之一，立法者、学者使用了大量的词汇来描述教唆的行为模式，如建议、命令、参谋、鼓励、诱使、恳求、强求、促成、煽动、劝诱、要求、教唆、敦促等。参见 Wayne R. LaFave，Substantive Criminal Law，West，2nd ed，2003，at 11.1. 此外，英美法系还肯定了教唆罪的独立性。教唆属于英美法系中的不完整罪之一，即"没有达到刑法分则条文要求的完整程度"的犯罪，其余两种为共谋与未遂。参见储怀植、江溯：《美国刑法》（第四版），北京大学出版社 2012 年版，第 98 页。另外，英国学者特纳则将不完整罪称为预备犯，即这些犯罪中的每一种都是作为达到一个预期目的的手段而发生作用。参见[英]J.W.塞西尔·特纳：《肯尼刑法原理》，王国庆、李启家等译，华夏出版社 1989 年版，第 107 页。传统英美法上的教唆犯指影响或者企图影响他人犯罪意图的行为，2007 年英国 Serious Crime Act 2007 第 44—46 条对此作出重大调整，规定故意怂恿或协助另一犯罪且预见其后果（第 44 条）、怂恿或协助另一犯罪且相信这一罪行会被实施（第 45 条）、怂恿或协助多项犯罪且相信其中一项或多项罪行会被实施（第 46 条）的行为均构成犯罪。对此，有学者认为"英国实际上废除了普通法上的教唆犯罪，并引入一种新的犯罪"。参见劳东燕：《以比较的眼光看刑法的问题》，《刑事法评论》2011 年第 2 期。可见，教唆犯与共同犯罪在英美法系语境下存在非此即彼的关系，被教唆者没有犯被教唆的罪的，教唆者构成教唆或者共谋；被教唆者犯了被教唆的罪的，教唆者与被教唆者构成共同犯罪。如储怀植教授等人这样解释四种情况："假定 A 想要杀害 V，但他缺乏勇气去干这件事，于是要求 B 去杀 V。根据美国法律，可能存在四种情况：(1)假定 B 同意，并杀死了 V，则 A 和 B 都定为杀人罪（既遂）；(2)假定 B 实行了杀人计划，但没有成功，则 A 和 B 都定为杀人未遂；(3)假定 B 同意，尚未来得及去实行杀人计划就被发现，则 A 和 B 为共谋杀人；(4)假定 B 拒绝 A 的要求，则 B 无罪，A 构成教唆杀人罪。"参见储怀植、江溯：《美国刑法（第四版）》，北京大学出版社 2012 年版，第 98—99 页。

② 林山田：《刑法各罪论（下）》，北京大学出版社 2012 年版，第 97 页。

③ 当然，间接正犯是典型的例外情形。

④ 朱道华：《教唆犯研究》，法律出版社 2014 年版，第 38 页。

⑤ 魏东：《教唆犯研究》，中国人民公安大学出版社 2002 年版，第 131—133 页。

然煽惑,方能构成本罪;若非公然煽惑者,自无本罪的适用,只能就其煽惑内容分别科以各该相当罪名的教唆犯。……煽惑对象必须是不特定人、多数人、特定的多数人等一般民众"①。煽动型犯罪所具有的公然性特点,决定了煽动型犯罪与本罪之间未必存在非常紧密的关联,二者之间的关联仅在于犯罪意图的"启发、建议、请求、规劝、示意、说服、引诱、怂恿或利诱"②,被煽动者在受到煽动的情况下有可能采取任何具体的犯罪行为。

第二种是本罪与帮助型犯罪,即为帮助本罪而实施的犯罪,两罪因帮助关系而存在关联。根据帮助方式的不同,帮助型犯罪③具体还包括以下几种类型:一是供给型犯罪,指行为人向本罪行为人提供各种便利条件的犯罪,两罪因供给关系而存在关联,具体的便利条件可包括资金、证件、许可、交通工具,如危害国家安全犯罪与《刑法》第107条的资助危害国家安全犯罪活动罪,恐怖犯罪与第120条之一的资助恐怖活动罪,第111条的为境外非法提供国家秘密、情报罪,第320条的提供伪造、变造的出入境证件罪,第321条的运送他人偷越国(边)境罪,第363条第(2)款的为他人提供书号出版淫秽书刊罪;二是传授型犯罪,指本罪行为人的犯罪方法系从传授型犯罪的行为人处习得,两罪因传授关系而存在关联,传授型犯罪在《刑法》上体现为第295条的传授犯罪方法罪;三是协助型犯罪,指行为人协助本罪行为人实施犯罪的行为,两罪因协助关系而存在关联,协助型犯罪在《刑法》上体现为358条第(1)款的组织卖淫罪与第(3)款的协助组织卖淫罪;四是介绍型犯罪,指行为人为他人居间介绍促成犯罪的行为,两罪因居间介绍关系而存在关联,介绍型犯罪在

---

① 林山田:《刑法各罪论(下)》,北京大学出版社2012年版,第97页。

② [英]J.C.史密斯、B.霍根:《英国刑法》,马清升等译,法律出版社2000年版,第304页。

③ 此处对帮助型犯罪的梳理参考了张伟博士关于共同犯罪中帮助型犯罪与帮助型正犯的研究成果。张伟博士认为《刑法》上的帮助型正犯总共有18种,其中一部分与本书中的帮助型犯罪相同,另外还有一部分与本书中的掩饰型犯罪相同。参见张伟:《帮助犯研究》,中国政法大学出版社2012年版,第180页。另外,还有两项罪名虽属于帮助型正犯,但却并不属于帮助型关联犯罪的范畴:一是《刑法》第112条资敌罪,行为人在战时供给敌人武器装备、军用物资资敌的行为虽属于帮助性质的正犯,但由于在敌我对战的情况下,与资敌罪相关联的行为已经超越了司法主权的范畴,故资敌罪并不存在相对应的关联犯罪;二是《刑法》第355条的非法提供麻醉药品、精神药品罪,由于吸食、注射毒品行为不构成犯罪,故该罪也不存在相对应的关联犯罪。

《刑法》上体现为第 359 条第(1)款的介绍卖淫罪、第 392 条的介绍贿赂罪,此外还存在将介绍买卖毒品行为单独定罪的呼声。[①]

在帮助型犯罪的四种类型中,协助型犯罪、介绍型犯罪与本罪始终保持较为紧密的联系,属于典型的帮助行为犯罪化的结果,有学者将这种行为称为"提升的实行行为"[②]或者"拟制的实行行为"。[③]帮助行为犯罪化的过程常常伴随着罪名存废的争议,其主要焦点是帮助型犯罪独立性的存在必要。如学界对协助组织卖淫罪的存废之争,主张废除说的主要观点认为此类犯罪与本罪属共同犯罪,该罪的存在导致组织卖淫罪缺少从犯,而协助组织卖淫罪缺少主犯,故主张废除协助组织卖淫罪;[④]主张保留说的主要观点认为此类犯罪具有自身的特殊性但同时承认此类犯罪与本罪之间的密切联系,该罪独立的立法原因在于其在组织卖淫罪中的常态化,该罪的存在并未动摇《刑法(总则)》共同犯罪的基础,故支持协助组织卖淫罪保持独立。[⑤]两种对立观点孰优孰劣虽一时难以评判,但这种争议的存在本身便恰恰反映出协助型犯罪与本罪往往存在着千丝万缕的联系。协助型犯罪与本罪从主观到客观均具有相当的一致性,涉嫌协助组织卖淫罪的行为人在组织卖淫的过程中往往实施了具体的协助组织卖淫行为,这种行为在组织卖淫罪中可以被评价为帮助行为,而在协助组织卖淫罪中则被评价为正犯行为。故协助型犯罪与本罪的关联具有全面性的特点,二者的关联性仅次于共同犯罪,且这种关联性与共同

---

① 汤啸天:《建议增设"介绍他人获取、使用毒品罪"》,《中国刑事法杂志》2000 年第 2 期;贡小康:《建议设立"介绍买卖毒品罪"》,《检察实践》2000 年第 5 期;王剑玲、朱敏:《建议增设介绍毒品交易罪》,《江苏法制报》,2009 年 4 月 28 日,第 C01 版。

② 提升的实行行为是指将《刑法》分则通常作为行为总则的非实行行为提升为实行行为,其具体包括两种:一是将故意犯罪过程中未完成形态的预备性行为提升为实行行为;二是将共同犯罪形态中的某些行为提升为实行行为。参见张小虎:《犯罪实行行为之解析》,《政治与法律》2007 年第 2 期。

③ 拟制的实行行为是指这些行为本来并不属于犯罪的实行行为,而是属于共同犯罪中的共同犯罪行为,或者故意犯罪阶段中的犯罪预备行为,只是由于《刑法》分则的特别规定而成为另一具体犯罪的实行行为。具体包括组织性、帮助性、教唆性、预备性的实行行为四种。参见何荣功:《论实行行为的概念构造与机能》,《当代法学》2008 年第 2 期。

④ 郑伟:《就这样动摇了共同犯罪的根基——论组织卖淫罪与协助组织卖淫罪的怪异切分》,《法学》2009 年第 12 期。

⑤ 茹士春:《论帮助行为单独定罪——以协助组织卖淫罪与组织卖淫罪的切分为例》,《中国刑事法杂志》2011 年第 1 期。

犯罪也非常相似,故协助型犯罪与本罪属于典型的关联犯罪。

又如学界对介绍贿赂罪的存废之争,相对协助组织卖淫罪而言,学界对介绍贿赂罪的认识更加多元化。由于介绍贿赂行为兼具帮助性与撮合性的特点,其与行贿罪、受贿罪共犯之间的界限较为模糊。对于介绍贿赂罪的存废,学界主要存在三种观点。主张保留说的主要观点认为,介绍贿赂罪的行为方式与行贿、受贿存在显著差异,可以从行为人是否获利[①]、行为人是否参与行受贿行为[②]、行为人所持立场[③]等方面对三者进行区分。主张废除说的主要观点认为,介绍贿赂罪行为方式的特殊性不能否定介绍贿赂行为人与行受贿行为人之间的天然联系,并对获利说、参与说、立场说进行了针对性反驳。[④]此外还有一种限制适用说的观点认为,应当限制介绍贿赂罪的适用,"帮助行贿或帮助受贿的行为,应当排除在介绍贿赂罪之外;如果某行为同时对行贿、受贿起帮助作用,则属于一行为触犯数罪名,应从一重处罚,也不能认定为介绍贿赂罪;介绍贿赂罪只有在行贿、受贿人行为都不构成犯罪的情况下才发挥作用"[⑤]。这一观点对介绍贿赂罪的适用犯罪作了较大的限制,与废除说的观点的论证路径基本一致,只是得出了限制适用的结论,而废除说则认为在介绍贿赂罪适用范围如此狭窄的情况下不如直接废除该罪名。从

---

① 周道鸾、张军:《刑法罪名精释》,人民法院出版社 1998 年版,第 927 页。值得注意的是,2013 年出版的《刑法罪名精释(第四版)》已修正了上述观点,认为不论是否从行贿人还是受贿的国家工作人员中间拿到好处,不论是否已得到"介绍费",也不论拿到的钱物多少,均不影响介绍贿赂罪的成立。这一观点实际上扩大了介绍贿赂罪的适用范围。参见周道鸾、张军:《刑法罪名精释(第四版)(下)》,人民法院出版社 2013 年版,第 1064—1065 页。

② 周道鸾、张军:《刑法罪名精释》,人民法院出版社 1998 年版,第 927 页。该书在 2013 年的第四版中仍持上述观点。参见周道鸾、张军:《刑法罪名精释(第四版)(下)》,人民法院出版社 2013 年版,第 1064 页。

③ 张明楷:《受贿罪的共犯》,《法学研究》2002 年第 1 期。

④ 张明楷:《受贿罪的共犯》,《法学研究》2002 年第 1 期。

⑤ 朱铁军:《介绍贿赂罪与行贿、受贿共犯界限之分析——由浙江腐败"名托"被判刑所引发的思考》,《中国刑事法杂志》2003 年第 1 期。

司法实践来看,将介绍贿赂人积极介入行受贿的行为认定为行贿罪共犯[1]、受贿罪共犯[2]、介绍贿赂罪[3]的案例均有发生。在学界争议尚未尘埃落定而司法实践未得到统一的情况下,将介绍贿赂罪与本罪合并审理实属必要。

帮助型犯罪的其余两种类型均与本罪存在不同程度的关联,但这种关联性相对较弱,往往体现出偶然性、片面性的特点。供给型犯罪是对犯罪便利条件的供给,传授型犯罪是对犯罪方法的传授,但这两种行为与本罪在主观与客观上的重合程度往往呈现不稳定的状态,可将二者纳入在法定管辖下广义的关联犯罪概念。

第三种是对合型犯罪,即基于双方的对向行为合力才能完成的犯罪,[4]又称"对向犯""对行犯",两罪因对合关系而存在关联。有学者根据双方罪名是否相同将对合犯分为彼此异罪与彼此同罪两种:彼此罪名不同的对合犯包括行贿犯罪与受贿犯罪、拐卖犯罪与收买犯罪、脱逃犯罪与私放犯罪等;彼此罪

---

① 如(2014)一中刑终字第2517号张云案,被告人张云先后请托时任北京市公安局房山分局河北、城关派出所的户籍民警刘某为贾某甲等30余名非京籍人员违规办理北京市户籍,并给予刘某贿赂款共计人民币150余万元。二审法院经审理查明,张云与刘某相识,并得知刘某可以办理户籍后,接受乔某等人的委托,代表乔某等人向刘某提出为他人办理户籍的请托,并给予刘某巨额钱款。在此过程中,乔某等人不仅向张云提供了办理户籍所需的详细的个人身份信息,还给予其一定的好处费,结合张云给予刘某巨额钱款的事实,足以认定张云意图请托刘某通过非法途径办理户籍的主观目的,其对本人的行为性质具有权钱交易的本质应当具有明确的认知。因此,张云不仅在主观上具有谋取不正当利益的目的,客观方面亦实施了给予国家工作人员财物的行为,符合行贿罪的构成要件。北京市第一中级人民法院二审裁定张云犯行贿罪。
② 如(2014)唐刑终字第180号被告人刘爱军案,被告人刘爱军在明知本村村民虞某、赵某、宁建兴在阖庄村私自建造的房屋不符合办理农村集体土地使用证条件的情况下,仍找到迁安市国土资源局工作人员刘大伟为上述三人违规办理了集体土地使用证。在此过程中,被告人刘爱军在与刘大伟商量后,以办证费用名义收取虞某、赵某好处费人民币各5万元,共计人民币10万元。经刘大伟同意,被告人刘爱军分得赃款人民币1.2万余元,刘大伟分得赃款人民币8.8万余元。被告人刘爱军收取宁建兴好处费人民币4万元,被告人刘爱军将该人民币4万元转交刘大伟。河北省唐山市中级人民法院经二审裁定被告人刘爱军犯受贿罪。
③ 如(2014)鲁刑二终字第58号翟庆龙、廖东伏案,被告人廖东伏在吴某甲销售橙子过程中,积极联系、请托被告人翟庆龙提供帮助,翟庆龙同意并利用担任胜利油田勘探开发监督管理部主任的职务便利,在2011—2013年期间帮助吴某甲推销橙子7000余箱,其间廖东伏代吴某甲转送给翟庆龙好处费共计人民币7万元。山东省高级人民法院经二审裁定被告人廖东伏犯介绍贿赂罪。
④ 陈兴良:《论犯罪的对合关系》,《法制与社会发展》2001年第4期。

名相同的对合犯包括贩卖毒品罪、聚众斗殴罪、串通投标罪、重婚罪双方等。①对合型犯罪的双方普遍存在对合关系,不仅双方的行为系同时发生,且需要双方的对向行为合力才能完成。当然并非所有存在对合关系的行为都构成对合犯或者属于对合型犯罪,如因被勒索给予国家工作人员以财物,没有获得不正当利益的,不是行贿,但收受财物的国家工作人员仍可能构成受贿罪。

对合型犯罪之间的关联同样具有全面性的特点。对合型犯罪需要对合犯的双方合力完成犯罪,双方从主观到客观均体现出对合性,二者的关联性同样较高。对合型犯罪作为关联犯罪得到德国司法实践的确认,但法院对对合型犯罪进行合并的前提是对案件均有管辖权。《德国刑事诉讼法典》第237条规定,"在法院受理的数刑事案件之间互有牵连的时候,尽管这个互有牵连并非第三条中所称牵连,但为了同时审理的目的,法院仍然可以决定将案件合并"②。根据德国学者罗科信的介绍,"……法院对有……相对性者(例如斗殴)……均得同时审理。这类的合并审理关系只以该数案件中共有一松散的共同关系为要件即已足"③。罗科信进一步解释道,"如果在刑诉法第3条中所规定的较为严格的要件并不成立时,则该合并审理只有当该合并审理之法院对各个刑事案件在事务上及地域上均有管辖权时,方属合法"④。国内也有学者主张对合型犯罪属于关联犯罪,如张泽涛教授提出:"立法上应该明确规定:下列案件具有'关联性',法院可以合并审理……(3)……数人的犯罪事实存在对行性(如重婚、受贿和行贿及因互殴而导致的双方伤害)……"⑤又如崔凯博士等人提出:"我国关联性的内容可以细化为……(3)犯罪事实存在对向

① 关于对合犯类型较为详细的列举和解释可参见陈兴良:《论犯罪的对合关系》,《法制与社会发展》2001年第4期。
② 《德国刑事诉讼法典》,李昌珂译,中国政法大学出版社1995年版,第99页。
③ [德]克劳思·罗科信:《刑事诉讼法》,吴丽琪译,法律出版社2003年版,第184页。
④ [德]克劳思·罗科信:《刑事诉讼法》,吴丽琪译,法律出版社2003年版,第184—185页。
⑤ 张泽涛:《刑事案件分案审理程序研究——以关联性为主线》,《中国法学》2010年第5期。

性……"①有学者根据行为类型的不同,将对合犯分为对象转移型、原因结果型、双方互动型、协力加功型四种:对象转移型,即对合行为以某种具体的行为对象从一方转移到另一方为内容,表现为一方给予或提供对象物,另一方接受该对象物;原因结果型,即对合一方以引起或造成另一方实施一定的行为为内容,而另一方则以实施该行为为内容,前后之间存在因果联系;双方互动型,即对合双方对向实施相同性质的行为而形成的对合行为;协力加功型,即对合行为中,一方实施某种危害行为,而另一方则为他实施这种行为进行物质或行动上的帮助。②以上四种类型的对合犯,除协力加功型对合犯中的部分情形属于帮助型犯罪以外,其他各种情形均可在一定程度上揭示出对合型犯罪在手段、工具、对象、因果关系、行为性质等各方面存在的内在关联,对合型犯罪的合并审理将有助于还原案件的全貌,有助于查明关联犯罪的案件事实。

第四种是本罪与掩饰型犯罪,即本罪与为掩饰本罪而实施的犯罪,两罪因掩饰关系而存在关联。掩饰型犯罪在本质上也属于帮助行为的犯罪化,其与帮助型犯罪的区别在于是否与本罪行为人存在事前通谋。帮助型犯罪行为人与本罪行为人存在事前通谋,其帮助行为在共同犯罪中通常起次要作用或者辅助作用,立法对其帮助行为单独定罪。掩饰型犯罪行为人与本罪行为人不存在事前通谋,立法对其事后帮助行为单独定罪。为掩饰本罪而实施的犯罪具体有《刑法》第6章第2节妨害司法罪中的大多数罪名,如较为常见的有《刑法》第310条的窝藏罪、包庇罪,第312条的掩饰、隐瞒犯罪所得罪等;又如第139条之一的不报、谎报安全事故罪,第191条的洗钱罪,第294条第(3)款的包庇、纵容黑社会性质组织罪,第341条第(1)款的非法收购、出售珍贵、濒危野生动物罪,第349条的包庇毒品犯罪分子罪、窝藏、转移、隐瞒毒品、毒赃罪,第417条的帮助犯罪分子逃避处罚罪等。本罪先于掩饰型犯罪发生又与掩饰型犯罪之间在人、事、物等方面发生关联。需要注意的是,第307条第(2)款的帮助毁灭、伪造证据罪并不属于帮助型案件,该罪行为人的帮助行为

---

① 崔凯、熊波:《刑事案件合并审理的关联性标准构想》,《湖北成人教育学院学报》2013年第2期。

② 刘士心:《论刑法中的对合行为》,《国家检察官学院学报》2004年第6期。

系事后帮助行为,且该罪要求行为人系"帮助当事人毁灭、伪造证据",而当事人毁灭、伪造证据行为并不构成犯罪,故帮助毁灭、伪造证据罪实际上也属于掩饰型犯罪。

第五种是本罪与衍生型犯罪,即本罪发生后又衍生出相关行为人的其他犯罪,两罪因衍生关系而存在关联。本罪与衍生型犯罪双方通常存在非彼此俱罪的对合关系,这是衍生型犯罪与前述对合型犯罪的主要区别。衍生型犯罪一方主体在对合关系中的行为并不构成犯罪,但因其又实施了与对合关系相关联的其他行为而构成犯罪,通常以持有型犯罪居多。如假币类犯罪与持有假币罪、发票类犯罪与持有伪造的发票罪、毒品类犯罪与非法持有毒品罪等。此外,也存在其他类型的衍生型犯罪,如甲向乙贩卖毒品的行为可能衍生出乙容留他人吸毒的行为。

本罪与掩饰型犯罪之间、本罪与衍生型犯罪之间的关联具有承接性、局部性的特点,二者都是本罪完成后所实施的犯罪,掩饰型犯罪相当于事后的帮助犯,衍生型犯罪则相当于对合犯的延伸,二者往往以本罪的终结为犯罪的起点,因与本罪存在承接关系而具有关联性。掩饰型犯罪在证明本罪的犯罪结果、行为人的事后行为、赃物的去向等方面具有较高的价值,故其与本罪的关联程度更高。掩饰型犯罪作为关联犯罪得到了德国、法国、日本等国家和我国台湾地区的确认[①]并产生管辖权扩张的效力,掩饰型犯罪作为关联犯

---

① 如《德国刑事诉讼法典》第3条规定:"……在一犯罪行为中数人被指控是主犯、共犯或者犯有庇护、藏匿犯人或者赃物罪时,即为互有关联。"参见《德国刑事诉讼法典》,李昌珂译,中国政法大学出版社1995年版,第1页。《法国刑事诉讼法典》第203条规定:"……通过实行重罪或轻罪窃取,隐匿或取得的物品之全部或一部被窝藏,此种犯罪均构成相互有关联的犯罪。"参见《法国刑事诉讼法典》,罗结珍译,中国法制出版社2006年版,第197页。《日本刑事诉讼法》第9条规定:"数个案件有下列情形之一时,是牵连犯罪……藏匿犯人罪,湮灭证据罪,伪证罪,虚假鉴定、翻译罪及赃物罪,与各该本罪视为共犯的罪。"参见《日本刑事诉讼法》,宋英辉译,中国政法大学出版社2000年版,第5页。我国台湾地区关于刑事诉讼的相关规定指出:"有下列情形之一者,为相牵连之案件……四、犯与本罪有关系之藏匿人犯、湮灭证据、伪证、赃物各罪者。"

罪在我国学界也基本达成共识。①衍生型犯罪虽在证明本罪的犯罪结果方面
具有一定的价值,但存在更多的不确定性,其与本罪的关联程度相对较低,并
不存在将衍生型犯罪确认为牵连管辖下关联犯罪的立法例或者学者建议,但
这一类型仍可以被包含在法定管辖下广义的关联犯罪概念中。

结果竞合型犯罪,是指数个犯罪因不同行为人各自的犯罪结果竞合而存
在关联,行为人之间不存在主观的意思联络,但因犯罪结果竞合关系而存在
关联。结果竞合型犯罪可以是故意犯罪之间或者过失犯罪之间的竞合,也可
以是故意犯罪与过失犯罪的竞合。本罪与结果竞合型犯罪之间的关联具有
偶然性、不确定性的特点,理论上任何故意犯罪、任何过失犯罪均有可能发生
犯罪结果的竞合,但鉴于实践情形的复杂性,不可能事先对所有竞合的情形
加以归纳、列举。结果竞合型犯罪之间的关联性需结合具体案件加以分析。

此外,还有学者认为关联犯罪应包括同时型犯罪,这是一种基于犯罪的
时间与地点同一性的考量。如张泽涛教授提出:"立法上应该明确规定:下列
案件具有'关联性',法院可以合并审理……(3)数人同时在同一处所各自分
别犯罪……"②上述提法与我国台湾地区关于刑事诉讼的相关规定"有左列情
形之一者,为相牵连之案件……三、数人同时在同一处所个别犯罪者"如出一
辙。对此,我国台湾学者林钰雄进一步举例说明该条情形包括故意竞合型犯

---

① 国内关于合并审理的研究成果几乎一致认为关联犯罪应包括掩饰型犯罪。如谢
佑平教授等人提出,"立法上可以明确规定牵连管辖适用于以下情形……(4)本罪之窝藏、
包庇罪、伪证罪及窝藏、转移、收购、代为销售赃物罪"。参见谢佑平、万毅:《刑事诉讼牵连
管辖制度探讨》,《政法学刊》2001年第1期。张泽涛教授提出,"立法上应该明确规定:下列
案件具有'关联性',法院可以合并审理……(3)数人同时在同一处所各自分别犯罪或者数
人的犯罪事实存在对行性(如重婚、受贿和行贿及因互殴而导致的双方伤害);(4)犯有与
本罪有关的包庇、窝藏、伪证、销赃罪;等等"。参见张泽涛:《刑事案件分案审理程序研
究——以关联性为主线》,《中国法学》2010年第5期。陈卫东教授提出,"下列案件表明案
件之间具有牵连关系……(3)数人采取相互独立的行为共同造成犯罪的后果;(4)犯有与
本罪相关的伪证、毁灭、伪造据、妨碍作证、打击报复证人、窝藏、包庇及窝藏、转移、收
购、销售赃物的罪行"。参见陈卫东:《模范刑事诉讼法典》,中国人民大学出版社2005年
版,第140页。崔凯博士等人提出,"我国关联性的内容可以细化为……(5)犯有与本案有
关的包庇、窝藏、伪证、销赃等犯罪……"参见崔凯、熊波:《刑事案件合并审理的关联性标
准构想》,《湖北成人教育学院学报》2013年第2期。
② 张泽涛:《刑事案件分案审理程序研究——以关联性为主线》,《中国法学》2010年
第5期。

罪和过失竞合型犯罪,"甲、乙、丙三人同时同地但各自吸食毒品;过失之同时犯亦同,例如,甲、乙于鹰架合抬水泥,因共同过失不慎掉落砸伤丙"。[①]同时型犯罪与上文的结果竞合型犯罪存在一定的交叉,两者都包括故意犯罪与过失犯罪,同时型犯罪侧重关注的是犯罪时间与地点的同一性,结果竞合型犯罪侧重关注的是犯罪结果的竞合性。从关联犯罪的角度而言,更多应关注的是犯罪之间的关联性,只有犯罪间存在某种关联,才有将犯罪进行合并的必要与价值。即使对同时型犯罪所指的在犯罪时间与地点方面具有同一性的案件进行合并,也并不会为诉讼程序带来公正与效率的提升。况且,对时间与地点同一性的界定同样存在障碍,时间和空间在多大的范围内具有同一性是一个从量变到质变的过程。以地点同一性为例,同在一个房间大约可以视为同一地点,那么同在一处住所的不同房间呢?同在一幢建筑的不同单元呢?当那些犯罪在时间、地点和原因方面有如此紧密的联系时,很难将一个指控的证明与另一个指控的证明分开。正如美国学者所对比的两个例子,如一位公共汽车司机和一位小车司机都被指控对一位其汽车被其他车辆碰撞的机动车辆驾驶者实施过失杀人罪时,这些指控合并起诉是适当的。但是,两个恰巧住在同一幢公寓楼并且各自向同一人兜售可卡因的被告人不需要被合并指控。[②]可见,结果竞合型犯罪相对于同时型犯罪而言,更有助于揭示关联犯罪之间的关联性,将其划入关联犯罪的范畴更具实践意义,而犯罪时间与地点的同一性并不是建立犯罪之间关联性的充分因素。

还有学者认为关联犯罪应包括对象同一型犯罪,这是一种基于犯罪对象同一性的考量。如崔凯博士等人提出:"我国关联性的内容可以细化为……(4)侵犯同一犯罪对象……"[③]对于犯罪对象同一的案件是否可以合并处理,实践中也曾出现争议。广东省高级人民法院曾就如下案件请示最高人民法院:"一被害人在同一个晚上分别被3个互不通谋的犯罪分子在不同地点和

---

① 林钰雄:《刑事诉讼法(上册·总论编)》,中国人民大学出版社2005年版,第94页。
② [美]伟恩·R.拉费弗、杰罗德·H.伊斯雷尔、南西·J.金:《刑事诉讼法(下册)》,卞建林、沙丽金等译,中国政法大学出版社2003年版,第899—900页。
③ 崔凯、熊波:《刑事案件合并审理的关联性标准构想》,《湖北成人教育学院学报》2013年第2期。

时间实施了强奸。公安机关同时侦破,检察院以一个案件起诉,法院是作一案审理还是分案审理?"1990年5月,《最高人民法院研究室关于同一被害人在同一晚上分别被多个互不通谋的人在不同地点强奸可否并案审理问题的电话答复》指出,"经研究,我们认为,根据上述情况,这3个被告人的行为不属于共同犯罪,而是各个被告人分别实施的各自独立的犯罪,因此,应分案审理,不宜并案审理"。对此,曾经有人提出:"这三个案件在被害人方面存在一致性,在某种意义上是存在关联性的,可以合并审理。若分案审理,多次出庭举证,必然会造成被害人案外的二次伤害,不利于被害人利益的保护,这样的规定显然是失之偏颇的。"[1]但是,出于避免造成被害人二次伤害的考虑而将涉及同一被害人的多起关联案件合并审理却恰恰会对被害人造成伤害。对涉及同一被害人的多起关联案件的合并审理,意味着侵害同一被害人的多名被告人将同时接受审判,这便意味着被害人在每一起案件中的隐私保护将因这些案件的法庭调查、法庭辩论程序的合并而不复存在。对涉及同一被害人的多起关联案件的合并审理才是对被害人最大的二次伤害。实际上,避免造成被害人二次伤害的方法并非合并审理这种唯一的途径,对关联案件进行集中审理同样可以保证被害人相对集中出庭作证,从而同样在一定程度上避免了对其造成额外的二次伤害。如S市C县检察院办理的三起均以被害人王某为侵害对象但系分别实施的被告人黄某强奸案[2]、陆某强奸案[3]、施某强制猥亵妇女案[4]便很好地体现了被害人隐私保护与避免被害人二次伤害之间的平衡。本案在侦查阶段由C县公安局并案侦查终结后一并移送至C县检察院。C县检察院经审查终结后,对被告人黄某、陆某、施某分别提起公诉,C县法院对三起案件分别进行不公开审理后,分别对三人作出判决。其中,黄某强奸

---

① 匡琼:《论我国刑事案件合并审理制度》,湖南师范大学2014年硕士学位论文。另外,崔凯等人在更早的时候曾就本案简单表述过上述观点,参见崔凯、熊波:《刑事案件合并审理的关联性标准构想》,《湖北成人教育学院学报》2013年第2期。

② 见(2013)崇刑初字第336号判决书。被告人黄某明知被害人王某系精神病患者,仍于2013年2月至3月间,在其本人家中与被害人王某多次发生性关系。

③ 见(2013)崇刑初字第337号判决书。被告人陆某明知被害人王某系精神病患者,仍于2013年3月某日,在前述被告人黄某家中与被害人王某发生两次性关系。

④ 见(2013)崇刑初字第338号判决书。被告人施某明知被害人王某系精神病患者,仍于2012年4月至10月间,在其本人家中,趁请王某吃东西之际,摸其乳房、臀部及阴部。

案与陆某强奸案是集中在某个开庭日依次进行审理的。这种对涉及同一被害人的多起关联案件进行合并侦查、合并审查、集中起诉、集中审理的做法,[①]既保证侦查与审查阶段查明案件事实的效果与效率,也保证审判阶段对被害人隐私的保护,也将审判程序对被害人的二次伤害控制在合理的范围。可见,对象的同一性并不是建立犯罪之间关联性的理想因素。

二、二元结构视角下对关联犯罪案件的再认识

我国学者通常将关联犯罪和诉讼合并的实体条件同等对待,在讨论诉讼合并的实体条件时,往往直接对关联犯罪的范围进行界定。但这种做法并未在刑事案件管辖的语境下充分揭示出关联犯罪的范围与诉讼程序的内在关联。从对法、德、意、日、英、美六个国家与我国台湾地区诉讼合并制度的考察可以发现,诉讼合并实际上体现在两个层面:一个层面是牵连管辖视角下的诉讼合并;另一个层面是法定管辖视角下的诉讼合并。

以实行混合模式的日本为例。日本法上的关联犯罪明确区分了审判合并与辩论合并。此处的"审判合并"与"辩论合并",其主要区别在于合并主体、条件、对象的不同。具体而言,"审判的合并与分离,是案件由法律上规定的另外法院审理时发生的案件之间的关系问题,根据当事人的请求可以合并审判或分离审判;而辩论的合并与分离,是同一法院管辖的不同案件之间产生的问题,除了当事人的请求外,法院还可以根据职权决定合并或分离辩论"[②]。审判合并发生在关联犯罪之间,《日本刑事诉讼法》第9条第(2)款规定了关联犯罪的范围,"藏匿犯人罪,湮灭证据罪,伪证罪,虚假鉴定、翻译罪及赃物罪,与各该本罪视为共犯的罪"[③]。这一规定表明日本法上关联案件的牵连管辖只限于本罪与掩饰型犯罪。其第3条至第8条则对关联案件的职能管

off

---

① 需要注意的是,此处的集中起诉、集中审理均指简单集中模式,即将集中起诉的案件安排在相对集中的时间,由法院依次进行审理。对于集中审理模式的探讨,参见马贵翔、蔡震宇:《简易程序案件集中审理初探》,《国家检察官学院学报》2014年第6期。

② [日]田口守一:《刑事诉讼法(第五版)》,张凌、于秀峰译,中国政法大学出版社2010年版,第175页。

③ 《日本刑事诉讼法》,宋英辉译,中国政法大学出版社2000年版,第5页。

辖、地域管辖、级别管辖作了细致的安排。①对其他关联犯罪的合并,则应符合辩论合并的条件。《日本刑事诉讼法》第313条规定,"法院认为适当时,可以依据检察官、被告人和辩护人的请求,或者依职权,以裁定将辩论分开或合并,或者再开已经终结的辩论。法院为保护被告人的权利而有必要时,应当依照法院规则的规定,以裁定将辩论分开进行"。②实践中,检察官申请辩论合并的情形通常包括:"(1)在一个起诉书中对多名被告人一起起诉;(2)对向同一法院起诉的被告人申请合并审理;(3)对向数个法院起诉的被告人提出同样的申请。"③对此,松尾浩也认为:"对被告人进行合并的情况,个人的公诉事实不一定是'相关案件'。因此,如果不是相关案件的时候,对(3)的场合不能进行合并。在(3)的场合,即使对非相关案件进行合并也不直接与法律明文相抵触,但应认为是不恰当的。在这种场合,应限于共犯,或至少限于相关案件进行合并。与之相对的,(2)是根据法院的判断进行的合并,我认为不需要加以特别限定。"④可见,日本法上的诉讼合并被细分为审判合并与辩论合并,前者意味着管辖权的扩张,后者则不是。

以日本的这种二元结构为参照,再对其余六个国家和地区进行审视,可以发现三种不同的立法模式。德国与意大利的立法模式与日本类似,均采用了二元结构的诉讼合并,只在具体的适用条件上存在差异,意大利只对同时型犯罪进行牵连管辖,德国只对掩饰型犯罪进行牵连管辖,两国对法定管辖下诉讼合并的限制都较为宽松。法国与我国台湾地区只规定了牵连管辖下的诉讼合并,且关联案件的范围控制均较严格,法国只规定了掩饰型犯罪,我国台湾地区只规定了掩饰型犯罪与同时型犯罪。英国与美国只规定了法定管辖下的诉讼合并,美国实体条件的控制较严,合并诉讼只限于紧密的关联犯罪,英国对实体条件的控制较松,合并诉讼涵盖至松散的关联犯罪。

总体而言,各国及地区对关联案件的牵连管辖采取了比较审慎的态度,

---

① 《日本刑事诉讼法》,宋英辉译,中国政法大学出版社2000年版,第3—5页。

② 《日本刑事诉讼法》,宋英辉译,中国政法大学出版社2000年版,第71—72页。

③ [日]松尾浩也:《日本刑事诉讼法(上卷)》,丁相顺译,中国人民大学出版社2005年版,第339页。

④ [日]松尾浩也:《日本刑事诉讼法(上卷)》,丁相顺译,中国人民大学出版社2005年版,第340页。

对关联案件的牵连管辖大多只限于掩饰型犯罪。而在法定管辖下的诉讼合并,则普遍采取较为宽松的规定,合并的情形也更为多样化。

第三节　关联犯罪合并诉讼的程序设计

关联犯罪既可能由同一公安司法机关管辖,也可能由不同公安司法机关管辖。如甲在 A 地实施盗窃行为,并销赃给同在 A 地的乙,则甲、乙两案均由 A 地公安司法机关管辖。又如甲在 A 地实施盗窃行为,并销赃给 B 地的乙,则根据地域管辖,甲案应由 A 地公安司法机关管辖,乙案应由 B 地公安司法机关管辖。由于甲、乙两案存在牵连,便产生 A、B 两地公安司法机关在地域管辖上发生牵连的问题。

鉴于对关联犯罪案件的合并有可能突破现有法定管辖制度,实际上大陆法系语境下牵连管辖也经常被表述为管辖权的扩张。为了在法定管辖的稳定性与牵连管辖的便宜性之间取得平衡,有必要设计法定管辖与牵连管辖并存的诉讼合并制度,二者分别适用于不同类型的关联案件。

结合我国刑法的特点,牵连管辖下的关联犯罪合并诉讼应包括本罪与协助型犯罪、本罪与介绍型犯罪、本罪与掩饰型犯罪及对合型犯罪。法定管辖下关联犯罪的诉讼合并可拓展至本罪与煽动型犯罪、本罪与供给型犯罪、本罪与传授型犯罪、本罪与衍生型犯罪,以及结果竞合型犯罪。从法定管辖的视角而言,由于关联犯罪已属同一公安司法机关管辖,即使关联犯罪之间的关联性相对较弱,但对关联犯罪的合并并未对管辖制度造成冲击,故对于犯罪之间不存在法定关联但确有必要合并处理的,也可以考虑设置兜底条款,但实践操作时应严格把握合并的标准。

牵连管辖权的确认,可依据上级管辖权优先与严重罪行管辖权优先两项基本原则。上级管辖权优先原则,指关联案件分属上级机关与下级机关管辖的,上级机关享有优先管辖权,下级机关应向上级机关移送关联案件。上级管辖权优先原则与级别管辖制度一致。严重罪行管辖权优先,指关联案件分属同级机关管辖的,受理较严重罪行的机关享有优先管辖权,受理较轻罪行的机关应向前者移送关联案件。罪行的严重程度应依照《刑法》原理以罪行对应的刑罚严重程度加以衡量,最高刑高的优先,最高刑一样的情况下最低刑高的优先,最低刑也一样的情况下附加刑高的优先,法定刑全部一致①的情况下各方协商不成的,应各自层报至共同上级机关决定。严重罪行管辖权优先原则与地域管辖制度稍有区别,但其原理是一致的。地域管辖制度下,犯罪地机关通常享有优先管辖权,而牵连管辖恰恰是地域管辖冲突的情形,故严重罪行所在的犯罪地机关便享有优先管辖权。

还可以借鉴德国的协议管辖制度作为牵连管辖的补充,公安司法机关之间对关联犯罪案件的管辖权经协商后达成一致意见的,也可不受上述实体条件与管辖权确定原则的约束。公安司法机关认为不属于上述范围的关联案件但确有牵连管辖必要的,但对管辖权的确定协商不成的,可分别层报至共同的上级公安司法机关作出最终决定。

公安司法机关对关联犯罪案件是否合并处理应享有裁量权。《六机关规定》规定对四种情形,人民法院、人民检察院、公安机关可以在其职责范围内并案处理。对于此处"可以"的理解,万毅教授认为,"可以"并不意味着公、检、法机关享有并案处理的裁量权,应当解释为并案处理是公、检、法机关的一项职权和职责,原则上只要案件符合《六机关规定》第1条第(3)项规定的并案处理的条件,公、检、法机关就应当作出并案处理的决定,而不能随意放弃。②若对本条中的"可以"采用"职责性"理解,容易导致下列几个问题:第一,由于现有的关联案件范围无任何限制,应当合并的案件太多,容易导致过度牵连的问题。第二,本条在授权公安司法机关"合并"的同时,并未赋予当事人申请"分离"的权利,若将这种授权理解为"职责",则公安司法机关的裁量权也遭剥夺,对当事人而言,程序选择的空间受到进一步压缩。第三,由于关联案件的边界不明,公安司法机关是否切实履行了"职责"便难以明确界定。"应当"本应与程序性制裁相联系,即使将"可以"作"职责性"理解,也难以对未履行职责的行为施加有效的程序性制裁。虽然万毅教授以对《刑事诉讼

---

① 法定刑完全一致的情形理论上一般出现在彼此罪名相同的对合型犯罪中,当然这种类型的关联犯罪通常是由同一机关管辖的。在其他类型的关联犯罪案件中,本罪的法定刑通常较高。

② 万毅:《解读"并案管辖"四个关键词》,《检察日报》,2014年3月5日,第3版。

法》第191条中"可以"的理解为例,认为本条中的"可以"也应作"职责性"理解。但需注意的是,由于《刑事诉讼法》中"可以"的用法并不统一,[1]对每一处"可以",均应结合具体的语境、情境进行理解与适用。即使对《刑事诉讼法》第191条中的"可以"作"职责性"理解,[2]并不意味着所有的"可以"均可作"职责性"理解。如《刑事诉讼法》第24条规定:"上级人民法院在必要的时候,可以审判……下级人民法院认为案情重大、复杂需要由上级人民法院审判的第一审刑事案件,可以请求移送……"又如《刑事诉讼法》第25条规定,"……如果由被告人居住地的人民法院审判更为适宜的,可以由被告人居住地的人民法院管辖"。这里的"可以",分别对应的情形是"必要的时候""案情重大、复杂""更为适宜的",均属于较为抽象、笼统的规定,这意味着"可以"是法律对公安司法机关的一种授权,授权公安司法机关对现实状况进行判断,并决定是否行使相应的职责。同理,本条中的"可以",其适用情境为"关联""有利于查明案件事实",同样属于抽象、笼统的规定,缺少明确的边界,应赋予公安司法机关以裁量权以应对多样化的司法实践需求。可见,应对本条中的"可以"作"裁量性"理解,将其理解为对公安司法机关的授权性规定,公安司法机关对是否并案处理享有裁量权,但在作出诉讼合并的决定前,仍应听取控辩双方的意见。

需要注意的是,诉讼合并还应符合的事实条件是关联案件存在合并的可能,公安司法机关无法对不可能合并审理的案件进行强行合并。有学者提出:"如果相关联的数个案件在刑事诉讼流程中所处的诉讼阶段不同,也不能进行牵连管辖。如《澳门刑事诉讼法典》第16条(牵连之限制)第一款规定……"[3]其认为,"当甲案尚处于侦查阶段、而乙案已起诉到法院,此时,尽管有证据表明甲、乙两案之间存在关联性,也不能将甲、乙两案合并审判,因为甲案尚处于侦查阶段,其基本事实尚未查清,匆忙合并不利于法院查明案件

① 对《刑事诉讼法》中"可以"的考察,可参见刘方权、黄小芳:《刑事诉讼法文本中的"可以"》,《昆明理工大学学报(社会科学版)》2008年第1期。
② 万毅教授对于《刑事诉讼法》中"可以"的理解及与"职责"之间关系的详细论述,可参见万毅:《刑事诉讼法文本中"可以"一词的解释问题》,《苏州大学学报(法学版)》2014年第2期。
③ 谢佑平、万毅:《刑事诉讼牵连管辖制度探讨》,《政法学刊》2001年第1期。

事实真相"。事实上,不同诉讼阶段的关联案件不能合并,主要还是出于实践可能性的考虑。假设甲案与乙案存在关联,甲案已由 A 地检察院起诉至 A 地法院,乙案则正由 B 地公安局侦查,则此时不论 A 地法院还是 B 地公安局都无法作出合并案件的决定,其原因并不在于法律禁止,而在于程序不允许。A 地法院欲对甲案、乙案合并审理,但无奈 B 地公安局不可能立即将乙案移送审查起诉乃至审判;同理,B 地公安局也无法对甲案、乙案合并侦查,无外乎甲案早已侦查终结罢了。当然,若 A 地检察院提出建议补充侦查的,A 地公安局在补充侦查的过程中认为有必要的,可以决定对甲案、乙案合并侦查。又若 A 地法院因法定事由对甲案延期审理或者中止审理结束后,重新对甲案进行继续审理时,乙案已由 B 地检察院起诉至 B 地法院,则 A 地法院或 B 地法院便可决定对甲案、乙案合并审理。正如学者所言,合并审理的前提是"刑事案件在诉讼程序和诉讼阶段上有合并审理的可能",[1]诉讼阶段不同的关联案件不得合并无须由法律作出禁止性规定,只要关联案件合并的事实障碍消除,公安司法机关便可根据具体情形依法作出合并的决定。鉴于诉讼效率的考虑,若因各关联案件的进程不一,部分关联案件已由原管辖法院开庭审理的,则该管辖法院有权直接作出判决,无须向享有优先管辖权的法院移送关联案件,但应及时送达裁判文书。

第四节　关联犯罪的分离

一、关联犯罪分离诉讼的两种模式

关联犯罪分离的意义在于赋予诉讼制度更多的公正性与灵活性,根据强制性程度的不同,可分为法定分离与裁量分离两种模式。

法定分离,指案件在法定情形下必须分离诉讼。从对七个国家和地区诉讼分离制度的考察可以发现,出于实践操作性困难的考虑,法定分离的情形

---

[1] 张泽涛:《刑事案件分案审理程序研究——以关联性为主线》,《中国法学》2010 年第 5 期。

较少,只有日本和我国台湾地区①作了相似规定,但在实践中的运用并不多。如《日本刑事诉讼法》第313条第(2)款规定了辩论的分离,"法院为保护被告人的权利而有必要时,应当依照法院规则的规定,以裁定将辩论分开进行"②。根据该条所援引的《日本刑事诉讼规则》第210条规定,"法院认为存在同被告人的防御相反的事由,而为保护被告人的权利有必要时,可以依据检察官、被告人或者辩护人的请求,或者依职权,以裁定将辩论分开"③。虽其第210条采用的是"可以"的表述,但由于本条系适用"法院认为存在同被告人的防御相反的事由,而为保护被告人的权利有必要时"这样比较明确的情形,再结合其第313条第(2)款"应当"的表述,应对其第210条的"可以"作"职责性"的理解,故可以认为日本法上存在法院对辩论进行法定分离的制度。日本学者松尾浩也同样持这一观点,但其同时指出法定分离在实践中的使用并不常见,"只要防御方法大体一致,由于被告人一起共同对抗检察官的追诉活动更为有利,因此,并没有出现以辩护防御对立为理由,频繁地进行分离审理的现象"④。

裁量分离,指公安司法机关基于诉讼公正或者诉讼效率的考量,依职权或者依申请对案件进行分离诉讼。裁量分离是各国普遍采用的做法,如《法国刑事诉讼法典》第286条规定:"……审判长得依职权,或者应检察院之要求,命令仅就其中一罪项或几个犯罪立即对被告人进行审理。"⑤《德国刑事诉讼法典》第2条规定:"(一)对单独时分别系属不同级别的法院管辖的刑事案件,互有关联时可以予以合并向拥有更高管辖权力的法院提起诉讼……。(二)出于更为适宜审判的理由,该法院可以以裁定将已经合并的案件分离。"⑥其第4条规定:"法院也可以在审判程序开始后依检察院、被告人的申请或者

---

① 我国台湾地区关于刑事诉讼的相关规定指出:"因共同被告之利害相反,而有保护被告权利之必要者,应分离调查证据或辩论。"
② 《日本刑事诉讼法》,宋英辉译,中国政法大学出版社2000年版,第72页。
③ 《日本刑事诉讼法》,宋英辉译,中国政法大学出版社2000年版,第185页。
④ [日]松尾浩也:《日本刑事诉讼法(上卷)》,丁相顺译,中国人民大学出版社2005年版,第340页。
⑤ 《法国刑事诉讼法典》,罗结珍译,中国法制出版社2006年版,第229页。
⑥ 《德国刑事诉讼法典》,李昌珂译,中国政法大学出版社1995年版,第1页。

依职权以裁定将互有关联的刑事案件分离或者合并。"①《美国刑事诉讼规则》第14条规定:"法庭可以命令从数种罪行中进行选择或者分开进行审理,同意将共同被告人分开或者提供其他救济性的司法命令。"②《日本刑事诉讼法》第7条规定了审判的裁量分离制度,"法院认为没有必要合并审判时,可以裁定将案件移送至有管辖权的其他法院"③。其第313条第(1)款则规定了辩论的裁量合并与裁量分离,"法院认为适当时,可以依据检察官、被告人或辩护人的请求,或者依职权,以裁定将辩论分开或合并,或者再开已经终结的辩论"④。我国台湾地区关于刑事诉讼的相关规定指出,法院认为适当时,得依职权或当事人或辩护人之声请,以裁定将共同被告之调查证据或辩论程式分离或合并。意大利与英国的情形稍显特殊,但本质上仍属裁量分离的模式。《意大利刑事诉讼法典》虽在第18条第(1)款规定了法定分离的五种情形,但同时也设置了"法官认为诉讼合并对于审核事实非常必要的"的但书条款;且其第(2)款规定,"法官认为诉讼分离有助于诉讼的快速进行时,也可以根据当事人的协议实行诉讼分离"。⑤故综合考量之下,意大利的诉讼分离更接近于裁量分离模式。英国《刑事程序规则》第3.22条虽然规定法官应根据当事人基于第3.21条的申请进行合并诉讼与分离诉讼,但由于前文所述英国法上合并诉讼的范围较广,实践中法官分离诉讼的裁量权范围也相应较大,不论是合并的罪状还是分立的罪状,均是如此。"法官总是享有对被指控共同实施了犯罪的被告人命令进行独立审判的自由裁量权,但是存在很有力的理由支持一个单独的审判,并且往往胜过任何反对的理由。"⑥"在被告人在一份起诉书中被合并但没有在联合的罪状中被指控时,法官再次享有命令分别审判的

---

① 《德国刑事诉讼法典》,李昌珂译,中国政法大学出版社1995年版,第1页。

② 《美国刑事诉讼规则和证据规则》,卞建林译,中国政法大学出版社1996年版,第52页。

③ 《日本刑事诉讼法》,宋英辉译,中国政法大学出版社2000年版,第4页。

④ 《日本刑事诉讼法》,宋英辉译,中国政法大学出版社2000年版,第71—72页。

⑤ 《意大利刑事诉讼法典》,黄风译,中国政法大学出版社1994年版,第11页。

⑥ [英]约翰·斯普莱克:《英国刑事诉讼程序》,徐美君、杨立涛译,中国人民大学出版社2006年版,第330页。

自由裁量权,即使单个的起诉书是合理的。"①当合并审理将导致对被告人的不公时,法官会行使这种裁量权。"为了避免因偏见所可能给被告人带来的无辜定罪,即使是'基本事实相似'的系列案件,有时也会分案审理。"②上诉法院对初审法官的自由裁量权也表现出很大程度的尊重,并将"审判是否公正"这样笼统的标准作为评判依据。可见,英国法上法院对诉讼分离同样享有较大的裁量权。

二、关联犯罪分离诉讼的程序设计

结合我国刑事诉讼的特点,法定分离主要应针对不公开审理的案件。对于不公开审理的案件,可以合并侦查、审查,但必须分别起诉、分别审理,即公开审理案件与不公开审理案件应当分别审理,不公开审理案件之间也应当分别审理。

对于裁量分离的适用条件,各国则普遍采取了较为宽松的做法。美国联邦刑事诉讼规则第 14 条规定"可能对被告人或政府产生不公正影响"。③法院在这一规则的基础上形成了大量诉讼分离的判例,主要情形包括"共同被告人的归罪供述、共同被告人的证言导致无罪、矛盾辩护和策略、联合定罪、证据混合"。④对于诉讼分离的适用条件,《日本刑事诉讼法》第 313 条第(1)款规定为"法院认为适当时"⑤,《德国刑事诉讼法典》第 2 条第(2)款规定为"更为适宜审判",⑥我国台湾地区关于刑事诉讼的相关规定为"法院认为适当时"。法国和英国则未对诉讼分离设置任何适用条件。总体而言,诉讼分离的目的无

---

① [英]约翰·斯普莱克:《英国刑事诉讼程序》,徐美君、杨立涛译,中国人民大学出版社 2006 年版,第 332 页。
② 张泽涛:《刑事案件分案审理程序研究——以关联性为主线》,《中国法学》2010 年第 5 期。
③ 《美国刑事诉讼规则和证据规则》,卞建林译,中国政法大学出版社 1996 年版,第 52 页。
④ [美]伟恩·R.拉费弗、杰罗德·H.伊斯雷尔、南西·J.金:《刑事诉讼法(下册)》,卞建林、沙丽金等译,中国政法大学出版社 2003 年版,第 900—907 页。由于每一种情形均由大量的判例构成,限于篇幅不再赘述。对上述情形的简要解释还可以参见汪容:《刑事合并审判制度研究》,武汉大学 2013 年博士学位论文,第 45—46 页。
⑤ 《日本刑事诉讼法》,宋英辉译,中国政法大学出版社 2000 年版,第 71 页。
⑥ 《德国刑事诉讼法典》,李昌珂译,中国政法大学出版社 1995 年版,第 1 页。

非出于诉讼公正与诉讼效率的考量,对于诉讼分离的适用条件,应由公安司法机关在听取诉讼各方意见的基础上根据案件的具体情况进行价值衡量与判断,不宜设置太过具体、严格的适用条件,否则将有悖于裁量分离模式的立法目的。

在审前程序中,侦查机关和检察机关可依职权对已经合并的关联案件进行分别侦查、审查起诉,也可以将分离后的案件移送至有管辖权的机关办理。在审判程序中,法院依职权或者依检察机关或者当事人的申请,对已经合并的关联案件进行分离诉讼。诉讼分离后,法院可以对案件进行分别审理或者集中审理,也可以根据《刑事诉讼法》第25条的规定将案件移送至有管辖权的法院审理。法院在作出分离诉讼的决定前,应听取检察机关和当事人的意见。

分离诉讼后,涉及诉讼参加人出庭的,可以考虑将分离诉讼的案件以简单集中审理的模式进行审理,即"将多个简易程序案件集中于特定时间段依次进行的集中模式。其特点在于案件审理在时间上的集中与内容上的简化,但每起案件的诉讼程序仍保持绝对的完整性,案件之间不发生交叉与干涉。简单集中审理的案件被集中安排在某一个工作日的上午或者下午,在同一个法庭审理。如果检察院与法院在案件分配上协调得当的话,案件还可能均由相同的检察官与法官审理,使特定的检察官与法官在特定时期内承办的一批案件得到集中审理,从而进一步节约了出庭人员的在途时间与庭审等待时间"[1]。同理,分离诉讼的案件适用普通程序审理的,也可参照上述模式,将各个案件的出庭日期尽可能地进行相对集中的安排,以利于诉讼参加人员出庭。

---

[1] 马贵翔、蔡震宇:《简易程序案件集中审理初探》,《国家检察官学院学报》2014年第6期。

附　录

附录1　共同犯罪诉讼程序运行状况调查问卷

尊敬的先生/女士：

您好！

为了了解我国刑事司法实践中共同犯罪诉讼程序的实际运行状况，并为进一步完善共同犯罪诉讼程序提供理论参考，复旦大学"共同犯罪诉讼程序研究"课题组特邀您就这一问题参与问卷调查。

非常感谢您的支持和参与！

复旦大学"共同犯罪诉讼程序研究"课题组

2014年8月

一、调查对象基本情况（请在方框中打钩）

1. 职业：

　　①法　官　　□　　　　②检察官　　□

　　③警　察　　□　　　　④律　师　　□

2. 是否办理过刑事案件？

　　①是　　□　　　　　②否　　□

二、调查基本问题（请在方框中打钩）

1. 共同犯罪合并审判的主要目的是

　　①有利于查明案件事实　　□

　　②有利于实现诉讼经济　　□

　　③有利于实现程序公正　　□

2. 对共同犯罪案件中被告人涉嫌的非共同犯罪

   ①应当合并审理　□

   ②应当分案审理　□

   ③应当根据犯罪严重程度或证明复杂程度确定是否分案审理　□

3. 把"妨碍附带民事诉讼部分审理"作为共同犯罪案件不予分案审理的理由是否正当?

   ①正当　□　　　　　　　②不正当　□

4. 应该赋予当事人或辩护人申请合并审判或分离审判的权利吗?

   ①应该　□　　　　　　　②不应该　□

5. 法院对检察院分案起诉的尚未开庭的数个案件

   ①应当有权决定合并审理　□　②无权决定合并审理　□

6. 共同犯罪案件的辩护律师之间应当相互开示证据吗?

   ①应当　□　　　　　　　②不应当　□

7. 起诉书中共同被告人的指控排序会影响法官定罪量刑的心证活动吗?

   ①有一定影响　□　　　　②有很大影响　□

   ③没有影响　□

8. 为未聘请辩护律师的共同被告人实施指定辩护的正当立法选择是

   ①可以指定　□　　　　　②应当指定　□

   ③不应当指定　□

9. 共同犯罪案件庭审中各共同被告人的辩护人之间相互进行辩论是否合理?

   ①合理　□　　　　　　　②不合理　□

10. 共同犯罪案件法庭辩论时,当数个辩护人对同一争点同时要求发言时,应当

   ①按指控顺序发言　□　　②由法官指定　□

11. 在共同犯罪案件并案审理的情形下,您认为被告人涉及同案其他被告人的口供属于

   ①被告人供述　□　　　　②证人证言　□

12. 共同犯罪案件中,部分被告人与被害人达成刑事和解协议的,您倾向

于如何对被告人进行从宽处理？

①对全体被告人从宽处理　□

②只对达成和解协议的被告人从宽处理　□

13. 共同犯罪案件中多名主犯分别对全案承担刑事责任是否公平？

①公平　□　　　　　　②不公平　□

14. 未成年人与成年人共同犯罪案件，"案情重大、疑难、复杂"作为不分案起诉的理由是否正当？

①正当　□　　　　　　②不正当　□

15. 对于未成年被告人和成年被告人共存且不宜分案审理的共同犯罪案件，应当

①全案适用未成年人审判程序　□

②根据主犯是否未成年人确定适用相应程序　□

16. 未成年人与成年人共同犯罪案件，分案起诉后的审判组织是否应当同一？

①应当同一　□　　　　②应当不同一　□

③同一或不同一均可　□

17. 未成年人与成年人共同犯罪案件分案起诉后，如果由不同审判组织审理，是否可以在判决前相互沟通审判信息，以防止法律适用不统一或者量刑不均衡？

①应当沟通　□　　　　②不应当沟通　□

18. 对于共同犯罪案件第二审程序中发现的遗漏的同案犯，应当

①全案发回重审　□　　　②另案起诉另案审判　□

19. 未成年人与成年人共同犯罪案件被分案起诉后，分别裁判，一案的被告人上诉或者检察院对一案提起抗诉，另一案的裁判效力如何？

①二审程序对另一案不作审理，裁判发生效力后执行　□

②二审程序对分案的案件全案审理，另一案裁判不发生效力　□

③二审程序对另一案不作审理，裁判发生效力，但另一案被判处死刑的暂停执行　□

20. 共同犯罪案件被分案起诉后，分案审理的两个裁判发生法律适用的

不统一,是否应当成为抗诉或审判监督的理由?(可以多选)

①检察院应当抗诉　　☐

②检察院根据实际情况决定是否抗诉　　☐

③检察院或法院应当启动审判监督程序　　☐

④检察院或法院根据实际情况决定是否启动审判监督程序　　☐

附录2　共同犯罪诉讼程序运行状况调查问卷统计结果①

一、调查对象基本情况

1. 职业

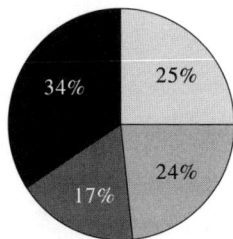

□①法官　■②检察官　■③警察　■④律师

2. 是否办理过刑事案件?

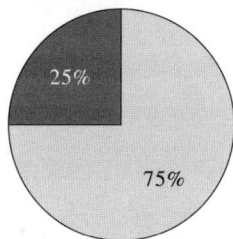

□①是　■②否

二、调查基本问题

1. 共同犯罪合并审判的主要目的是

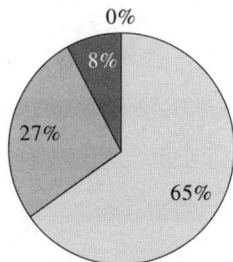

□①有利于查明案件事实　■②有利于实现诉讼经济

■③有利于实现程序公正　■④未选

---

① 共发放问卷400份,收回372份,其中有效问卷356份。

2. 对共同犯罪案件中被告人涉嫌的非共同犯罪

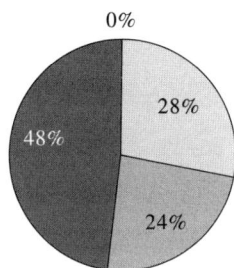

□①应当合并审理
■②应当分案审理
■③应当根据犯罪严重程度或证明复杂程度确定是否分案审理
■④未选

3. 把"妨碍附带民事诉讼部分审理"作为共同犯罪案件不予分案审理的理由是否正当？

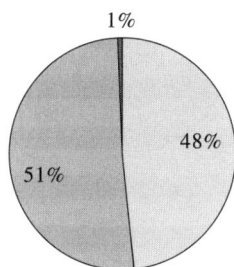

□①正当　■②不正当　■③未选

4. 应该赋予当事人或辩护人申请合并审判或分离审判的权利吗？

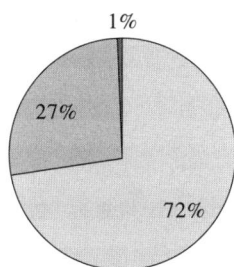

□①应该　■②不应该　■③未选

5. 法院对检察院分案起诉的尚未开庭的数个案件

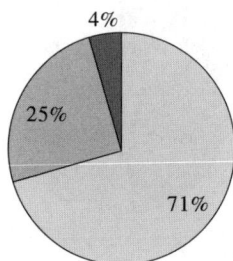

□①应当有权决定合并审理　□②无权决定合并审理　■③未选

6. 共同犯罪案件的辩护律师之间应当相互开示证据吗?

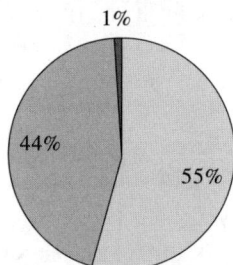

□①应当　□②不应当　■③未选

7. 起诉书中共同被告人的指控排序会影响法官定罪量刑的心证活动吗?

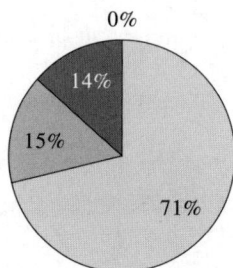

□①有一定影响　□②有很大影响　■③没有影响　■④未选

8. 为未聘请辩护律师的共同被告人实施指定辩护的正当立法选择是

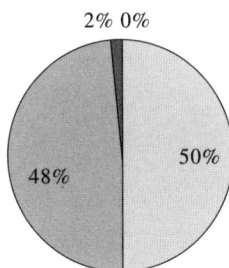

□①可以指定　■②应当指定　■③不应当指定　■④未选

9. 共同犯罪案件庭审中各个共同被告人的辩护人之间相互进行辩论是否合理?

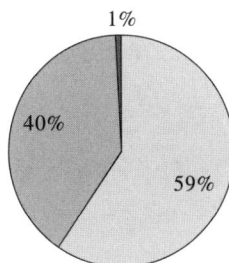

□①合理　■②不合理　■③未选

10. 共同犯罪案件法庭辩论时,当数个辩护人对同一争点同时要求发言时,应当

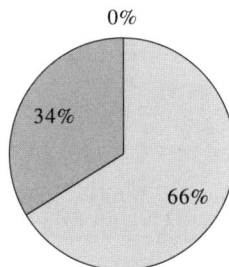

□①按指控顺序发言　■②由法官指定　■③未选

11. 在共同犯罪案件并案审理的情形下,您认为被告人涉及同案其他被告人的口供属于

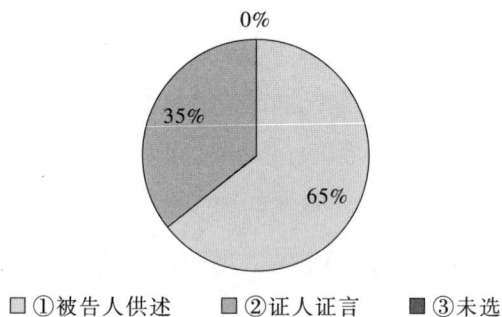

■①被告人供述　■②证人证言　■③未选

12. 共同犯罪案件中,部分被告人与被害人达成刑事和解协议的,您倾向于如何对被告人进行从宽处理?

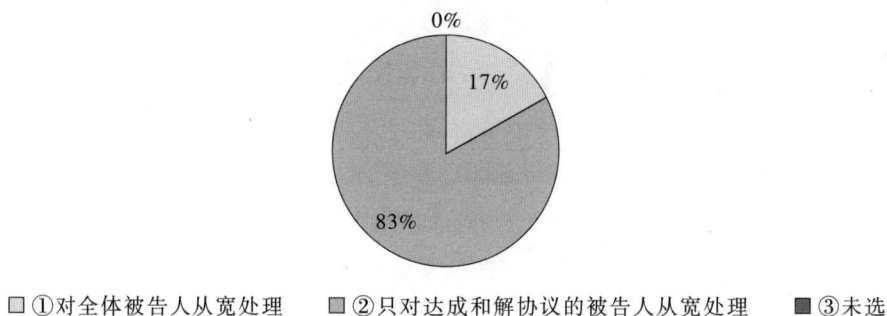

■①对全体被告人从宽处理　■②只对达成和解协议的被告人从宽处理　■③未选

13. 共同犯罪案件中多名主犯分别对全案承担刑事责任是否公平?

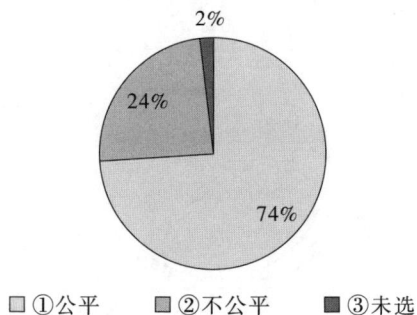

■①公平　■②不公平　■③未选

14. 未成年人与成年人共同犯罪案件，"案情重大、疑难、复杂"作为不分案起诉的理由是否正当？

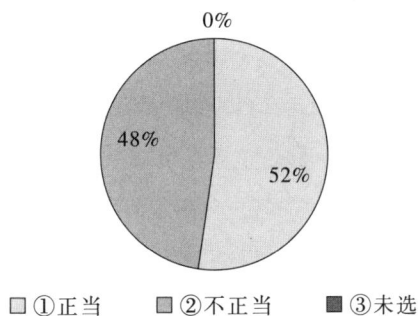

□①正当　■②不正当　■③未选

15. 对于未成年被告人和成年被告人共存且不宜分案审理的共同犯罪案件，应当

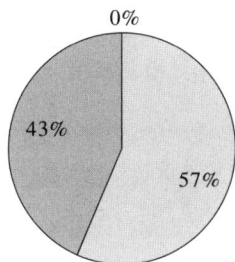

□①全案适用未成年人审判程序　■②根据主犯是否未成年人确定适用相应程序　■③未选

16. 未成年人与成年人共同犯罪案件，分案起诉后的审判组织是否应当同一？

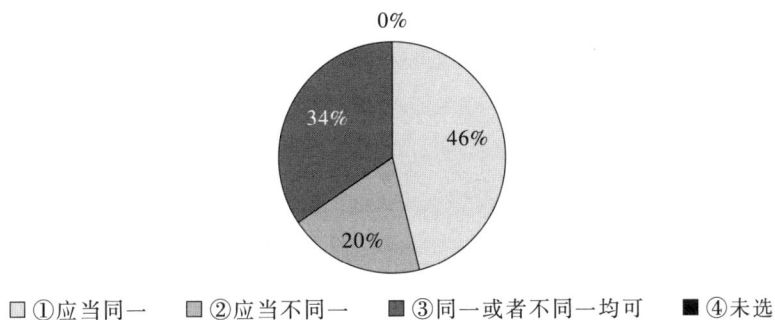

□①应当同一　■②应当不同一　■③同一或者不同一均可　■④未选

17. 未成年人与成年人共同犯罪案件分案起诉后,如果由不同审判组织审理,是否可以在判决前相互沟通审判信息,以防止法律适用不统一或者量刑不均衡?

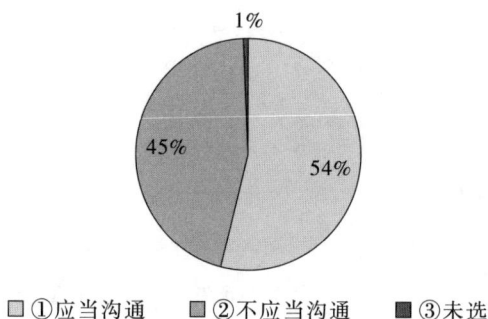

1%

45%　54%

□①应当沟通　■②不应当沟通　■③未选

18. 对于共同犯罪案件第二审程序中发现的遗漏的同案犯,应当

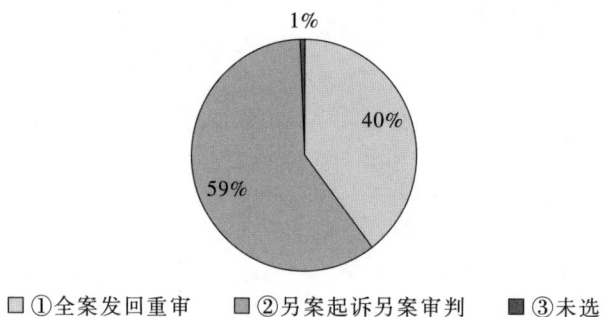

1%

40%

59%

□①全案发回重审　■②另案起诉另案审判　■③未选

19. 未成年人与成年人共同犯罪案件被分案起诉后,分别裁判,一案的被告人上诉或者检察院对一案提起抗诉,另一案的裁判效力如何?

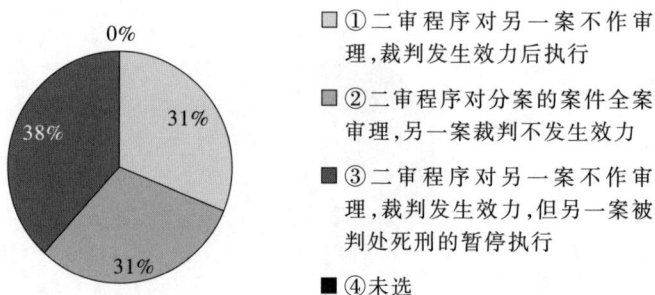

0%

38%　31%

31%

□①二审程序对另一案不作审理,裁判发生效力后执行

■②二审程序对分案的案件全案审理,另一案裁判不发生效力

■③二审程序对另一案不作审理,裁判发生效力,但另一案被判处死刑的暂停执行

■④未选

20. 共同犯罪案件被分案起诉后,分案审理的两个裁判发生法律适用的不统一,是否应当成为抗诉或审判监督的理由?(可以多选)

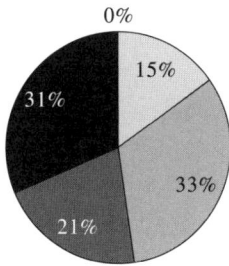

- □ ①检察院应当抗诉
- ▦ ②检察院根据实际情况决定是否抗诉
- ■ ③检察院或法院应当启动审判监督程序
- ■ ④检察院或法院根据实际情况决定是否启动审判监督程序
- ▦ ⑤未选

参考文献

一、著作类

[1]陈光中.刑事诉讼法(第五版)[M].北京:北京大学出版社、高等教育出版社,2013.

[2]陈卫东.刑事审前程序研究[M].北京:中国人民大学出版社,2004.

[3]宋英辉,等.刑事诉讼原理(第三版)[M].北京:北京大学出版社,2014.

[4]赵秉志.刑法新教程(第四版)[M].北京:中国人民大学出版社,2012.

[5]高铭暄,马克昌.刑法学(第四版)[M].北京:北京大学出版社,2010.

[6]龙宗智,杨建广.刑事诉讼法(第四版)[M].北京:高等教育出版社,2012.

[7]林钰雄.刑事诉讼法(上、下册)[M].北京:中国人民大学出版社,2005.

[8]陈卫东.刑事诉讼程序论[M].北京:中国法制出版社,2011.

[9]陈瑞华.刑事诉讼的前沿问题研究(第四版)[M].北京:中国人民大学出版社,2013.

[10]卞建林,杨宇冠.刑事诉讼庭前会议制度研究[M].北京:中国政法大学出版社,2017.

[11]宋英辉,吴宏耀.刑事审判前程序研究[M].北京:中国政法大学出版社,2002.

[12]叶青.刑事诉讼法学[M].北京:中国人民大学出版社,2012.

[13]张明楷.刑法学(第四版)[M].北京:法律出版社,2011.

[14]田淼.共犯的共犯[M].北京:中国长安出版社,2013.

[15]李晓明,李洪欣,陈珊珊.中国刑法基本原理(第四版)[M].北京:法律出版社,2013.

[16]詹建红.刑事诉讼法[M].北京:清华大学出版社,2012.

[17]汪建成,甄贞.外国刑事诉讼第一审程序比较研究[M].北京:法律出版社,2007.

[18]谢佑平.刑事救济程序研究[M].北京:中国人民大学出版社,2007.

[19]张军,郝银钟.刑事诉讼庭审程序专题研究[M].北京:中国人民大学出版社,2005.

[20]陈兴良.共同犯罪论(第二版)[M].北京:中国人民大学出版社,2006.

[21]柯葛壮.刑事诉讼法比较研究[M].北京:法律出版社,2012.

[22]陈卫东.刑事二审开庭程序研究[M].北京:中国政法大学出版社,2008.

[23]李立丰.民意与司法——多元维度下的美国死刑及其适用程序[M].北京:中国政法大学出版社,2013.

[24]周道鸾,张军.刑法罪名精释(第四版)(下)[M].北京:人民法院出版社,2013.

[25]陈卫东.模范刑事诉讼法典[M].北京:中国人民大学出版社,2005.

[26]张伟.帮助犯研究[M].北京:中国政法大学出版社,2012.

[27]林喜芬.中国刑事程序的法治化转型[M].上海:上海交通大学出版社,2011.

[28]胡震远.共同诉讼制度研究[M].上海:上海交通大学出版社,2010.

[29]王嘎利.民事共同诉讼制度研究[M].北京:中国人民公安大学出版社,2008.

[30]兰跃军.刑事被害人作证制度研究[M].北京:中国人民公安大学出版社,2011.

[31]李学军.美国刑事诉讼规则[M].北京:中国检察出版社,2003.

[32]温小洁.我国未成年人刑事案件诉讼程序研究[M].北京:中国人民公安大学出版社,2003.

[33]宋英辉.刑事和解制度研究[M].北京:北京大学出版社,2011.

[34]约书亚·德雷斯勒,艾伦·C.迈克尔斯.美国刑事诉讼法精解(第二卷·刑事审判)[M].魏晓娜,译.北京:北京大学出版社,2009.

[35]伟恩·R.拉费弗,杰罗德·H.伊斯雷尔,南西·J.金.刑事诉讼法(下册)[M].

卞建林,沙丽金,等,译.北京:中国政法大学出版社2003.

[36]田口守一.刑事诉讼法[M].张凌,于秀峰,译.北京:中国政法大学出版社,2010.

[37]谷口安平.程序的正义与诉讼[M].王亚新,刘荣军,译.北京:中国政法大学出版社,1996.

[38]棚濑孝雄.纠纷的解决与审判制度[M].王亚新,译.北京:中国政法大学出版社,1994.

[39]松尾浩也.日本刑事诉讼法(上卷)[M].丁相顺,译.北京:中国人民大学出版社,2005.

[40]罗纳尔多·V.戴尔卡门.美国刑事诉讼——法律和实践(第6版)[M].张鸿巍,等,译.武汉:武汉大学出版社,2006.

[41]托马斯·魏根特.德国刑事诉讼程序[M].岳礼玲,温小洁,译.北京:中国政法大学出版社,2004.

[42]克劳思·罗科信.刑事诉讼法[M].吴丽琪,译.北京:法律出版社,2003.

[43]约翰·斯普莱克.英国刑事诉讼程序[M].徐美君,杨立涛,译.北京:中国人民大学出版社,2006.

[44]麦高伟,杰弗里·威尔逊.英国刑事司法程序[M].姚永吉,等,译.北京:法律出版社,2003.

[45]曼瑟尔·奥尔森.集体行动的逻辑[M].陈郁,郭宇峰,李崇新,译.上海:上海三联书店、上海人民出版社,1995.

[46]J.W.塞西尔·特纳.肯尼刑法原理[M].王国庆,李启家,等,译.北京:华夏出版社,1989.

[47]J.C.史密斯,B.霍根.英国刑法[M].马清升,等,译.北京:法律出版社,2000.

[48]爱伦·豪切斯泰勒·斯黛丽,南希·弗兰克.美国刑事法院诉讼程序[M].陈卫东,徐美君,译.北京:中国人民大学出版社,2002.

[49]卡斯东·斯特法尼,乔治·勒瓦索,贝尔纳·布洛克.法国刑事诉讼法精义(下册)[M].罗结珍,译.北京:中国政法大学出版社,1999.

[50]英国内政部.2003年刑事司法法立法说明[Z].郑旭,译.//陈光中.21世纪

域外刑事诉讼立法最新发展[M].北京:中国政法大学出版社,2004.

[51]德国刑事诉讼法典[M].李昌珂,译.北京:中国政法大学出版社,1995.

[52]韩国刑事诉讼法[M].马相哲,译.北京:中国政法大学出版社,2004.

[53]美国联邦刑事诉讼规则和证据规则[M].卞建林,译.北京:中国政法大学出版社,1996.

[54]日本刑事诉讼法[M].宋英辉,译.北京:中国政法大学出版社,2000.

[55]意大利刑事诉讼法典[M].黄风,译.北京:中国政法大学出版社,1994.

[56]俄罗斯联邦刑事诉讼法典(新版)[M].黄道秀,译.北京:中国人民公安大学出版社,2006.

[57]法国刑事诉讼法典[M].罗结珍,译.北京:中国法制出版社,2006.

[58]WIGMORE J H,CHADBOURN J H. Evidence in trials at common law[M]. New York: Aspen Law & Business, 1972.

[59]BLACK H C,GARNER B A. Black's law dictionary[M]. St. Paul, MN: West Group, 2004.

[60]SPRACK J, EMMINS C J. Emmins on criminal procedure[M]. London: Blackstone, 2000.

[61]GRAHAM M H. Federal Rules of Evidence[M]. St. Paul, MN: West Publishing Co., 1996.

[62]LAFAVE W R, ISRAEL J H. Criminal procedure[M]. St. Paul, MN: West Publishing Co., 1992.

[63]MURPHY P. Criminal Practice[M]. Oxford: Oxford University Press, 2003.

二、论文类

[1]陈光中,步洋洋.审判中心与相关诉讼制度改革初探[J].政法论坛,2015,(2):120-128.

[2]易延友.眼球对眼球的权利——对质权制度比较研究[J].比较法研究,2010,(1):52-68.

[3]林钰雄.证人概念与对质诘问权——以欧洲人权法院相关裁判为中心[J].
　　欧美研究,2006,(6):170-173.

[4]柯耀程.共同被告自白之调查[J].月旦法学教室,2003,(3).

[5]林钰雄.对质诘问与上级审——欧洲发展与"我国"法走向之评析[J].月旦
　　法学杂志,2007,143(4):5-30.

[6]孙长永,胡波.保障与限制:对质询问权在欧洲人权法院的实践及其启示
　　[J].现代法学,2016,38(3):109-123.

[7]林俊益.共同被告或共犯自白之证明力[J].月旦法学教室,2006,(48).

[8]王永杰.刑事案件关键证人出庭作证制度论纲[J].社会科学研究,2012,
　　(3):90-94.

[9]詹奕嘉.警惕"另案处理"下的法律漏洞[J].政府法制,2010,(13):40-41.

[10]韩爱丽.对并案侦查问题应完善相关规定[J].检察日报,2009-02-06(3).

[11]杨杰辉.合并审判研究[J].中国刑事法杂志,2007,(1):75-81.

[12]位秀伟.浅析共同犯罪法庭审理程序[J].法制博览,2017,(8):211,210.

[13]周玉龙.对职务共同犯罪案件分案处理应强化监督[N].检察日报,2012-
　　01-04(3).

[14]李璐,刘湘廉.论共同犯罪案件的分案[J].内蒙古农业大学学报(社会科
　　学版),2013,(3):109-111.

[15]姚莉,卞建林.公诉审查制度研究[J].政法论坛,1998,16(3):71-78.

[16]胡云腾,喻海松.刑事一审普通程序修改解读[J].法律适用,2012,(9):
　　2-6.

[17]孙长永.当事人主义刑事诉讼中的法庭调查程序评析[J].政治与法律,
　　2003,(3):86-91.

[18]张明楷.共同犯罪的认定方法[J].法学研究,2014,36(3):3-25.

[19]陈瑞华.论量刑程序的独立性——一种以量刑控制为中心的程序理论
　　[J].中国法学,2009,(1):163-179.

[20]李玉萍.构建我国相对独立的量刑程序的思考[J].人民司法,2009,(3):
　　9-12.

[21]江苏省南京市下关区人民法院课题组.多方参与下的量刑程序独立化改

革[J].法律适用,2012,(1):96-99.

[22]陈忠槐.关于共同犯罪辩护的几个问题[J].中国律师,1994,(5):20-21.

[23]陈卫东.论隔离式量刑程序改革——基于芜湖模式的分析[J].法学家,2010,(2):1-8,176.

[24]孙畅浩.我国共同犯罪被告人陈述与对质规则弊端及克服[J].重庆与世界(学术版),2016,(8):55-60,97.

[25]陈瑞华.量刑程序改革的模式选择[J].法学研究,2010,32(1):126-141.

[26]左卫民.中国量刑程序改革:误区与正道[J].法学研究,2010,32(4):149-158.

[27]岳悍惟,李希瑶.论我国独立量刑程序的构建[J].河北法学,2011,29(2):140-146.

[28]樊崇义.量刑程序与证据[J].南都学坛,2009,(4):65-71.

[29]陈瑞华.定罪与量刑的程序分离——中国刑事审判制度改革的另一种思路[J].法学,2008,(6):40-50.

[30]陈瑞华.量刑程序中的证据规则[J].吉林大学社会科学学报,2011,51(1):95-104.

[31]刘计划.检察机关刑事审判监督职能解构[J].中国法学,2012,(5):133-148.

[32]陈光中,曾新华.刑事诉讼法再修改视野下的二审程序改革[J].中国法学,2011,(5):5-18.

[33]陈永生.刑事二审审理方式之改革[J].政治与法律,2004,(1):130-136.

[34]龙宗智.论建立以一审庭审为中心的事实认定机制[J].中国法学,2010,(2):143-157.

[35]陈卫东.关于完善死刑复核程序的几点意见[J].环球法律评论,2006,(5):546-550.

[36]叶青.以审判为中心的诉讼制度改革之若干思考[J].法学,2015,(7):3-10.

[37]邓思清.刑事缺席审判制度研究[J].法学研究,2007,29(3):92-112.

[38]陈卫东.刑事再审一审终审制之改造[J].法学家,2000,(4):63-69.

[39]张艳艳,范金鹏.论刑事再审一审终审原则[J].中共太原市委党校学报,2011,(2):74-76.

[40]李训虎.刑事再审程序改革检讨[J].政法论坛,2014,(3):100-113.

[41]王晓华.共犯言词证据研究[J].华中师范大学学报(人文社会科学版)2010,(2):70-78.

[42]赵国玲,徐凯.未成年人分案起诉适用中存在的问题与改进建议——基于175份检察官调查问卷的实践分析[J].中国检察官,2010,(1):3-8.

[43]胡巧绒.完善分案起诉制度[J].中国检察官,2008,(9):53-56.

[44]周小萍,曾宁.略论未成年人刑事诉讼中的分案起诉制度[J].青少年犯罪问题,2000,(5):26-31.

[45]张泽涛.诉因与公诉方式改革[J].中外法学,2007,19(2):173-187.

[46]王兆鹏.论共同被告之合并及分离审判[J].台大法学论丛,2004,36(6).

[47]宋英辉,吴宏耀.不起诉裁量权研究[J].政法论坛,2000,(5):116-128.

[48]龙宗智.论公诉变更[J].现代法学,2004,(6):31-36.

[49]王力.台湾地区刑事诉讼法中的共同被告陈述分离调查制度[J].广西政法管理干部学院学报,2013,(5):70-73.

[50]吴国良,陆金东.追加起诉若干实践问题探析[J].人民检察,1998,(5):42-43.

[51]谢佑平,万毅.刑事公诉变更制度论纲[J].国家检察官学院学报,2002,(1):54-59.

[52]马贵翔,柴晓宇.共同犯罪审判程序论[J].甘肃社会科学,2012,(6):56-59.

[53]于改之,吴玉萍.共同侵权与共同犯罪界限论[J].当代法学,2007,(4):38-44.

[54]叶金强.共同侵权的类型要素及法律效果[J].中国法学,2010,(1):63-77.

[55]李杏园.共同侵权诉讼形式探析[J].河北学刊,2008,(2):186-190.

[56]尹伟民.连带责任诉讼形态的选择[J].烟台大学学报(哲学社会科学版),2010,(3):43-48.

[57]杨巍.反思与重构:诉讼时效制度价值的理论阐释[J].法学评论,2012,(5):43-48.

[58]王晓先.从规范统一的上诉期探杜绝歧视性法律的途径[J].华中科技大学学报(社会科学版),2009,(6):50-54.

[59]刘淑妹.试述未成年人犯罪案件分案起诉制度[J].山西省政法管理干部学院学报,2013,(3):59-60.

[60]翁永新,陆健.附带民事诉讼应能追加在逃共犯——保障被害人权益策略之一[J].检察实践,2003,(6):67-68.

[61]陈建桦.部分共犯适用刑事和解量刑问题的一体化研究[J].湖南师范大学社会科学学报,2013,(4):84-88.

[62]杜宇."犯罪人—被害人和解"的制度设计与司法践行[J].法律科学:西北政法学院学报,2006,(5):91-103.

[63]龚晓东.先到先得还是机会均等:共同犯罪中的刑事和解[J].中国检察官,2009,(1):15-16.

[64]关振海.刑事和解法律文本中"民间纠纷"的规范分析[J].西南政法大学学报,2013,(5):99-105.

[65]孙立红.论多元选择困境下的恢复性刑事司法模式及其解决——以新报应主义刑罚观为基点[J].甘肃政法学院学报,2013,(4):94-100.

[66]马荣春.罪刑相适应原则与罪责刑相适应原则之辨[J].甘肃政法学院学报,2008,(3):54-58.

[67]刘德法.论罪责刑相适应原则[J].国家检察官学院学报,2000,(2):20-24.

[68]谢佑平,万毅.刑事诉讼牵连管辖制度探讨[J].政法学刊,2001,18(1):21-24.

[69]彭剑鸣.自诉案件与公诉案件合并审理的程序运行[J].贵州民族学院学报(哲学社会科学版),2005,(6):59-63.

[70]万毅.解读"并案管辖"四个关键词[N].检察日报,2014-03-05(3).

[71]郑伟.就这样动摇了共同犯罪的根基——论组织卖淫罪与协助组织卖淫罪的怪异切分[J].法学,2009,(12):82-91.

[72]张明楷.受贿罪的共犯[J].法学研究,2002,24(1):34-51.

[73]朱铁军.介绍贿赂罪与行贿、受贿共犯界限之分析——由浙江腐败"名托"被判刑所引发的思考[J].中国刑事法杂志,2003,(1):41-44.

[74]陈兴良.论犯罪的对合关系[J].法制与社会发展,2001,7(4):55-60.

[75]刘士心.论刑法中的对合行为[J].国家检察官学院学报,2004,(6):29-35.

[76]崔凯,熊波.刑事案件合并审理的关联性标准构想[J].湖北成人教育学院学报,2013,19(2):156-159.

[77]马贵翔,蔡震宇.简易程序案件集中审理初探[J].国家检察官学院学报,2014,(6):122-130.

[78]万毅.刑事诉讼法文本中"可以"一词的解释问题[J].苏州大学学报(法学版),2014,(2):99-109.

[79]刘方权,黄小芳.刑事诉讼法文本中的"可以"[J].昆明理工大学学报(社会科学版),2008,8(1):92-97.

[80]张泽涛.刑事案件分案审理程序研究——以关联性为主线[J].中国法学,2010,(5):143-163.

[81]王飞跃.论我国刑事案件并案诉讼制度的建构[J].中国刑事法杂志,2007,(4):87-94.

[82]汪容.刑事合并审判制度研究[D].武汉大学博士学位论文,2013.

[83]刘晓英.民事上诉制度研究[D].中国政法大学博士学位论文,2008.

[84]许岩灶.论合并与分离审判——实务运作之检讨与建议[D].台湾大学法律研究所硕士论文,2005.

[85]范培根.刑事再审程序之改进与完善[D].中国政法大学博士学位论文,2003.

[86]DAWSON R O.Joint Trials of Defendants in Criminal Cases:An Analysis of Efficiencies and Prejudices[J].Michigan Law Review, 1979, 77(6):1379-1455.

[87]SCOTT I R.Criminal Procedure:A Comparative Note On Joint Trials[J].International and Comparative Law Quarterly, 1970, 19(4):585-598.

［88］KRIT J J. Sixth Amendment: Confrontation and the Use of Interlocking Confessions at Joint Trial［J］. The Journal of Criminal Law and Criminology (1973-), 1988, 78(4): 937-953.

［89］LEIPOLD A D, ABBASI H A. The Impact of Joinder and Severance on Federal Criminal Cases: An Empirical Study［J］. Vanderbilt Law Review, 2006, 59(2): 349-406.

［90］BORDENS K S, HOROWITZ I A. Information Processing in Joined and Severed Trials［J］. Journal of Applied Social Psychology, 1983, 13: 351-370.

［91］GREENE E, LOFTUS E F. When Crimes Are Joined at Trial［J］. Law & Human Behavior, 1985, 9(2): 193-207.